Wolfgang Ertler

Im Rausch der Sinnlichkeit

WOLFGANG ERTLER

Im Rausch der Sinnlichkeit

Die Geschichte der
unterdrückten Lust und die Vision
einer paradiesischen
Sexualität

Diederichs

Die vordere Umschlagseite zeigt
die »Venus von Urbino« von Tizian
(1538: Florenz, Uffizien)

Die Deutsche Bibliothek – CIP-Einheitsaufnahme
Ertler, Wolfgang:
Im Rausch der Sinnlichkeit : die Geschichte der unterdrückten Lust und die Vision einer paradiesischen Sexualität / Wolfgang Ertler. – Kreuzlingen ; München : Hugendubel, 2001
(Diederichs)
ISBN 3-7205-2220-2

Umschlaggestaltung: Zembsch'Werkstatt, München
Textredaktion: Birgit Baader, Tutzing
Produktion: Maximiliane Seidl
Satz: Impressum, München
Druck und Bindung: Huber, Dießen
Printed in Germany

ISBN 3-7205-2220-2

Inhalt

Du Meisterin des engen Raumes,
der knappen Zeit, des ewigen Traumes!
Wenn wir uns lieben eng umschlungen,
ist mir die ganze Welt versunken,
bin voller Glück –
und nicht mehr hungrig.

anonymus

O Mensch! Gib Acht!
Was spricht die tiefe Mitternacht?
Ich schlief, ich schlief –,
Aus tiefem Traum bin ich erwacht: –
Die Welt ist tief,
Und tiefer als der Tag gedacht.
Tief ist ihr Weh –,
Lust – tiefer noch als Herzeleid:
Weh spricht: Vergeh!
Doch alle Lust will Ewigkeit –,
– will tiefe, tiefe Ewigkeit!

Friedrich Nietzsche:
Also sprach Zarathustra, S. 328

Vorwort

»Früher hatten wir so eine tolle Sexualität, jetzt ist alles eingeschlafen, ich versteh' das einfach nicht.«
»Wenn wir nicht gleichzeitig zum Orgasmus kommen, ist das doch nur eine halbe Sache.«
»Ich glaube, durch zu häufiges Onanieren meine Potenz verloren zu haben.«
»Während der Regel habe ich zwar das größte Verlangen, aber Geschlechtsverkehr kommt nicht in Frage. Das ist doch ekelig und auch gefährlich, wenn ich meine Blutung habe.«
»Ich mache mir solche Sorgen, ob ich mit meinem kleinen Penis eine Frau wirklich befriedigen kann.«

In meiner sexualpsychologischen Tätigkeit erlebe ich es nahezu täglich, wie Menschen an festen, scheinbar unhinterfragbaren Vorstellungen über Sexualität leiden. Woher kommen eigentlich all diese Konstrukte? In vorliegender Arbeit bin ich dieser Frage nachgegangen. Wenn die Wurzeln dieser Konstrukte in Geschichte, Mythologie, Religion, Literatur und Sexualwissenschaften nicht freigelegt werden, sind diese Vorstellungen kaum zu verstehen, geschweige denn zu verändern. Sicherlich gibt es persönliche Gründe, an bestimmten Auffassungen festzuhalten. Aber da sie verbreitete Vorstellungen sind, kann man davon ausgehen, dass sie kulturellen Ursprungs sind.

Wenn wir uns verschiedene Kulturen ansehen, erkennen wir, dass unsere Auffassung von Sexualität eine von vielen ist. Damit ist natürlich nicht gesagt, dass es richtige und falsche Auffassungen gibt, eben nur verschiedene. Unsere Vorstellungen von Sexualität sind so festgefahren, weil sie – wie andere natürlich auch – jahrtausendealte Ursprünge haben. Gut, könnte man meinen, dann haben sie sich ja bewährt. Es wird sich jedoch zeigen, dass wir uns mit diesem speziellen Verständnis von Sexualität viele Probleme eingebrockt haben. Diese kreisen um zwei Komplexe, die zwei Seiten einer Medaille sind: das Patriarchat mit seiner Festlegung des Geschlechterverhältnisses und die Genitalfixierung der Sexualität.

Das heißt, die seit der Antike bestehende geschlechtsspezifische Zuordnung bestimmter Eigenschaften wie stark–schwach, aktiv–passiv, rational–emotional bedeutet eine ungeheure Normierung der Sexualität. Andererseits besteht ein Zwang zu Koitus und Orgasmus, der eine Leistungsdimension in die Sexualität einbrachte, die nur in der westlichen Kultur existiert und auch nur hier entsprechende Störungen verursachte. Um kein Missverständnis aufkommen zu lassen: Es geht nicht um die Verteufelung von Koitus und Orgasmus. Die stärkere Genitalisierung der Sexualität enthält zweifellos eine emanzipatorische Dimension gegenüber der fleischeslustfeindlichen Haltung des viktorianischen Zeitalters im 19. Jahrhundert. Aber die Leistungsdimension, die bereits in der Antike angelegt ist und in den sechziger Jahren unseres Jahrhunderts seinen Höhepunkt erreichte, ist fatal.

Bei der historischen Betrachtung im ersten Teil der Arbeit geht es mir darum zu zeigen, dass wir noch heute eine Sexualität leben, die durchaus in der abendländisch-christlichen Tradition liegt (z.B. die Phalluszentriertheit), andererseits aber auch wichtige Abweichungen von dieser Tradition vornehmen (z.B. die Verdammung der in der Antike präferierten Knabenliebe). Es wird zu prüfen sein, warum sich gerade die heute gelebte Sexualität durchsetzte und welchen Interessen dies entgegenkommt.

Eine wesentliche Vermittlungsinstanz dieser Festlegung stellt die im 19. Jahrhundert aufkommende Sexualwissenschaft dar, der wir uns im zweiten Teil zuwenden. Sie reglementiert unsere Sexualität, definiert Abweichungen und legt noch heute fest, wie Sexualität sein sollte.

Wir haben all dies längst verinnerlicht. In den gegenwärtigen sexualpolitischen Diskussionen im dritten Teil zeigt sich, wie wir mythischen, religiösen und sexualwissenschaftlichen

Vorurteilen folgen, und auch, wie sehr wir uns die Medizinalisierung unserer Sexualität gefallen lassen.

Dabei könnte alles anders sein. Der Blick auf andere Kulturen beziehungsweise auf andere Epochen erweist sich als großer Gewinn. Sexuelle Abweichungen und Störungen können ruhig als Erfindungen unserer Kultur begriffen werden, denn in anderen Kulturen gibt es sie einfach nicht, oder es besteht zumindest ein völlig anderer Umgang mit ihnen. Verallgemeinernd kann dabei festgehalten werden, dass diese Kulturen matriarchal organisiert sind oder starke matriarchale Elemente enthalten.

Beginnen wir also mit dem Matriarchat. Vielleicht hat es nie in reiner Form existiert. Das spielt keine Rolle. Es geht vielmehr darum, dass matriarchale Strukturen eine andere Auffassung von Sexualität nahe legen. Und schließlich sind es heute vor allem die Frauen, die aus den starren Geschlechterrollen ausbrechen und eine rein genitalfixierte Sexualität überwinden wollen.

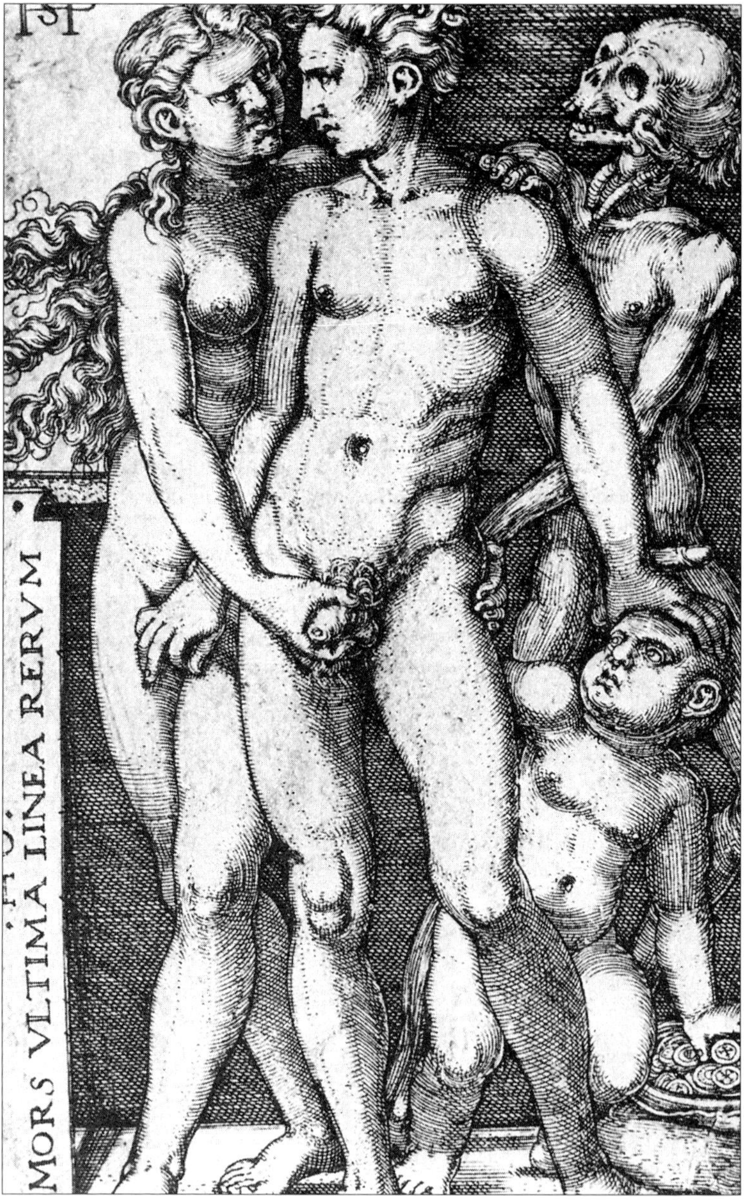

Sexuelle Darstellung im Übergang von Mittelalter zu Neuzeit. »Liebespaar mit Cupido und Tod« (1529), Holzschnitt von Hans Sebald Beham.

I

Sexualität im geschichtlichen Wandel

Der Übergang vom Matriarchat zum Patriarchat

Die Geschichte unserer Sexualität ist die Geschichte des Patriarchats. Dies ist zwar eine banale Feststellung, enthält aber einen komplexen Kern. Denn erstens ist das Patriarchat höchstwahrscheinlich Nachfolger eines zuvor bestehenden Matriarchats, das heißt Nachfolger einer selbst schon hoch entwickelten Kulturstufe. Daraus folgt zweitens, dass der Übergang vom Matriarchat zum Patriarchat ein überaus schwieriger und gewaltsamer Prozess war, der heute noch in der Auseinandersetzung um Rechte von Frauen und Männern nachfühlbar ist.

Vordergründig erscheinen Matriarchat und Patriarchat aber als durchaus vergleichbar. Was heute von der Frauenbewegung als Ausfluss patriarchaler Sexualität angeprangert wird, soll im Matriarchat entsprechendes Vorrecht der Frauen gewesen sein: Vielmännerei, matrilineare Erbfolge und vor allem die kultische oder phallische Verehrung des Gebärens und Nährens. Die Begriffe »Matriarchat« und »Mutterrecht« werden jedoch auch abgelehnt (Borneman 1975, in Übereinstimmung mit Engels 1884), weil zum einen die griechische Sprachwurzel »archos« auf Herrschaft hinweise, andererseits das Recht eine patriarchale Erfindung zur Herrschafts- und Eigentumsabsicherung darstelle. Die Frage ist nur, ob damit das »herrschaftsfreie« Matriarchat nicht zu paradiesisch gezeichnet wird.

In den aus der Altsteinzeit stammenden Venusstatuetten (z.B. die Venus von Willendorf) erfährt die Weiblichkeit je-

Venus von Willendorf, Naturhistorisches Museum, Wien.

denfalls eine phallusähnliche Huldigung: »Brüste, Schenkel, Hüften, Becken, Vulva werden hervorgehoben; Kopf, Arme, Füße werden vernachlässigt. Im Körperausdruck wird das Mütterliche, das Gebären und Nähren ebenfalls herausgearbeitet. Manche Figuren werden völlig auf Brüste oder Vulva reduziert ...« (Borneman, S. 52).

Jahrtausende später erst setzt der Phalloskult ein. Zu Ehren des Dionysos wurden riesige Phalloi aufgestellt, wie die Reste eines phallischen Altars im Kleinen Heiligtum des Dionysos auf der seit frühesten Zeiten heiligen Insel Delos in Griechenland zeigen. Es gab auch Prozessionen, bei denen ein Phallos mitgetragen wurde. Diese Kulte werden oft als Fruchtbarkeitskulte angesehen, jedoch dürfte die eigentliche Bedeutung der Phalloskulte in der männlichen Angstabwehr durch Drohung liegen.

Die Verehrung und Verheiligung des Mütterlichen, des Gebärens und Nährens, schienen nur so lange möglich gewe-

Marmorphalloi im Dionysos-Heiligtum auf Delos.

sen zu sein, als das Weibliche der einzige Garant für Abstammung und Nachkommenschaft und der Einfluss der männlichen Zeugung unbekannt oder unsicher war. Logisch folgt daraus, dass sich die aus promiskuösen und inzestuösen Naturhorden herausbildenden Sippen mit geregelten Abstammungsverhältnissen matrilinear und matrilokal orientierten, das heißt, die Abstammung wird ausschließlich auf die Mutter zurückgeführt und der Mann siedelt sich bei der Sippe der Frau an (siehe Bachofen 1861). Die Vielmännerei tut das Ihrige, sie macht die Vaterschaft noch undurchsichtiger. Dazu kommt die »unheimliche« Übereinstimmung zwischen dem Menstruationszyklus und dem Mondzyklus, der die Grundlage der Zeitberechnung ist. Auch die Tatsache, dass Frauen aus ihrem Körper Frauen und Männer erzeugen, die sie dazu noch mit Milch aus diesem Körper ernähren können, bewirkte nach Auffassung von Anthropologen, dass Männer mit einer Mischung von Ehrfurcht und Neid auf diese weiblichen

Potenzen reagierten, sich gelegentlich aus der Gesellschaft der Frauen zurückzogen, frei durch das Land streiften und junge Männerhorden bildeten, aus denen sich schließlich die Jäger- und Kriegergesellschaften entwickelten. Die zurückbleibenden Frauen hingegen waren durch das Sammeln von Pflanzen und die Beobachtung der jahreszeitlichen Rhythmen, des Todes und der Wiedergeburt der Vegetation sowie durch die Übereinstimmung von Menstruationszyklus und Mondphasen mit den Geheimnissen der Natur vertraut (siehe Highwater 1995).

Dies alles führt dazu, dass eine (Ahn-)Frau als Gründerin der Sippe, von der alle abstammen, verehrt wird; eine Verehrung, die sich offenbar zu einem Kult der Frau als Repräsentantin der menschlichen Fruchtbarkeit und schließlich als Garantin der Fruchtbarkeit von Tieren und Pflanzen entwickelte. Als Höhepunkt dieser Verehrung bildete sich der Kult der Großen Mutter oder Urmutter heraus, der als älteste Religion angesehen werden kann und noch bis in die Zeit des Patriarchats hineinreichte (siehe nächstes Kapitel).

Die Unkenntnis der Kausalverbindung von Paarung und Befruchtung hat, so Borneman, noch andere Auswirkungen auf die Sexualität: Sie steht noch nicht unter dem Primat des Koitus und ist noch nicht auf die Polarität der Geschlechter fixiert, sondern sucht den anderen Menschen, unabhängig von seinem Geschlecht, als wärmendes, tröstendes Wesen; und Sexualität ist in die Gemeinschaft integriert, das heißt, sie ist noch nicht auf die Ausschließlichkeit des Verhältnisses zweier Menschen ausgerichtet.

Durch Arbeitsteilung und Aneignung der ersten Überschüsse erfolgte die Spaltung der Urgesellschaft in Klassen. Und mit dieser Klassenspaltung beginnt die Errichtung der Inzestschranke. Wir müssen annehmen, dass sich die ersten Menschen durch Inzucht vermehrt haben. Paarungsverbote zwischen Geschwistern und zwischen Eltern und Kindern können erst dann entstehen, wenn es andere, von der eigenen Horde (auch ökonomisch) abgegrenzte Horden bzw. Sippen gibt. Denn die Inzestschranke bedeutete, dass man sich den Sexualpartner in einer anderen als der eigenen Sippe suchen musste. »Die Vorteile liegen auf der Hand: Inzucht gefährdet die Horde, weil sie zu groß wird, um sich ernähren zu können. Das Inzuchtverbot dagegen erschwert die Paarung und hält die Horde dadurch klein und lebensfähig. Gleichzeitig lernt der Mensch durch exogame Paarung neue Gegenden kennen, muss feindliche Tiere auf dem Weg dorthin abwehren, neue Nahrungsmittel finden, sich nach Spuren und Sternen orientieren. Das schärft seine Intelligenz und stärkt seine Unabhängigkeit« (Borneman 1975, S. 27).

Das Matriarchat hat natürlich auch seine ökonomische Basis. Bevor der Mann sich hinter den Pflug stellte, bebaute die Frau die Felder mit der von ihr erfundenen Hacke und erzeugte damit den größten Teil der Nahrung. Der damals nur jagende, fischende, fallenstellende Mann konnte ihr wegen seines geringen Beitrags zur Nahrungsbeschaffung keine sexuellen Freiheiten nehmen. Die Frau nahm sich Liebhaber und wechselte den »Ehepartner«, sooft sie wollte. Sie hatte in diesem Stadium noch weitgehende Rechte über ihren Körper, der sich übrigens nach den frühesten Skelettfunden nicht oder nur unwesentlich vom männlichen unterschied, das heißt, ungleiche Körpergröße und ungleicher Körperbau sind jahrtausendelange Folgen patriarchaler Arbeitsteilung zwischen Mann und Frau.

An dieser Stelle ist schon absehbar, was es heißt, das Patriarchat durchzusetzen, von den Frauen Monogamie zu fordern, um die väterliche Abstammung und Erbfolge gewährleisten zu können. Dafür mussten erst spezifische Produktionsverhältnisse geschaffen werden, um diesen Übergang möglich zu machen. So viel ist klar, aber: »Wie im ausgehenden Mittelalter schon längst Kapital, Lohnarbeit und Maschinen vorhanden waren und sie doch erst durch eine zusätzliche historische Tat zum Kapitalismus zusammenwuchsen, so analog im ausgehenden Matriarchat: Privateigentum war längst da, desgleichen eine differenzierte Arbeitsteilung zwischen den Geschlechtern, die sich naturwüchsig aus der größeren Zuständigkeit der Mütter für die Kinderaufzucht ergeben hatte, den Frauen eher Hackbau, Webe- und Keramikarbeiten, den

Männern eher Pflügen, Roden, Tierzucht, Jagd, Waffenherstellung zukommen ließ und letzteren nach und nach immer mehr Machtmittel zuspielte. Und doch musste, damit sie frauenfeindlich wirksam wurden, erst ein intellektueller Prozess einsetzen ...« (Türcke 1991, S. 38). Dieser intellektuelle Prozess sei zunächst durch folgenden Verdacht entstanden: »Wie, wenn sich in Gebären und Nähren das spezifisch Menschliche gar nicht ausdrückt? Wenn die verehrte weibliche Geschlechtseigenschaft bloß das Naturhafte am Menschen repräsentiert, das er mit den Tieren gemein hat, während die nur ihm innewohnende Kraft zur Erdkultivierung männlicher Art ist?« (S. 39).

Natürlich haben die Frauen selbst die Erde kultiviert, aber das Naturhafte, Heilige, Anbetungswürdige verliert nun seine Zwangsläufigkeit gegenüber der Technik, der Ratio. Nochmals: Was sich hier als weiblich und männlich herauskristallisiert, ist vorher noch nicht unterscheidbar. Diese Polarisierung ist bis heute Grundlage eines frauendiskriminierenden Vorurteils: Frauen sollen demnach weder erkenntnisfähig noch vernünftig sein können, weil sie eben naturhafte und deshalb besonders emotionale Wesen seien. Im antiken griechischen Denken wird immer wieder die »männliche Ordnung« dem »weiblichen Chaos« gegenübergestellt: »Frauen sind die Verkörperung der ungezähmten Natur, und Natur bedeutet Chaos und Unordnung. Der Mann dagegen verkörpert Aufgeklärtheit und Ordnung« (Highwater 1995, S. 83). Übersehen wird dabei aus der Perspektive unserer Frühgeschichte, dass die genaue Naturbeobachtung die Methode und dass die Naturmythologie die erkenntnistheoretische Grundlage unserer Vorzeit waren. Darüber hinaus ist es ein für uns heute verhängnisvolles Vorurteil, da es einer emotionslosen Technik- und Kriegslogik keinen Einhalt gebieten kann.

An diesem Punkt setzt auch die Matriarchatsforscherin Heide Göttner-Abendroth (1984) an, die zu Recht das Fehlen utopischer, aus dem Matriarchat abgeleiteter Entwürfe in der Frauenbewegung beklagt. Sie versuchte deshalb, moderne weibliche Lebensformen zu diskutieren, die naturnahe und gemeinwesenorientierte Elemente enthalten.

Die geschlechtsspezifische Polarisierung im Übergang vom Matriarchat zum Patriarchat hat Folgen. Sie bedeutet zunächst Existenzunsicherheit, verlangt beiden Geschlechtern eine bis dato unbekannte Disziplinierung ab, staut Aggressionen auf, die sich vielleicht gegen diejenigen Führer richten, die den Übergang zum Patriarchat schneller vorangetrieben hatten, als es vielen Männern recht war. Wenn nun diese Aggressionen zur Beseitigung der Patriarchatserrichter führten, das Patriarchat selbst aber überlebte, so kann angenommen werden, dass massive Schuldgefühle über den Mord ein Gewissen und eine neue, strenge Sexualmoral sowie eine besondere Unterwerfung unter das Patriarchat ausbildeten (siehe Heinsohn 1984). Dies ist auch der Ausgangspunkt der von Freud in »Totem und Tabu« (1912–13) vetretenen These vom Urvatermord durch frauenlos gehaltene Söhne: Die Bruderhorde bemächtigt sich damit zwar der Frauen, zurück bleibt aber das schlechte Gewissen um den Vatermord. Hierin sieht Freud die archaische Quelle der Verbindung von Sexualität und Schuldgefühl. Im griechischen Ödipus-Mythos ist die gleiche Thematik enthalten, von der Freud annimmt, dass sie in der Entwicklung des Kindes eine entscheidende Rolle spielt. Wir werden im Kapitel »Die andere Sichtweise: Freuds Psychoanalyse« eingehender darauf zurückkommen. Natürlich ist die Verbindung von Sexualität und Schuld ebenso wesentlicher Bestandteil des christlichen Sündenfall-Mythos.

Der erste Versuch der Errichtung des Patriarchats ist auch tatsächlich zunächst gescheitert: »Auf die kurze Blüte der mykenischen Kultur, die kaum mehr als eine Abschöpfung des Mehrwerts der Kreter war, folgte die lange Nacht des griechischen Mittelalters, ein Rückfall in die Steinzeit, ein halbes Jahrtausend des Verfalls aller Institutionen. Alles, was die Griechen bei ihrem ersten Ansturm auf die Macht von den Bauernstämmen und den Hochkulturen gelernt hatten, vergaßen sie wieder. Das geschriebene Wort verschwand. Tausend Jahre nach Erfindung der Schrift herrschte nun wieder Analphabetentum. Die Kunst der steinernen Architektur starb aus. Die Griechen begannen noch einmal mit primitivsten Werkzeugen Lehm- und Holzhütten zu errichten. Bronze und Eisen verschwanden. Die längst erfundene Pflugschar starb aus. Hesiod ... kannte noch im 8. vorgeschichtlichen Jahrhundert, mehr als tausend Jahre nach Einwanderung der Griechen, nichts anderes als die einfachste Form des hölzernen Pflugs. Alle von den matrilinearen Stämmen Vorderasiens, Kretas und der Kykladen gemachten Fortschritte der Nahrungsproduktion verschwanden auf dem griechischen Festland, als ob sie nie gemacht worden wären. In der ganzen Geschichte der Menschheit gibt es kaum ein vergleichbares Beispiel so totaler Niederlage eines neuen Gesellschaftssystems wie die des ersten Anlaufes des Patriarchats in Hellas« (Borneman 1975, S. 126). Einer der Hauptgründe für dieses Scheitern des Patriarchats lag in der Schwierigkeit, die Mitglieder einer freien Sippengemeinschaft zu unfreier Arbeit zu bewegen. Nur in bestimmten Regionen, wie z. B. in Sparta, wo die Griechen eine permanente Miliz unterhielten, war dies durch Zwang möglich. Die Spartaner – an denen sich Platon in seinem Staatsentwurf wesentlich orientierte – verordneten die Gemeinsamkeit des Männerlebens über die längste Zeit des Jahres hinweg sowie die staatliche Überwachung der Ehe und gestatteten den Beischlaf einer Frau bei einem Freund, wenn der Mann nicht mehr zeugungsfähig war, und umgekehrt das Ausleihen einer fremden Frau bei Unfruchtbarkeit der eigenen.

Auch der Bevölkerungsschwund in der nachmykenischen Zeit kann mit den oben angeführten Gründen für das Scheitern des Patriarchats erklärt werden. Genauso wie die in einer sozial und ökonomisch ähnlichen Situation lebenden Indianer unserer Epoche aufgrund ihres Freiheitswillen es vorzogen, lieber auszusterben, als für die Eroberer Sklavenarbeit zu leisten, kann dies für die nachmykenische Sippengesellschaft angenommen werden. Als zusätzlicher Grund für den Bevölkerungsschwund ist, so Borneman, ein jahrhundertelanger Gebärstreik der griechischen Frauen nicht von der Hand zu weisen.

Und es gab vielleicht noch einen anderen Widerstand von Frauen gegen das Patriarchat. Wir wissen nicht, ob die Amazonen real existiert haben oder nur mythologische Schöpfungen sind. Jedenfalls ist die Schlacht zwischen Griechen und Amazonen eines der bedeutendsten Motive der antiken griechischen Kunst. Allerdings sind die Amazonen nie so dargestellt, wie sie sich die Griechen vorgestellt haben, nämlich als brustlose Wesen. Um die Bogen besser spannen zu können, sollen sie sich die Brust amputiert oder abgeschnürt haben. Eine Vorstellung, die den Vorurteilen der heutigen Männer gegenüber den »Emanzen« ähnelt. Diesen wird wie den Amazonen zugeschrieben, ihre Weiblichkeit im Kampf gegen die Männer zu opfern.

Die ökonomischen Folgen des Einfalls der Griechen in die Balkanhalbinsel lassen sich, so Borneman, mit denen der späteren Eroberungen der Hunnen, Awaren, Petschenegen, Magyaren und Mongolen vergleichen. Auch sie verursachten überall in Europa, wo sie zur Macht kamen, eine Zerstörung

Matriarchat im Film. »Prehistoric Women« (1966).

der Landwirtschaft mit der Folge, weder sich noch die eroberte Bevölkerung ernähren zu können. Dies basierte auf der Unfähigkeit dieser Reitervölker, den Ackerbau in den eroberten Gebieten zu übernehmen. Genauso versuchten die Griechen auf der zur Viehzucht weitgehend ungeeigneten Balkanhalbinsel, den matriarchal organisierten Ackerbau durch eine patriarchale Hirtenkultur zu ersetzen.

Natürlich beinhalten die Auffassungen vom Übergang zum Patriarchat vielfach Spekulationen, geschichtliche Konstruktionen. Selbst die Annahme eines vor dem Patriarchat existierenden Matriarchats wird von einigen abgelehnt, als patriarchalischer Mythos bezeichnet. Denn der Übergang vom Matriarchat zum Patriarchat bedeute die Überwindung der weiblichen Auffassung von Natur durch die männliche. Das Patriarchale daran ist, dass das Matriarchat als Vorstufe, das notwendigerweise und fortschrittlicherweise durch das Patriarchat abgelöst werden musste, gedacht wird. Andererseits kann man genauso gut konstatieren, dass die Verleugnung des Matriarchats Ausdruck einer patriarchalen Geschichtsauffassung ist, etwa nach dem Motto: Das Patriarchat war immer schon da, nichts anderes ist denkbar.

Eine letztlich nicht zu übersehende Spur zum Matriarchat findet sich in der Mythologie, der wir uns im Folgenden zuwenden wollen. Von den Kritikern der »Mutterrechtler« wird dabei bezweifelt, ob die Mythologie wirkliche Geschichte widerspiegelt beziehungsweise wahrhafte Erkenntnisse über unsere archaische Vorgeschichte liefert. Obwohl ich mich dieser Argumentation nicht anschließen kann, weil ich Mythologie und Religion sehr wohl als Überbau einer gesellschaftlichen Realität ansehe, ist diese Diskussion über Existenz oder Mythos des Matriarchats für unsere Zwecke letztlich überflüssig, weil es uns nicht um das tatsächliche historische Geschehen, sondern um die Konstruktion geht, die sich in unseren Köpfen heute vorwiegend etabliert hat. Und in diesen können wir uns ein friedliches, gleichberechtigtes Zusammenleben von Frauen und Männern häufig nur schwer vorstellen.

Wie sehr unterschiedliche Mythologien mit unterschiedlichen Herrschaftsverhältnissen zwischen Mann und Frau und damit wiederum mit unterschiedlichen sexuellen Haltungen korrelieren, zeigt der Sexualhistoriker Vern L. Bullough auf: »Der Ausgangspunkt vieler (sexueller) Annahmen scheint oft in den Schöpfungsmythen auf, in denen meist die Erde und der Himmel eine Rolle spielen. Die westliche Kultur basiert im Allgemeinen auf der alten Annahme, dass die Erde weiblich ist, die Erdmutter, und der Himmel männlich, der Himmelsvater; diese tiefverwurzelte mythologische Auffassung lieferte die Norm für die sexuellen Beziehungen, wonach der Mann oben, die Frau unten zu liegen hat. Manche Kulturen haben die Erde als männlich und den Himmel als weiblich betrachtet, so dass bei ihnen die Stellung der Frau oben als natürlich akzeptiert ist, während andere wiederum ihre Symbole der Männlichkeit und Weiblichkeit aus anderen Quellen bezogen haben« (zit. in Highwater 1995, S. 21 f.).

Die Etablierung des Patriarchats in der Mythologie

»Das vorgeschichtliche Europa kannte keine männlichen Götter. Die ›Große Göttin‹ allein wurde als unsterblich, unveränderlich und allmächtig betrachtet; der Begriff Vaterschaft war noch nicht in die religiöse Gedankenwelt aufgenommen worden. Die ›Große Göttin‹ hatte zwar Liebhaber, aber nur zu ihrem Vergnügen, nicht, um ihren Kindern einen Vater zu geben. Die Menschen fürchteten die Stammesmutter, beteten sie an und gehorchten ihr; der Herd, den sie in einer Hütte oder einer Höhle hütete, war das Zentrum frühesten gesellschaftlichen Lebens. Das Urmysterium war die Mutterschaft« (Ranke-Graves 1995, S. 13).

Im pelasgischen Schöpfungsmythos, einem archaisch-religiösen Weltbild noch voller Sinnlichkeit, ist Eurynome (»Weites Wandern«) die »Große Göttin«, die als Mond am Himmel entlangzog (die folgenden, kursiv abgedruckten Mythen basieren auf den Werken von Ranke-Graves 1995 und Highwater 1991; ich habe deren Texte vereinfacht und verkürzt; für den an den Quellen der Mythen interessierten Leser sei auf das Buch von Ranke-Graves verwiesen):

Am Anfang war Eurynome. Nackt erhob sie sich aus dem Chaos. Aber sie fand nichts Festes, darauf sie ihre Füße setzen konnte. Sie trennte daher das Meer vom Himmel und tanzte einsam auf den Wellen. Der Wind, der sich hinter ihr erhob, schien etwas zu sein, mit dem das Werk der Schöpfung beginnen konnte. Sie wandte sich um und erfasste diesen Nordwind und rieb ihn zwischen ihren Händen. Und siehe da! Es war Ophion, die große Schlange. Eurynome tanzte, um sich zu erwärmen, wild und immer wilder, bis Ophion, lüstern gewor-

den, sich um ihre göttlichen Glieder schlang und sich mit ihr paarte. So ward Eurynome vom Nordwind, der auch Boreas genannt wird, schwanger. Dann nahm Euronyme die Gestalt einer Taube an, ließ sich auf den Wellen nieder und legte zu ihrer Zeit das Weltei. Auf ihr Geheiß wand sich Ophion siebenmal um dieses Ei, bis es ausgebrütet war und aufsprang. Aus ihm fielen all die Dinge, die da sind: Sonne, Mond, Planeten, Sterne, die Erde mit ihren Bergen und Flüssen, ihren Bäumen, Kräutern und lebenden Wesen.

In diesem Mythos gibt es weder männliche Götter noch Priester, sondern nur die Weltgöttin und ihre Priesterinnen. Die Vaterschaft wird nicht gewürdigt und die Erbfolge ist matrilinear. Schlangen werden als Wiedergeburt der Toten betrachtet. Doch das Patriarchat meldet seinen Machtanspruch an, vorerst noch erfolglos:

Eurynome und Orphion schlugen ihr Heim auf dem Berge Olympos auf. Hier rief er ihren Unwillen hervor, weil er behauptete, der Schöpfer der Welt zu sein. In ihrem Zorn trat sie ihm mit der Ferse auf den Kopf, schlug ihm dabei die Zähne aus und verbannte ihn in die dunklen Höhlen unter der Erde.

Die Pelasger, die wahrscheinlich um 3500 v. Chr. von Palästina auf das griechische Festland kamen, behaupteten, Ophions Zähnen entsprungen zu sein. Hier kündigt sich bereits an, was in der griechischen Mythologie generell geschieht: Die »Große Göttin« beziehungsweise die alten Muttergottheiten müssen männlichen Göttern weichen, entweder ihnen unterstellt (wie Hera dem Zeus) oder sich aus ihnen ableitend (wie Athene als Kopfgeburt des Zeus). Diese Verdrängung der Muttergottheiten kommt natürlich auch im hellenischen Schöpfungsmythos voll zum Ausdruck, und zwar so, dass der Mythos in der nachfolgend beschriebenen Form in Vergessenheit geraten ist:

Zuerst war das Nichts. Es war da ohne Zeit und Raum, denn das Nichts kannte weder Werden noch Vergehen. Aus dieser undenkbaren Leere kam Gaia, das große Geheimnis des Seins, die Quelle aller Dinge. Sie nahm plötzlich Gestalt an, aus dem

Nichts kommend, und tanzte immer schneller, bis sie zu einem Wirbel des Lichts wurde.

So nahm die Welt ihren Anfang. Gaia schuf aus ihrem Körper das Land und das Meer. Sie krümmte ihre Wirbelsäule und die Berge entstanden. In den geheimnisvollen Höhlungen ihres Fleisches erzeugte sie Täler und Höhlen. Sie seufzte, wodurch der Regen entstand und sich auf Tümpel ergoss, in denen Gaia unendlich kleinen Geschöpfen das Leben gab, die blind durch den fruchtbaren Schlamm wühlten. Blumen wuchsen auf ihren vielen Brüsten. Aus ihrem Leib kam alles Leben, so reichhaltig war ihre Fruchtbarkeit. Unaufhörlich schuf sie aus ihrem geheimnisvollen Wesen. Eines Tages erzeugte Gaia sechs Frauen und sechs Männer und setzte sie behutsam auf ihren mächtigen Leib; dort gediehen sie und mehrten sich.

Doch diese Geschöpfe waren nicht glücklich. Trotz der Überfülle, die Gaia vor ihnen ausbreitete, ächzten sie vor Angst und Unzufriedenheit. Als sie die Blumen im Winter sterben sahen, lernten sie den Tod kennen. Sie begehrten laut auf gegen ihre Sterblichkeit. Sie konnten sich an der Gegenwart nicht erfreuen, weil sie solche Furcht vor der Zukunft hatten. So groß war ihre Angst, dass Gaia sich ihrer erbarmte und ihnen ein Orakel schenkte, das ihnen die künftigen Dinge verkünden sollte. In den Bergen, bei einem Ort namens Delphi, schickte Gaia Dämpfe aus der innersten Mitte ihres Wesens empor. Die Dämpfe stiegen aus einer Felsspalte auf und umhüllten die Gaia-Priesterin mit dem Raunen der Zukunft. Die Priesterin fiel in Trance, so dass sie die aus dem dunklen Inneren von Gaias Leib aufsteigenden Botschaften verstehen konnte.

Auch im hellenischen Schöpfungsmythos kündigt das Patriarchat seinen Machtanspruch an, denn auch hier rissen männliche Götter die Macht der Großen Mutter an sich, und der berühmte Ort der Weissagung wurde zum Herrschaftsbereich des rationalen Gottes Apollo. Die patriarchale Neufassung der hellenischen Mythologie beginnt mit Uranos, dem Sohn und Liebhaber Gaias. Im patriarchalen Mythos wird er als eigentlicher Schöpfer der Welt angesehen:

Uranos blickte von den Bergen liebevoll herab und sprühte fruchtbaren Regen über die geheimen Öffnungen von Gaias Leib. Daraufhin gebar sie das Gras, die Blumen, die Bäume und die Tiere. Der Regen brachte die Flüsse zum Fließen und füllte die Tiefen, so dass Seen und Meere entstanden.

Uranos wurde als Vater von Gaias Kindern angesehen, das heißt als Gründer der ersten Dynastie der griechischen Götter. Die Nachkommen Gaias, die zwölf Titanen, die drei Kyklopen und die drei Hundertarmigen, waren monströse Wesen. Uranos, über die Hässlichkeit dieser Kinder entsetzt, warf sie in die Tiefen des Tartaros. Kronos, der jüngste der Titanen, rächte diese Schandtat, indem er seinen Vater Uranos mit einer Sichel entmannte.

Die herabfallenden Blutstropfen schwängerten die Erde, welche nun die Erinnyen, die Giganten und die drei Nymphen gebar. Aus dem Schaum des Meeres, in das die Genitalien des Uranos fielen, wurde dann die Göttin Aphrodite geboren. Der kastrierte Uranos bedrängte nun die Erde nicht mehr mit seinem Liebesverlangen. Er blieb in seinem fernen Himmel, weit von der Erde, in abgelegene Himmelsgefilde verbannt, wo er zum Symbol der Abstraktion und Trennung wurde. So schuf der Sohn Gaias also auf Drängen seiner Mutter eine neue Götterordnung. Kronos begründete mit seiner Schwester-Gattin Rhea die zweite Götterdynastie, die über das goldene Zeitalter der Vollkommenheit herrschte.

Kronos sollte aber an einer vergleichbaren Schandtat wie sein Vater scheitern. Er versuchte der Prophezeiung, er werde von einem Sohn entthront werden, dadurch zu entgehen, dass er alle seine Kinder bei der Geburt verschlang. Nachdem seine Gemahlin, die Muttergöttin Rhea, auf diese Weise fünf ihrer Kinder verloren hatte, flüchtete sie sich bei ihrer nächsten Schwangerschaft auf die Insel Kreta, wo sie Zeus gebar. Als sie zu ihrem Gemahl zurückkehrte, gab sie ihm einen in Windeln eingewickelten Stein, den er im Glauben verschlang, es wäre sein Sohn. Als Zeus zum Mann heranreifte, verließ er sein Versteck. Er überwand seinen Vater und zwang ihn sodann, seine fünf Geschwister (Poseidon, Hades, Demeter, Hestia und Hera) sowie auch den Stein wieder zu erbrechen, der zum Omphalos wurde, zum »Nabelstein der Erde«(d. h. zum Zentrum der Welt). Dieser geheimnisvolle Stein, der es ermöglicht hatte, das Leben des Kindes der Muttergöttin zu retten, wurde schließlich in Delphi aufgestellt.

Bei dem in diesem Mythos enthaltenen Männerbild ist unschwer zu erkennen, dass die Muttergottheiten noch kräftig mitmischen. Denn entweder hat der Mann Geist, wie Uranos, der zur Abstraktion fähig ist, dafür aber kastriert ist, oder er ist sexuell präsent, dann ist er aber wie Kronos so blöd, dass er sogar einen Stein frisst. Bei Zeus findet sich aus Gier eine ähnliche Blödheit, er entscheidet sich für den großen Haufen, der nur aus Haut, Fett und Knochen besteht, statt für den kleineren, der das beste Fleisch enthält. Prometheus, der ihm diesen Streich spielt, indem er die Haufen verdeckt und Zeus dann auswählen lässt, wird dafür schwer bestraft, weil er seine Überlegenheit durch die ihm innewohnende matrizentrische Mentalität dem Obergott Zeus so augenscheinlich demonstriert:

Der Titanensohn Prometheus hat den Menschen erschaffen. Er nahm ein wenig Lehm in seine Hände, befeuchtete ihn mit Flusswasser und knetete ihn, bis er nach dem Bildnis der Götter geformt war. Die Göttin Athene war begeistert, als sie entdeckte, was dieser Titanensohn geschaffen hatte. Sie hauchte den aus der Erde geschaffenen Gestalten den göttlichen Atem ein, und sie erhoben sich und wurden zu Menschen.

Die Götter im Himmel bemerkten diese neu geschaffenen Männer und erklärten sich bereit, sie zu schützen, solange sie sich ehrerbietig zeigten. So setzten sich an einem vorbestimmten Tag Sterbliche und Unsterbliche zusammen, um die Rechte und Pflichten der Menschen festzulegen. Um sie vor übermäßigen Forderungen der Götter zu schützen, trat Prometheus als ihr Anwalt auf. Er war klug und vernünftig, bis er sich in seiner Verehrung für die Muttergottheit dazu hinreißen ließ, dem großen Zeus einen Streich zu spielen. Es war ein harmloser Scherz (siehe oben), doch ließ sich der höchste Gott eine solche Beleidigung nicht bieten. Um Prometheus für seinen Streich zu bestrafen, enthielt Zeus den Sterblichen, die Prometheus aus

Lehm geformt hatte, das Geschenk des Feuers vor. Prometheus wiederum konnte die Strafe nicht hinnehmen. Er erhob sich zur Sonne, entzündete eine Fackel am Himmel und brachte sie den Menschen. Erneut donnerte Zeus in seinem Zorn. Als er die Lagerfeuer der Sterblichen auf der fernen Erde flackern sah, befahl er Hephaistos, dem Gott des Feuers, ein Wesen in Gestalt einer schönen jungen Frau aus Ton zu formen. Von ihr, Pandora, stammt das unheilvolle weibliche Geschlecht ab. Unwiderstehlich für die Männer, aber alle Übel der Menschheit mitbringend, sollen die Frauen nun unter den sterblichen Männern weilen.

Prometheus aber wurde zur Strafe für seine Komplizenschaft bei dem Versuch, die Herrschaft der Muttergöttin zu erhalten und die aus dem Lehm der Erde gebildeten Menschenkinder zu schützen, auf Geheiß des Zeus an einen Felsen geschmiedet, wo jeden Tag ein Adler von seiner Leber fraß, die über Nacht wieder nachwuchs.

Aber noch ist die endgültige Herrschaft des Zeus nicht besiegelt. Zuvor muss er noch in einem zehnjährigen Kampf die Titanen, also die Nachkommen der Großen Muttergottheit, bezwingen. Erst mit diesem Sieg ist die Herrschaft der patriarchalen Götter des Olymp über die matriarchalen titanischen Götter besiegelt.

Die Bedeutung dieses patriarchalen Siegeszuges kommt in den »Euminiden« von Aischylos, einer Mischung von Geschichte und Mythos, dramatisch zum Ausdruck. Die Ereignisse, auf die sich Aischylos bezieht, fanden gegen Ende des Trojanischen Krieges statt:

Agamemnon, König von Mykene, opfert aufgrund eines Orakelspruchs seine Tochter Iphigenia. Klytämnestra, seine Gattin, ist empört über die Opferung ihres Kindes und wird die Geliebte des Aigisth. Als Agamemnon nach jahrelanger Abwesenheit von Troja nach Mykene zurückkehrt, lässt ihn Klytämnestra durch Aigisth erschlagen. Orest, der Sohn Agamemnons, tötet nun seine Mutter und deren Geliebten, um den Mord an dem Vater zu rächen. Die Erinnyen, Gesandte der Erdmutter Gaia, klagen ihn des Muttermordes an, der ihnen schwerer wiegt als der Gattenmord. Denn die Ehe wird von den Erinnyen als eine patriarchale Institution abgewertet. Apollo, der den Auftrag zum Muttermord gegeben hat, widerspricht. Klytämnestras Rechtfertigung ihres Ehebruchs mit Aigisth wird von ihm zurückgewiesen. Denn es gehe um das Erbrecht und die Möglichkeit der Kindesunterschiebung, die dem Mann bei der Untreue seiner Frau passieren könne. Außerdem sei der Vater, nicht die Mutter, der wahre Erzeuger eines Kindes: Die Mutter ist nur die Amme dessen, was sie geboren hat, der Erzeuger ist der Vater, der ihr seinen Samen anvertraut hat. Schließlich kommt die Entscheidung vor den Areopag, es herrscht Stimmengleichheit. Da ergreift Athene den Stimmstein und entscheidet für Orest. Sie, dem Haupte des Zeus entsprungen, argumentiert im Sinne Apollos, dass sie eben nur dem Vater ihre Existenz verdankt. Damit besiegelt sie, die Göttin der Weisheit, das Patriarchat.

Die Verdrängung des Mütterlichen, des Gebärens und Nährens, ist die Voraussetzung für das Patriarchat. Athene, die Kopfgeburt des Zeus, Dionysos, aus seinem Schenkel entsprungen, die Pelasger aus den Zähnen des Ophions geboren bis zu den heutigen Geburtsmythen haben alle eine Abwertung des Gebärens gemeinsam. Allerdings gibt es auch einen Mythos, der sich gegen diese Verdrängung wehrt:

Demeter war traurig, seit Hades ihre Tochter Persephone geraubt und in den Tartarus entführt hatte. Sie suchte Persephone ohne Rast neun Tage und Nächte, in denen sie weder aß noch trank. Am zehnten Tag traf sie die alte Amme Baubo, die wie in Wehen stöhnte und plötzlich unter ihrem Rock Demeters eigenen Sohn Iakchos hervorzauberte, der seiner Mutter in die Arme sprang und sie küsste.

Baubo konnte Demeter trösten, indem sie auf ihre weibliche Potenz des Gebärens hinwies, die es ihr ermöglichen könnte, ihre verlorene Tochter zu ersetzen.

Im Christentum ist die Abwertung des Gebärens – mit umgekehrten Vorzeichen – ebenfalls enthalten: Maria wird durch ihre entsexualisierte Empfängnis auf eine Gebärmaschine für

Gottes Sohn reduziert. Der biblische Mythos von der Erschaffung der Frau liegt ganz auf der Linie der Entwertung des Weiblichen:

Und Gott der Herr sprach: ›Es ist nicht gut, dass der Mensch allein sei; ich will ihm eine Gehilfin machen, die um ihn sei.‹ Und Gott der Herr machte aus Erde alle die Tiere auf dem Felde und alle die Vögel unter dem Himmel und brachte sie zu dem Menschen, dass er sähe, wie er sie nennte; denn wie der Mensch jedes Tier nennen würde, so sollte es heißen.

Und der Mensch gab einem jeden Vieh und Vogel unter dem Himmel und Tier auf dem Felde seinen Namen; aber für den Menschen ward keine Gehilfin gefunden, die um ihn wäre. Da ließ Gott der Herr einen tiefen Schlaf fallen auf den Menschen, und er schlief ein. Und er nahm eine seiner Rippen und schloss die Stelle mit Fleisch.

Und Gott der Herr baute ein Weib aus der Rippe, die er von dem Menschen nahm, und brachte sie zu ihm. Da sprach der Mensch: ›Das ist doch Bein von meinem Bein und Fleisch von meinem Fleisch; man wird sie Männin nennen, weil sie vom Manne genommen ist‹ (1. Mose 2; 18–23).

Die hier konstruierte Geschlechterrelation ist paradigmatisch für das Patriarchat: Das Weibliche wird von Anfang an als die Ergänzung des Männlichen gedacht, die Frau verdankt ihre Existenz der Tatsache, dass der Mann nicht allein bleiben soll, sie um ihn sein soll wie die Tiere auf dem Feld und die Vögel unter dem Himmel. Wie Athene dem Kopf des Zeus, entspringt Eva einer Rippe Adams.

Übrigens existiert im biblischen Schöpfungsmythos noch eine andere Version, die wie im hellenischen untergegangen ist. Nach der talmudischen Überlieferung wurden Adam und seine erste Frau Lilith aus dem Staub der Erde geschaffen. Lilith war wild und leidenschaftlich und weigerte sich, als Frau eine untergeordnete Rolle einzunehmen, da sie wie Adam – sozusagen gleichberechtigt – aus dem Staub geboren war. Hier zeigen sich also ebenfalls matriarchale Wurzeln, die von einer patriarchalen Religion ausgerissen werden mussten.

Doch kehren wir noch einmal zur griechischen Mythologie zurück. Wie bei jedem gewaltsamen Übergang wirkt das als überwunden Gedachte nach, entfaltet aus seinem Schattendasein spezifische Aktivität. Gaia, die Urmuttergöttin, waltet im Hintergrund: Sie gibt ihrem Sohn Kronos die Sichel, mit der er seinen Vater Uranos entmannen soll; sie prophezeit Kronos die Entmachtung durch seinen Sohn Zeus; sie berät Zeus, wie er die Hundertarmigen befreien und als Mitkämpfer gegen die Titanen gewinnen kann. Sie wirkt also über Generationen hinweg und ist die eigentliche Drahtzieherin – genauso wie es die Rolle der Frau in der patriarchalen bürgerlichen Kleinfamilie vorsieht.

Ungeheuer wie z.B. Hydra, Sphinx, Echidna dienen nun dazu, männliche Ängste vor dem Weiblichen zu konkretisieren und es bekämpfen zu können. Natürlich ein aussichtsloser und immer währender Kampf: Jedem abgeschlagenen Kopf der Hydra wachsen zwei neue nach. Aber es geht nicht nur um den Kampf, sondern auch um die sexuelle Lust. Deshalb erscheint Echidna halb als gewaltige und blutgierige Schlange, halb als wunderschöne Nymphe. Hierin ist jener Doppelcharakter enthalten, »als der das weibliche Geschlecht nach seiner Unterwerfung den Männern erscheint und ihnen die Früchte des Sieges versalzt: der sanftzüchtig-anmutige Typus, der männlichem Willen gefügig ist – und doch nicht aufhört, auch der unzüchtig-widerspenstige zu sein, dessen lockende und drohende Naturgewalt den Männern keine Ruhe lässt. Echidna ist ein Urbild patriarchaler Psychologie des Weiblichen« (Türcke 1991, S. 50 f.).

Das Doppelbild Echidnas – halb Nymphe, halb Schlange – ist bis heute die patriarchale Urangst vor der Sexualität. Keine sexuelle Liberalisierung konnte verhindern, dass sich die Angst, (von der Schlange) verschlungen zu werden, wenn man sich (in die Nymphe) verliebt, erhalten hat. Und das tödliche Rätsel der Sphinx bleibt das ewige Rätsel des Weiblichen. Auch im Christentum wird ein Doppelbild der Frau gezeichnet. Während Maria entsexualisiert und entsinnlicht wird, gilt Eva als zügelloses und triebhaftes Geschöpf. Das ist nicht nur die Spaltung in Heilige und Hure, sondern Eva

Satyr: erregt und deshalb teuflisch. Giechische Postkarte.

wird auch, als Rippe Adams sozusagen, zum dunklen, sündigen, teuflischen Teil des Mannes, den er sein Leben lang bekämpfen muss.

Dieser Kampf des Mannes muss schon mit der Mutter ausgetragen werden. Ödipus löst das Rätsel der Sphinx, bekommt dafür seine Mutter zur Frau und stürzt damit Theben ins Verderben. Sigmund Freud entdeckte in diesem Mythos eine konflikthafte Phantasie, die jedes Kind zu bewältigen hat: die Liebe zur Mutter, die vom Vater gestört wird, der deshalb ausgeschaltet werden soll. Wir werden auf diesen Konflikt im Teil II mehrmals zurückkommen. Hier der Mythos:

König Laios wird von Apollo durch das delphische Orakel gewarnt, einen Sohn zu zeugen; er werde seinen Vater ermorden und seine Mutter heiraten. Als Iokaste, Laios Frau, trotzdem einem Sohn das Leben schenkt, lässt ihm Laios die Knöchel durchbohren und auf dem Berge Kithairon aussetzen. Hirten des Königs Polybos finden das Knäblein und bringen es zu ihrem Herrn nach Korinth. Das kinderlose Königspaar Polybos und Merope nimmt den Kleinen an Kindes statt an und nennt ihn nach dem Zustand seiner Füße Ödipus (= Schwellfuß).

Als Ödipus herangewachsen ist, wendet er sich an das delphische Orakel, um sich über seine Abkunft Klarheit zu verschaffen. Die Antwort des Gottes lautet, Ödipus werde seinen Vater töten und seine Mutter heiraten. Um der Erfüllung dieses schrecklichen Orakelspruches zu entgehen, kehrt Ödipus nicht mehr zu seinen vermeintlichen Eltern nach Korinth zurück. Auf dem Wege durch Phokis begegnet er an einer engen Stelle in der Nähe einer Weggabelung seinem Vater Laios, der gerade auf der Fahrt nach Delphi ist. Da Ödipus dem Wagenlenker des Laios nicht schnell genug ausweicht, kommt es zum Streit, in dem Ödipus seinen Vater erschlägt, ohne ihn gekannt zu haben.

Unmittelbar vor Theben trifft Ödipus auf die Sphinx, die ihm folgendes Rätsel stellt: »Welches Wesen, das nur eine Stimme hat, hat manchmal zwei Beine, manchmal drei, manchmal vier und ist am schwächsten, wenn es die meisten Beine hat?« Ödipus antwortet: »Der Mensch.« Er löst damit ihr Rätsel und befreit die Stadt von dem Ungetüm. Zum Dank erhält er die Königswürde und die Hand der verwitweten Königin. So geht der zweite Teil des Orakelspruchs in Erfüllung, da Ödipus, ohne es zu wissen, seine Mutter heiratet. Aus dieser Ehe gehen zwei Söhne, Eteokles und Polyneikes, und zwei Töchter, Antigone und Ismene, hervor.

Nach langen Jahren bricht in Theben eine Pest aus. Man wendet sich an das delphische Orakel um Rat und erhält den Auftrag, den Mörder des Laios ausfindig zu machen und zu bestrafen. Der Seher Teiresias bezeichnet Ödipus als Schuldigen, und die vom König selbst geleitete Untersuchung enthüllt die schreckliche Wahrheit. Iokaste erhängt sich, Ödipus sticht sich die Augen aus. Eteokles und Polyneikes vertreiben Ödipus aus der Stadt. Der Vater verflucht die Söhne, sie sollten sich im Kampf um die Königsherrschaft gegenseitig ver-

nichten. Dann wandert der blinde Greis als Bettler, von seiner Tochter Antigone begleitet, nach Kolonos in Attika, wo die Erinnyen, denen dort ein Hain geweiht war, ihn zu Tode jagen. Theseus begrub ihn in Athen und beklagte seinen Tod an der Seite Antigones.

Ranke-Graves deutet den Mythos als Versuch des Ödipus, die matrilineare Erbfolge durch eine patrilineare zu ersetzen, weshalb er von seinen Untertanen verdammt wurde. Auch der patriarchale Revolutionär Theseus, der im obigen Mythos Ödipus begräbt, erleidet am Ende das gleiche Schicksal der Verdammung (siehe dort S. 16).

Das Patriarchat in der Antike

Der Ödipus-Mythos verrät den unerbittlichen Kampf der Männer um patriarchale Vorherrschaft. Wie sieht das Leben nun real aus? Athen wird zum Musterort der neuen patriarchalen Ordnung: Die Frau wird im Haus isoliert, bekommt besondere Räume zugewiesen, in denen sie ihre Arbeiten erledigen soll; sie teilt wohl das Bett, aber nicht den Tisch mit ihrem Mann; verlässt sie das Haus, muss sie sich verhüllen, weil sie keinem anderen als ihrem Herrn gehören darf. Wenn doch, sollte sie nach dem solonschen Gesetz mit ihrem Leben oder ihrer Freiheit büßen, der Mann konnte sie als Sklavin verkaufen.

Was hier als »Männerparadies« erscheint, entpuppt sich bei näherer Betrachtung als zwiespältig. Kann man nämlich von seiner Magd geliebt werden? Kann die tagsüber geknechtete, gedemütigte, erniedrigte Frau in der Nacht zur verführerischen, sinnlichen, lustvollen Geliebten werden? Diese Kehrseite der patriarchalen Unterdrückung ist nicht aus der Welt zu schaffen. Wieder scheint als patriarchale Lösung eine Aufspaltung vonnöten: Die Ehefrauen werden zur Kinderaufzucht und Haushaltsführung abgestellt, während für den sexuellen Genuss Hetären herangezogen werden. Sie, die sich sowohl durch Schönheit als auch Geist auszeichneten, wollten sich nicht mit der Sklaverei in der Ehe arrangieren. Jeder berühmte Grieche hatte Umgang mit Hetären. Da diese Beispiele bald Schule machten, weitete sich das Hetärentum aus, die Prostitution entstand.

Bereits in den Mutterreligionen gab es erotische Tempelbräuche, die man später als Tempelprostitution bezeichnete. Sie hatte noch nicht den Warencharakter, den sie in der Antike anzunehmen begann. Die Priesterin stellte die Verbindung mit der Gottheit durch die Vermittlung ihres Körpers her. Der Orgasmus des Mannes, der Augenblick des Selbstaufgebens war diese Verbindung. Die Hingabe der Priesterin sollte ritueller Dienst sein (siehe Borneman 1975, S. 264 ff.). Demnach ist die Auffassung von der Prostitution als »ältestem Gewerbe der Welt« eine patriarchale.

Hetärentum und Prostitution bleiben mit demselben Makel wie die Ehe behaftet: Wo Liebe erzwungen oder erkauft wird, haftet der sexuellen Lust zumindest etwas Schales an. Die jahrhundertelange Unterdrückung der Frau hatte überdies dazu geführt, dass der Mann das weibliche Geschlecht nun tatsächlich beschränkt, geistlos und schwach erlebt. Der Höhepunkt der patriarchalen Missachtung besteht aber darin, dass sich die Männer noch mehr vom weiblichen Geschlecht zurückziehen, alle tieferen, geistigen und sexuellen Anregungen und Erfüllungen vom eigenen Geschlecht erwarten.

Makellos ist zwar der kindliche Körper, aber wie der kindliche Geist noch zu unterentwickelt; die Entwicklung ist noch zu ungewiss, ob zur Schlechtigkeit oder zur Tugend von Leib und Seele. Deshalb plädiert Platon (ca. 360 v. Chr.) für die Liebe zu Knaben, die den ersten Bartwuchs und die erste, aber noch ausbaufähige Vernunft zeigen. Und Platon ist keine Ausnahme, berühmte Philosophen folgen seinem Beispiel der Knabenliebe – genauso wie Platon seinem Lehrer Sokrates darin folgt. Die Rechtfertigung der Philosophen besteht darin, dass die Weisheit mittels körperlicher Berührung und Nebeneinanderliegen zum geliebten Knaben bzw. Schüler übergeht, *wie das Wasser in den Schalen durch den Wollfaden aus der volleren in die leerere fließt.* Und dann ist die Knabenliebe der Philosophen ein Austausch: *Bildung und Weisheit gegen Liebe. Schlecht dabei ist jener, der den Leib mehr als die Seele liebt, weil er ein nicht bleibendes Ding liebt – im Gegensatz nämlich zur unsterblichen Seele. Wer aber in das Wesen verliebt ist, bleibt dies sein Leben lang, weil er mit dem Bleibenden verschmolzen ist. Deshalb verlangt es die Sitte, die Probe anzustellen, wie es mit der Liebe bestellt ist. So gel-*

ten sowohl das Schnell-sich-gewinnen-Lassen als auch durch Reichtum oder staatliche Macht gewonnen zu werden als hässlich.

Platon formuliert hier moralische Vostellungen, die noch heute Geltung haben. Das Wichtigste jedoch lässt Platon die Hetäre Diotima zu Sokrates sagen: *Die Liebe gilt nicht dem Schönen, sondern der Zeugung und dem Gebären im Schönen, weil sie das Ewige und Unsterbliche im Sterblichen sind.*

Damit schafft Diotima einen Ausgleich zwischen Zeugen und Gebären, im übertragenen Sinn zwischen Patriarchat und Matriarchat. Aber trotz der Achtung, die Sokrates und Platon ihren intelligenten Hetären Diotima und Aspasia entgegenbringen, verfallen sie philosophisch dennoch in »Frauenfeindschaft und des Lobs der Päderastie als einer ›edleren Form‹ des Geschlechtsverkehrs« (Borneman 1975, S. 279). Überdies war der »sinnliche Reiz der nackten Knabenkörper ein bewusstes und kalkulierendes Element [...] eben jener Kitt, der den Knaben so eng an den Lehrer binden sollte, dass Erziehung eine libidinöse Aktivität für beide Beteiligten wurde; eine Formel, die zweifellos sinnvoll und praktikabel gewesen wäre, wenn man sie nicht auf homosexuelle Beziehungen beschränkt hätte« (S. 273). Nebenbei bemerkt würde diese Ansicht im Rahmen der gegenwärtigen Debatte über den sexuellen Missbrauch (siehe Kapitel »Der neue Puritanismus: die Debatte über Abtreibung, Aids und sexuellen Missbrauch«) vehement verurteilt werden.

Dass man gut lernt, wenn es eine libidinöse Verbindung zwischen Lehrer und Schüler gibt, habe ich in gewissem Sinn selbst erfahren. Ich war zwar im Gymnasium ein sehr schlechter Schüler, aber in Mathematik war ich der Beste, weil ich mich in diesem Fach mit »libidinöser« Aktivität engagierte – ich war in meine Mathematiklehrerin verliebt.

Aber zurück zu den Griechen: Die Homosexualität sollte nicht nur in der Erziehung, sondern auch auf dem Schlachtfeld »kitten«. Die Griechen waren der Ansicht, dass homosexuelle Männer bessere Soldaten seien, weil sie die Geliebten in der Schlacht bei sich hatten und somit nicht mutlos werden könnten. Ähnliche Vorstellungen hatten in den zwanziger und dreißiger Jahren Angehörige des präfaschistischen preußischen Freikorps (siehe Theweleit 1977) und bei den Japanern ist die Ansicht, dass Homosexuelle gute Soldaten seien, bis heute verbreitet.

Dass die Homosexualität Kulturphänomen ist, zeigt sich schon an der Sprache. Es gibt hunderte griechische Ausdrücke für den Analverkehr, gleichwie die Synonyme für das männliche Glied und den Hoden ebenfalls zahlreich sind (Borneman 1975, S. 226f.). Andererseits schlägt sich die Frauenverachtung natürlich auch in sexuellen Vorstellungen nieder, die bis heute eine Grundlage der Homosexualität darstellen: die gezahnte, also kastrierende Vagina; der den Mann schwächende Sexualverkehr mit der Frau (im Gegensatz zur stärkenden Knabenliebe); das für den Mann lebensgefährliche Menstrualblut (auch bei den Römern und zahlreichen anderen Kulturen). Dagegen wird dem männlichen Samen eine stärkende Wirkung zugeschrieben. Bei den Sambia, die in den hohen Bergen des abgelegenen östlichen Hochlands von Neuginea (heute ein Teil von Papua-Neuginea) leben, ist eine rituelle

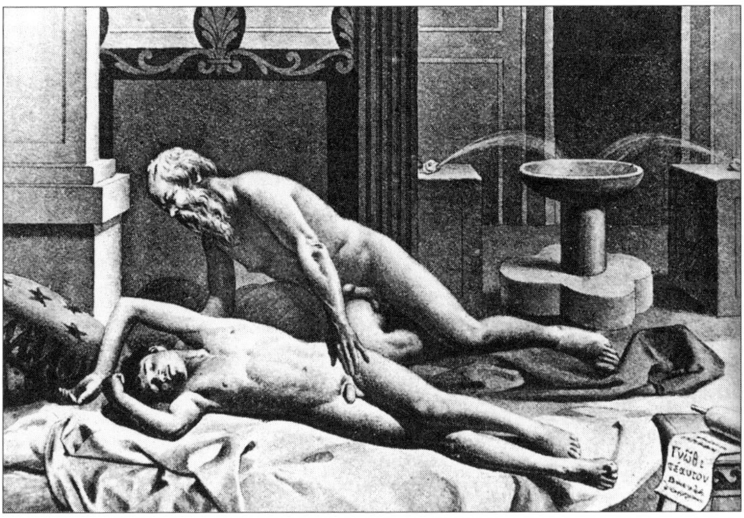

Sokrates mit Schüler. »Päderastie im antiken Griechenland«, anonyme Darstellung (um 1910).

Homosexualität wesentlicher Bestandteil der Initiation. Die Aufnahme des Samens durch Fellatio soll durch seine stärkende Wirkung die Entwicklung der Männlichkeit beschleunigen. Ebenso gibt es die Vorstellung, dass der Fötus nur durch häufigen Sexualverkehr seiner Trägerin mit verschiedenen Männern, also durch permanente Zufuhr von »frischem« Sperma während der Schwangerschaft, kräftig wird.

Doch kehren wir wieder zu den Griechen zurück; wie lässt sich aber die Homosexualität mit dem großartigen Mythos von den menschlichen Urwesen, die Zeus einst in zwei Hälften gespalten hat und von denen jedes mit seiner anderen Hälfte wieder eins werden will, vereinbaren? Platon hat auch dafür eine Erklärung: *Ursprünglich gab es drei Geschlechter von Menschen, neben dem männlichen und dem weiblichen noch ein drittes, aus jenen beiden ersten zusammengesetztes.* (Wir werden diesen Mythos in modifizierter Form zwei Jahrtausende später in der Sexualwissenschaft als so genannte »Zwischenstufentheorie« zur Erklärung der Homosexualität wieder finden.) *Alle Männer und Frauen aus diesem gemischten Geschlecht sind heterosexuell und ehebrecherisch, alle Männer und Frauen, die »reine« Vertreter ihres Geschlechts sind, halten sich eher an das eigene Geschlecht. Deshalb sind die Knaben, die von Männern geliebt werden, die besten, weil sie die mannhaftesten sind.*

Nun zu Platons Mythos von den menschlichen Urwesen:

Die ersten Menschen waren von Gestalt rund, sie hatten vier Hände, vier Beine und zwei Gesichter auf kreisrundem Nacken. Zu den in entgegengesetzter Richtung blickenden Gesichtern gab es nur einen Kopf, aber vier Ohren. Außerdem hatten sie zwei Genitalien. Wenn sie schnell laufen wollten, so bewegten sie sich wie die Radschlagenden von ihren acht Gliedmaßen getragen schnell im Kreis davon. Sie wurden aber übermütig, wollten den Himmel ersteigen und die Götter angreifen.

Für diesen Frevel spaltete Zeus die Urwesen in zwei Teile, damit sie schwächer würden. Apollo erhielt den Auftrag, das Gesicht herumzudrehen, damit der Mensch, seine Zerschnei-

Keuschheitsgürtel mit »gezahnter Vagina«. Anonyme Lithographie (um 1920).

dung betrachtend, bescheidener würde. Dann sollte Apollo die Haut von allen Seiten über den Bauch ziehen, und sie wie einen geschnürten Geldbeutel mitten auf dem Bauch abbinden, an einer Stelle, die wir heute Nabel nennen.

Nachdem sie so entzweigeschnitten waren, ging jede Hälfte sehnsüchtig ihrer anderen Hälfte nach, und indem sie sich mit den Armen umschlangen und sich voll Begierde zusammenflochten, starben sie aus Hunger und gänzlicher Untätigkeit, weil sie nichts voneinander getrennt tun wollten.

Da erbarmte sich Zeus und half ihnen, indem er ihre Geschlechtsorgane nach vorne versetzte. Denn bisher hatten sie diese außen, und sie befruchteten und zeugten nicht ineinander, sondern in die Erde. Damit wird die »tödliche« Umarmung zwischen Mann und Frau nur zur Zeugung, die Umarmung zwischen Männern zur »Sättigung und Beruhigung«

notwendig, und sie alle können nach getanem Werke wieder auf das »andere Leben« bedacht sein.

Ein hoch moderner Mythos: Die (genitale) Sexualität erscheint hier als notwendiges Übel, das eigentliche Leben liegt außerhalb der Sexualität: in der Arbeit, in der Politik, im Geschäft. Und um hier leistungsfähig zu sein, soll die Sexualität – in welcher Form auch immer – gelebt werden. Das Leistungsprinzip in der Sexualität beschränkt sich auf die Tätigkeit der Genitalien, wodurch der übrige Körper für die Arbeit frei wird (siehe Marcuse 1990).

Aristoteles übernahm von seinem Lehrer Platon zwei Begriffskategorien, die er zu seiner Theorie der Geschlechterdifferenz ausbaute: eidos und genos. »Eidos« meint zunächst die Form, die für den geschulten Geist sichtbare Form (die Idee), während »genos« Geburt, Linie, Gattung oder Stamm bedeutet. Frauen und Männer haben demnach dasselbe »genos«, sind beide Angehörige der menschlichen Gattung, haben aber verschiedene »eidos«, also Erscheinungsformen. Aristoteles behauptet nun, dass sich – trotz der Existenz der zwei Geschlechter – in einem »genos« nur eine Form überträgt, nämlich die des Vaters. Wie das? Verkürzt ausgedrückt, weil männlicher und weiblicher Körper als zwei Varianten ein und derselben Form erscheinen. Die sichtlich unterschiedliche Form des männlichen und weiblichen Körpers erklärt er quantitativ: Körperteile des einen sind mehr oder weniger als die des anderen.

Damit ist der Weg frei für die bis heute erhalten gebliebene Abwertung des Weiblichen, gekennzeichnet durch dessen Unfähigkeiten, Mängel, Verstümmelungen und Unvollkommenheiten. Und selbst da, wo der weibliche Körper augenscheinlich im Vorteil gegenüber dem männlichen ist, findet Aristoteles wiederum einen Nachteil: die weiblichen Brüste sind zwar größer als die der Männer – eine für Aristoteles sonst sehr wichtige Differenzierungskategorie, so z.B. wenn es um die Größe des männlichen Gehirns geht –, trotzdem hat er sogleich ein anderes Kriterium für die Unzulänglichkeit der weiblichen Brüste zur Hand, nämlich die mangelnde

Konsistenz und Festigkeit des Gewebes. Im Gegensatz zu den festen männlichen Brustmuskeln erscheinen die weiblichen Brüste, so Aristoteles, als schwammige Schwellungen. Überhaupt seien Kleinheit und Kraftlosigkeit des weiblichen Körpers Erscheinungsformen einer verstümmelten Natur. Aber selbst dort, wo Männer und Frauen völlig unterschiedlich sind, konstruieren Ärzte im Sinne Aristoteles eine Vergleichbarkeit:

Die Gebärmutter entspricht dem Penis, die Eierstöcke den Hoden, Menstrualblut und Sperma sogar sind vergleichbar, weil sie beide zur Empfängnis eines Kindes notwendig seien; während das Blut im männlichen Körper zu Samenflüssigkeit wird, ist der weibliche Körper zu dieser Umwandlung nicht fähig. Dieser Gegensatz spiegelt den unüberbrückbaren Gegensatz von Männlichem und Weiblichem wider. Das Sperma schöpft nicht nur Leben, es enthält vor allem das Prinzip der Form, die es auf das Kind überträgt. Der Samen spielt die Rolle des Werkmeisters, aktiv und schöpferisch erschafft er das Kind nach dem Bild des Vaters. Der weibliche Körper ist dagegen nur eine Werkstatt, in dem dieser Akt vor sich geht, weil das Weibliche eine seelenlose und passive Wesenheit darstellt. Was nun, wenn dieser schöpferische Akt nicht dem Bild des Vaters entspricht? Wenn z.B. ein Mädchen das Resultat ist? Logisch, dass dann auch mit dem Samen etwas nicht stimmen kann beziehungsweise eine Art von Impotenz im Spiel ist.

Diese Auffassungen erscheinen auf den ersten Blick lächerlich und kaum der Beachtung wert. Aber trotzdem sind sie bis heute Grundlage einer Konstruktion der Geschlechterdifferenz. Sigmund Freud wird zwei Jahrtausende später mit den Konzepten des Penisneids und des Kastrationskomplexes die aristotelischen Ausprägungen der Geschlechterdifferenz, nämlich den Mangel, die Verstümmelung und die Angst davor im subjektiven Erleben des Kindes entdecken. Wir werden im Teil II noch näher darauf eingehen.

Trotz ihrer tief verwurzelten Verachtung der Frau sowie deren Sexualorgane und trotz all ihrer homosexuellen Praxis konnten sich die Griechen nie gänzlich von ihrer sexuellen Abhängigkeit gegenüber der Frau lösen. Ihr Kompromiss bestand im Analverkehr mit der Frau, der auch häufig in bildlichen Darstellungen zum Ausdruck kommt. Demgemäß erwecken beide Geschlechter durch das Wackeln mit dem Gesäß beim Gehen sexuelles Interesse bei den Männern.

Wo der Mann mit der Frau sexuell »normal« verkehrt, muss er Leistungen vollbringen. Die Latte liegt hoch: Herakles schafft es, in einer Nacht fünfzig Frauen zu befriedigen. Kein Wunder, dass daneben alle männlichen Leistungen auf diesem Gebiet als Impotenz erscheinen. Deshalb sucht der antike griechische Mann nach allen möglichen Potenzmitteln. Es gibt auch ein Spezielles, das sich aus dem Gesellschaftssystem ergibt: Die Möglichkeit, Sklaven sexuell zu benutzen, eröffnet dem Sadomasochismus die Perspektive, Impotenz zu überdecken oder zu überbrücken: »Wenn die Priesterin Oinothea dem impotenten Eukolpios seine Potenz zurückgibt, taucht sie einen ledernen Phallus in Pfeffer und führt ihn in den Anus des Patriarchen ein. Dann peitscht sie alle Teile unterhalb des Nabels mit Brennnesseln« (aus dem Satirikon von Petronius, zit. nach Borneman 1975, S. 249).

Bei Sadomasochismus, Anal- und Oralverkehr wird bei Griechen und Römern der jeweils passive Partner abgewertet: Der Sklave, der ausgepeitscht wird, der Knabe oder die Frau, die anal oder oral koitiert werden, ihnen wird der passive Teil zugeschrieben. Aber auch der Mann, der die Frau oral befriedigt, wird ob dieser seiner Aktivität verachtet. Außerdem bedeutet der Analverkehr für den Empfänger Demütigung. Die Ägypter sollen ihre besiegten Feinde anal penetriert und *sie dadurch zu Weibern gemacht haben.* Wird die Frau aktiv, wird sie genauso verachtet, etwa wenn sie, wie es bei Seneca heißt, *auf dem Manne reitet.*

Natürlich gibt es auch Ausnahmen von diesen frauenverachtenden und unerotischen Auffassungen. Die berühmteste stellt zweifellos der römische Dichter Ovid (43 v. Chr. bis 17 n. Chr.) dar, der sich als Dichter der Liebe sah, bevor er 8 n. Chr. nach Tomi (dem heutigen Constanta am Schwarzen Meer) verbannt wurde. In seinem Hauptwerk »Ars amandi«

(Liebeskunst) spricht er sich gegen die Knabenliebe und gegen die Lust als Pflichtleistung aus. Seine Vorstellungen von Erotik und Liebestechnik sind so poetisch und auch modern, dass er hier selbst zu Wort kommen soll:

Und nun ist es so weit: das Bett, Zeuge des Tuns, hat zwei Liebende aufgenommen; an der geschlossenen Tür des Schlafgemaches stehe still, Muse. Von selbst, ohne dich, werden sie sprechen, was man so sagt, und die flinke Hand wird nicht

Herakles, Sohn des Zeus und der Alkmene, mit der sexuellen Kraft eines Löwen. Kupferstich (1799).

untätig auf dem Bett liegen. Die Finger werden finden, was sie da zu tun haben, wo Amor heimlich seine Geschosse netzt … Glaube mir, man darf die Wollust nicht zu schnell erregen, sondern Schritt für Schritt mit gemächlicher Verzögerung soll sie hervorgelockt werden. Hast du die Stellen gefunden, an denen die Frau sich lustvoll berühren lässt, so soll dir Scheu, sie zu berühren, nicht hindernd im Wege stehen. Sehen wirst du, wie ihre Augen von zitterndem Glanz schimmern, so wie die Sonne vom klaren Wasser oft widerstrahlt. Hinzukommen werden klagende Töne, hinzu auch liebliches Flüstern, süßes Seufzen und Worte, die zu dem Spiele passen. Aber spanne nicht zu große Segel aus, mit denen du die Herrin hinter dir lässt und dann am Ende bist, und auch sie soll deiner Fahrt nicht vorauseilen. Zum Höhepunkt eilt beide zugleich; dann ist die Lust vollkommen, wenn Mann und Frau gleichermaßen überwältigt daliegen. Diesem Verlauf sollst du folgen, wenn die Zeit unbeschränkt ist und Angst nicht zu heimlichem Tun drängt. Wenn Verweilen nicht sicher ist, dann ist es nützlich, sich ganz in die Riemen zu legen und das galoppierende Pferd zu spornen.

Der gleichzeitige Orgasmus wird in der modernen Sexualwissenschaft eine wesentliche Rolle spielen (siehe Teil II), allerdings entkleidet seiner sinnlichen und erotischen Dimension, wie sie hier bei Ovid zum Ausdruck kommt.

Die Römer dürften auf den Ehebruch durch die Frauen gelassener als die Griechen reagiert haben. Natürlich hielten sie sich die Möglichkeit offen, vom ertappten Liebhaber eine Geldstrafe oder berufliche Vergünstigungen zu verlangen, was nur möglich war, wenn der Ehebrecher Patrizier war. Der ertappte Plebejer musste hingegen um sein Leben zittern. Der Gatte der verführten Frau war überdies zur Scheidung verpflichtet, sonst wurde er wegen Kuppelei bestraft.

Das Geld spielte aber bereits vor der Ehe eine wichtige Rolle. Durch die Mitgift der Braut sollte demonstriert werden, dass der Bräutigam die Braut für die Sexualität nicht bezahlte. Deshalb verachteten die Römer die Braut ohne Mitgift und setzten sie der Hetäre gleich.

Die Christianisierung der Sexualität

Das Patriarchat wird also nicht nur von der Mythologie, sondern bereits von der Philosophie, dem Recht und dem Geld abgesichert. Aber es geht nicht mehr nur um das Patriarchat. Die immer reicher und mächtiger werdende herrschende Klasse stand sowohl mit ihren sexuellen Ausschweifungen als auch mit ihrer Üppigkeit und Schwelgerei im krassesten Widerspruch zu Millionen von Menschen, die in die Sklaverei verschleppt worden waren.

Dieser Zustand bereitete den Boden für eine Strömung, die diesen Klassengegensätzen zu opportunieren schien und die Mehrheit der Menschen zu erlösen versprach: dem Christentum. Zunächst wurden Christen im Römischen Reich verfolgt, gefoltert und hingerichtet. Als der römische Kaiser im Jahre 313 n. Chr. bekehrt wurde, wird das Christentum Staatsreligion und beginnt sich auszubreiten. Damit veränderte sich die Ideologie des Christentums: »Die Römer waren nicht mehr die Urheber des Leidens der Christen und lieferten ihnen nicht mehr die emotionelle Basis für ihre Selbstverleugnung, ihre Selbstaufopferung und ihr Märtyrertum. Die Welt der Sinne war jetzt weniger verderbenbringend als die Welt der Macht, des Luxus und des Reichtums. Um diese Widersprüche zu beseitigen, beschlossen einige der glühendsten Anhänger des Christentums, die Weltentsagung durch freiwillige Armut und Ehelosigkeit zu einem wesentlichen Element ihrer Suche nach spiritueller Freiheit zu machen. [...] Für viele von den Römern unterworfenen Stämme und Nationen war diese Haltung ein mächtiger Anreiz zur Bekehrung zum Christentum gewesen. Die Verheißung der Freiheit war für die politisch geknechteten Untertanen des Römischen Reichs, die sich zu dem neuen Glauben bekannten, eine große Tröstung. Sie hatte die Menschen zur Mitgliedschaft in der neuen Kirche motiviert und ihnen den Mut gegeben, die Leiden hinzunehmen, die diese Mitgliedschaft mit sich brachte« (Highwater 1995, S. 145).

Diese Tröstung sieht nun bei Paulus folgendermaßen aus: *»Hier ist nicht Jude noch Grieche, hier ist nicht Knecht noch Freier, hier ist nicht Mann noch Weib; denn ihr seid allzumal einer in Christus Jesus«* (Brief des Paulus an die Galater 3; 28). Paulus weiter: *»Ein jeglicher bleibe in dem, darin er berufen ist […]. Denn wer als Sklave berufen ist in dem Herrn, der ist ein Freigelassener des Herrn; desgleichen wer als Freier berufen ist, der ist ein Knecht Christi«* (Der erste Brief des Paulus an die Korinther 7; 20 und 22). Das ist Tröstung und Befriedung in einem: »Christus hat mit seinem Tod ›für unsere Sünden‹ das Entscheidende getan, jeden, der an ihn glaubt, aus einer Misere gerettet, aus der verschuldeten ebenso wie aus der unverschuldeten, der persönlichen ebenso wie der sozialen, und das heißt auch: jeden Sklaven aus der Sklaverei, jede Frau aus dem Patriarchat. Was bedarf es da noch gesellschaftlicher Umwälzung? Im Gegenteil. Zum Dank für die Rettung soll man sich in dem ›Stand‹, in dem man sie empfing, umso freudiger bewähren […]. Das ist Versöhnung mit der Unversöhntheit, wie sie im Buche steht. Sie zerbricht nicht das Joch, sondern lehrt die Unterjochten, es dankbar und vorbildlich zu tragen. Sie errichtet der Herrschaft eine unschätzbare Stütze in den Seelen der Beherrschten« (Türcke 1991, S. 100).

Außerdem war Paulus der Verfechter des Zölibats. *Dies ist am besten für den Menschen, doch um der Unkeuschheit willen* sieht er sozusagen als *zweitbeste Lösung die Ehe an, die besser ist, als von Begierde verzehrt werden. Wenn schon Ehe, dann aber für immer: Scheidung und Wiederverheiratung kommen nicht in Frage, selbst wenn der Partner ungläubig ist* (1. Korinther 7).

Im Hintergrund dieser Auffassung wird die Geschichte des Sündenfalls spürbar. Ursprünglich wollte ja Gott, dass Adam und Eva in paradiesischer Unschuld miteinander lebten. Diese Unschuld verloren sie, als sie die Frucht vom verbotenen Baum aßen, der (sexuellen) Versuchung nicht widerstehen konnten. Ihr Begehren machte sie schuldig. Deshalb vertrieb Gott sie aus dem Paradies und verdonnerte sie zu einem Leben in Härte und Sexualität, sozusagen als Strafe für ihre Sünde.

Diese Interpretation der Geschichte des Sündenfalls rückt die Sexualität in den Vordergrund, während die andere den Ungehorsam, die Auflehnung gegen Gottes Willen, die moralische Unverantwortlichkeit von Adam und Eva als deren Sünde ansieht. Natürlich lassen sich beide Interpretationen leicht zusammenfügen. Dies tat dann auch Augustinus, ein Bischof aus dem 4. nachchristlichen Jahrhundert. Die Auflehnung gegen Gottes Willen führte nach Augustinus dazu, dass Adam und Eva die Kontrolle über sich selbst und ihre Geschlechtsorgane verloren. Der für den Geschlechtsakt bereite Penis Adams war seinem Willen nicht mehr unterworfen und *erhob sich in Ungehorsam gegen Gott.*

Augustinus generalisiert diese Auffassung von der Erbsünde: *Die Sexualität kostet uns allen unseren freien Willen; der Orgasmus schränkt unsere Erkenntnisfähigkeit ein; der Samen überträgt von Generation zu Generation den Fluch der Erbsünde, das heißt, jeder Mensch wird dadurch mit der Sünde befleckt geboren* – eine Auffassung, die, wie im Kapitel »Der neue Puritanismus: die Debatten über Abtreibung, Aids und sexuellen Missbrauch« ausführlicher dargestellt wird, die kirchliche Abtreibungsdebatte wesentlich beeinflussen sollte; *Schmerz, Leid, Krankheit, Unterdrückung und Tod sind uns auferlegte Strafen für die Erbsünde. Ähnlich wie bei Paulus: Alles, persönliche Schicksalsschläge gleichwie gesellschaftliche Unterdrückung, müssen wir geduldig ertragen, dürfen uns niemals mehr dagegen auflehnen, um nicht wieder Gottes Ungnade (weltlich ausgedrückt: die Ungnade der Mächtigen) heraufzubeschwören.*

Einen Ausweg aus dieser Misere stellt, so Augustinus, nur die sexuelle Enthaltsamkeit dar. Mit dem Zölibat kann die Kontrolle über sich selbst wiedererlangt werden. Dabei muss Augustinus zugute gehalten werden, dass er nicht aus reiner Theorie spricht, sondern selbst Frau und Kind hatte, ehe er sich für den Zölibat entschied und Familie, Beruf sowie gesellschaftliche Stellung aufgab. Das heißt, sexuelle Enthaltsamkeit bedeutet für ihn gleichzeitig Abkehr von der Welt. Diese Abkehr ist insofern notwendig, als Gott nicht draußen in der Welt, sondern im eigenen Inneren zu suchen ist, wodurch sich Augustinus gegen alle kosmologischen und personalen Gottesvorstellungen wendet. Und mit der Entpersonifizierung des Gottesbildes räumt Augustinus gleichzeitig mit der *patriarchalen Dreifaltigkeit von Gott-Vater-Oberhaupt* auf. Überhaupt geht es ihm um die Abwendung vom Sinnlichen als *Aufstieg zur Schönheit,* einer Schönheit, die niemals *mit den Augen des Fleisches* gesehen werden kann, sondern deren Wahrnehmung ausschließlich Sache des Geistes sei.

Diese Auffassungen wurden im christlichen Lager zentraler Ausgangspunkt für eine Theorie der Sexualität. Aber auch außerhalb der Kirche hat das augustinische Denken bis heute seine Auswirkungen: »Auf Schritt und Tritt findet man in der heutigen westlichen Welt die Auswirkungen des augustinischen Dogmas. Es beeinflusst sogar diejenigen, die sich nicht bewusst religiösen Werten unterwerfen. Es ist in unseren gesellschaftlichen Metaphern und in die grundlegendsten Haltungen ›eingebaut‹. Wir akzeptieren die Tugend des Geistes

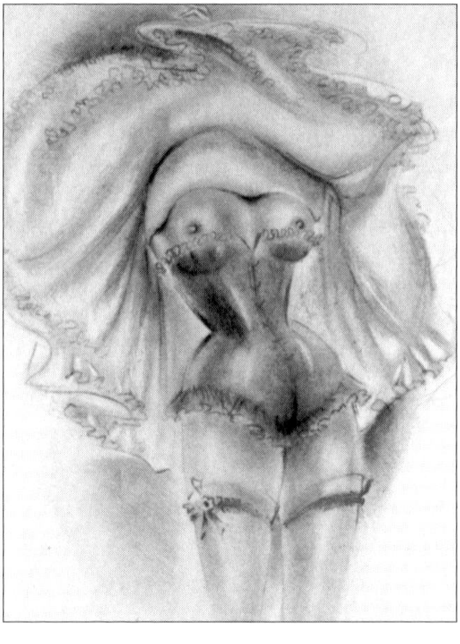

Die Frau – durch und durch unkeusch. Illustration von J.A. Bresval (1958).

Die Frau als Verderberin. »Die Versuchung des heiligen Antonius«, Radierung von Félicien Rops (um 1880).

und die Beflecktheit des Leibes als Tatsache; in unseren Redewendungen ist das Gute stets im Licht verkörpert, während sich das Böse in der Dunkelheit verbirgt. Wir neigen auch dazu, Krankheit als Strafe für die Sünde und Unglück als Vergeltung für eine Übertretung zu betrachten. Der menschliche Körper hat nach wie vor einen schrecklichen Ruf, vor allem der unkeusche weibliche Körper. Auch heute noch werden Frauen weniger als die Schöpferinnen, sondern nur als die Verwahrerinnen des werdenden Lebens in ihrem Körper betrachtet. Und in irgendeinem finsteren Winkel des männlichen Geistes sind Frauen immer noch die Verderberinnen der Männer« (Highwater 1995, S. 152).

Vielfach wird behauptet, dass diese Sexualfeindlichkeit des Christentums auf ihre jüdischen Wurzeln zurückgeht. Dies ist nur zum Teil richtig, denn die jüdische Sexualmoral beschränkte ihre Ablehnung auf jene Sexualität, die nicht der Fortpflanzung diente, z.B. Prostitution oder Homosexualität. Scheidung oder Polygamie hingegen waren akzeptiert, wenn sie das Fortpflanzungspotential erhöhten. Jesus selbst, obwohl jüdischer Herkunft, kehrt diese Sexualmoral um: auf der einen Seite im Verzicht auf Ehe und Fortpflanzung, auf der anderen Seite enthält der Umgang mit seinen Jüngern eine starke homoerotische Note. Die heute vielfach konstatierte Homosexualität unter den Geistlichen ist natürlich dem Christentum immanent. Die Ausgrenzung der Frauen aus wichtigen Positionen bei gleichzeitiger Nicht-Abkehr von der Welt, wie es noch Augustinus vorgesehen hatte, sexualisiert automatisch den Umgang der Männer untereinander.

Die Christen haben also die jüdische Sexualmoral umgekehrt beziehungsweise nur deren sexualfeindliche Elemente übernommen. Als das römische Weltreich in den ersten Jahrhunderten von den Völkern des Ostens und Nordens überschwemmt wurde, saß das Christentum bereits fest im Sattel. Langsam aber sicher wird das sexuelle Zusammenleben von Mann und Frau institutionalisiert: Die monogame Ehe, die aufwendigste Konstruktion der Sexualität, beginnt sich durchzusetzen.

Vorerst genügt dazu eine beiderseitige Willenserklärung und erst im 9. Jahrhundert benötigt die Ehe für ihre Gültigkeit einen kirchlichen Akt. Zunächst beschränkte sich dieser auf die Segnung der Brautleute und des Brautbettes durch einen Priester. Ab dem 12. Jahrhundert galt die Ehe als Sakrament. Die mündliche Einwilligung in die Ehe genügte, um die Ehepartner rechtskräftig miteinander zu verheiraten. Die Hochzeitszeremonien wurden nicht mehr im Haus der Brautleute, sondern in der Kirche abgehalten. Das kanonische Recht erklärte eine Ehe auch ohne Zustimmung der Brauteltern für gültig, wenn der Bräutigam mindestens dreizehneinhalb und die Braut elfeinhalb Jahre alt waren. Die Folge waren zahlreiche Entführungen von jungen Mädchen, die heimlich ge-

Links: »Die Einsegnung des Ehebetts durch den Bischof während des Beilagers«, deutscher Holzschnitt (um 1450).
Rechts oben: »Ehepaar«, Federzeichnung von Florentina Pakosta (1976). Rechts unten: Ehebefreiung.

heiratet wurden, es kam zu Fällen von Bigamie und anderweitig problematischen Eheschließungen, so dass das Konzil von Trient im 16. Jahrhundert die Ehevoraussetzungen enger fassen musste. Das Konzil verurteilte heimliche Eheschließungen und schrieb vor, dass die Ehepartner ihr »Ja-Wort« in Gegenwart eines Priesters und nach Veröffentlichung des Aufgebots abgeben mussten. Die Eheschließung ohne Zustimmung der Eltern verurteilte das Konzil als Sünde, auch wenn eine so geschlossene Ehe gültig wäre. Die Ehe verliert also spätestens hier ihre Privatheit, aber erst im 18. Jahrhundert bemächtigt sich der Staat der Ehe und macht sie durch schriftliche Festlegung öffentlich.

Mit dem Aufblühen der Städte seit dem 11. Jahrhundert wurde die Ehe zunächst ein Garant für deren Bevölkerungs- und damit Machtzuwachs. Aber bald waren für einen bereits

Eheglück. Lithographie (um 1905).

etablierten Handwerkerstand, der sich selbst aus flüchtigen Landbewohnern, Leibeigenen und Hörigen rekrutierte, Neuankömmlinge unangenehme Konkurrenten. Hohe Niederlassungsgebühren, kostspielige Meisterprüfungen, Beschränkung des Gewerbes usw. verhinderten Niederlassung und Eheschließung. Für den feudalen Grundherren hingegen war die Ehe seiner Leibeigenen und Hörigen nicht nur wegen des Rechts der ersten Nacht interessant, die aus den Ehen erwachsenden Kinder traten zudem in dasselbe Ausbeutungsverhältnis zu ihm ein wie die Eltern und vermehrten als Arbeitskräfte seinen Profit.

Die dem Zölibat verpflichtete Geistlichkeit musste eine außereheliche Sexualität leben. Öffentliche Freudenhäuser, Mönchs- und Nonnenkloster hatten diesselbe Funktion, nur die sexuellen Ausschweifungen waren in letzteren größer. Diese Lasterhaftigkeit, welche die Geistlichkeit selbst in sich trug, musste natürlich bekämpft werden. Unter einem theologischen Deckmantel wird die größte Aggression gegen Frauen vorbereitet: der Hexenglauben. Eingebettet in die patriarchale Maschinerie der Inquisition dient sie wieder einmal dazu, das schlechte Gewissen des Mannes durch die Bekämpfung des Weiblichen aus der Welt zu schaffen.

Allerdings hatte die Hexenverfolgung erst im 16. und 17. Jahrhundert ihren Höhepunkt. Das ist nicht zufällig gerade dann, als sich die bürgerliche Gesellschaft mit ihrem wissenschaftlichen Weltbild einrichtet. Diese musste erst eine im Mittelalter herrschende magisch-animistische Auffassung von der Natur überwinden. Und wieder waren es die Frauen – wie beim Übergang vom Matriarchat zum Patriarchat –, die für diese Naturauffassung verantwortlich gemacht wurden. Es erscheint uns heute sehr nachvollziehbar, dass sich die neuzeitliche Naturwissenschaft erst durch die Überwindung bzw. Zerstörung bestehender Volksweisheit durchsetzen konnte, also die männerdominierte naturwissenschaftliche Medizin die frauendominierte Volksmedizin ablöste; aus der Heilkundigen wird der Arzt, aus der Kräutersammlerin wird der Apotheker.

Sexualität der Mönche. Kupferstich (1748).

Hexenprobe: Nur Hexen können sich auf dem Wasser halten; geht die Beschuldigte unter, ist sie unschuldig, das heißt, es geht in jedem Fall um die Vernichtung der Frau. Holzschnitt (um 1845).

Aber es geht noch um etwas anderes. Die Hexenverfolgung findet auch in einer Zeit statt, in der die Frau allgemein als sexuell unersättlich aufgefasst wird, und die Verfolgung hört auf, als sich die Vorstellung von der Asexualität der Frau durchsetzt. Wiederum ist es das Naturhafte, Chaotische, Triebhafte, das den Männern solche Schwierigkeiten bereitet, weil so viel Verführungskraft davon ausgeht. Mit der Wut und Grausamkeit der Hexenverfolgung bekämpfen sie diese, letztlich auch ihre eigene chaotische Natur und projizieren ihre eigene Triebhaftigkeit auf Hexen und Teufel.

Hand in Hand mit der Durchsetzung der modernen Wissenschaft, der Überwindung der Naturmythologie, wird die Hexe, die sexualisierte Frau des Mittelalters, gegen die entsexualisierte Bürgerin eingetauscht. Zur gleichen Zeit, als die Hexenverfolgung theologisch vorbereitet wird, kommt es auf dem Basler Konzil (1431–1449) zur Festschreibung der Lehre von der unbefleckten Empfängnis Marias. Der sexuellen, naturhaften Hexe wird also die domestizierte weibliche Natur in der überhöhten, reinen Gestalt Marias gegenübergestellt (siehe dazu ausführlicher: Schmidt 1988).

Kalte und distanzierte Frauen: »Hexen«. Grafik von Félix Labisse (1905–1982).

Als eine andere Realität des Mittelalters erscheint die Frauenverehrung, wie sie sich durch Rittertum und Minnesang darstellt. Die Ritter haben jedoch sowohl den Minnedienst ausgeübt als auch Vergewaltigung und Notzucht praktiziert. Letzteres passte auch besser zu ihrem Image: Der in der Ritterkleidung verborgene, gleichwie zur Schau gestellte erigierte Penis sollte nicht nur den Frauen, sondern auch den Feinden imponieren. Auch in anderen Kulturen war und ist er ein Inbegriff der Angriffslust und des Kampfesmuts (siehe Dürr 1993). Die Verschränkung von sexueller Lust und Aggressivität bei den Rittern bewirkte, dass Frauen wie die Feinde genommen wurden.

Wir begegnen hier also wiederum einer Spaltung: verehrenswürdige Frauen, die ein Leben lang angebetet werden, ohne ihnen sexuell näher kommen zu dürfen, und Frauen, für die man scheinbar nichts empfindet, die aber koitiert werden. Hier tritt am deutlichsten zutage, was man für das Patriarchat schlechthin geltend machen kann: »Wo sie lieben, begehren sie nicht, und wo sie begehren, können sie nicht lieben« (Freud 1912, S. 202).

Natürlich kann diese Haltung auch auf das augustinische Denken im Christentum zurückgeführt werden. Das Zusammenleben von Mann und Frau, die Ehe, wird in diesem Denken als notwendiges Übel zur Fortpflanzung gesehen. Liebe, Sinnlichkeit und Leidenschaft in der Ehe waren verpönt. Beim Adel, aus dem sich die von den Rittern angebeteten Damen rekrutierten, diente die Ehe anderen Zwecken als dem der Liebe. Der Ehebruch hatte deshalb auch eine ganz andere Konnotation als heute. Er war ein subversiver Akt, eine Auflehnung gegen die traditionelle Auffassung der Ehe als Zweckgemeinschaft, die nur Pflichterfüllung vorsah.

Die höfische Minne, die also die romantische Liebe hervorbrachte, hat sich aber trotzdem nicht vom augustinischen Denken befreit. Eine Liebe ohne Sexualität, weil beides sich nach damaligem Verständnis gegenseitig ausschließt – die Herzensdame kann nur deshalb geliebt werden, weil sie zu rein ist, um diese Liebe sexuell zu erwidern –, steht ganz in der augustinischen Tradition: »In bemerkenswerter Weise wurde jetzt das sündige Fleisch, wider das Augustinus so überzeugend gepredigt hatte, transformiert: in eine Quelle tiefer Sinnlichkeit und Empfindung, als Körper, der den physischen Geschlechtsakt ersehnte, aber in eine unendlich ferne Zeit verschob, weil die Erfüllung des Verlangens die größere Wonne der Erwartung zerstörte, die die Leidenschaft lebendig hielt« (Highwater 1995, S. 172).

Profan klingt es an, wenn auch ökonomische Gründe für die romantische Anbetung herangezogen werden. Tatsächlich waren diese angebeteten aristokratischen Frauen oft sehr reich an Landbesitz und gesellschaftlicher Macht, so dass vermutet werden kann, dass die Verehrer auch hinter ihrem Geld her waren. Mitnichten, denn die Aussichtslosigkeit des Liebeswerbens ist Bestandteil der Liebe. Vielmehr scheint der Reichtum und die Macht der Frauen ihrer Idealisierung entgegenzukommen. Dies wird in der Form des Liebeswerbens deutlich, die sich in drei rituelle Stufen gliedert:

»Die erste war das ›Zaudern‹; der Liebende fand nicht den Mut oder die geeigneten Worte, der verheirateten Frau (Dom-

na), der seine Liebe galt, seine Gefühle zu gestehen. Auf der zweiten Stufe, dem ›Bekennen‹, eröffnet er ihr seine Liebe. Auf der dritten Stufe, dem ›Anhören‹, ist es an der Dame zu zaudern; sie erwägt den Antrag des Liebenden und entzündet in ihm durch die Vieldeutigkeit ihrer Reaktionen Empfindungen der Wonne wie der Verzweiflung. Die letzte Stufe ist Druerie (›Minnedienst‹), wenn die Dame endlich den Antrag des Ritters annimmt und er ihr ergebener Diener wird. Niemals gibt er den Namen der Dame preis, doch singt er ihr Lob und verrichtet große Heldentaten zu ihren Ehren […]. Wenn der Ritter angenommen wurde, bekam er einen Ring von seiner Dame und einen züchtigen Kuss auf die Stirn« (Highwater S. 168 und 173).

Der Vollständigkeit halber muss angeführt werden, dass nicht nur aristokratische Frauen Ziel der Anbetung und Verherrlichung waren. Walther von der Vogelweide, dem bekanntesten Vertreter der mittelhochdeutschen Dichtung, ging es vielmehr um die Sinnlichkeit, Anmut und Schönheit der Liebe, und es ist nicht mehr die unerreichbare Dame, die er verehrt, sondern die nichtadelige, unverheiratete Frau, das Bauernmädchen, von dem er die mögliche Herrlichkeit der Liebe erhofft. Dieser »niederen Minne« blieb aber die gesellschaftliche Anerkennung der »hohen Minne« weitgehend versagt.

Was ist uns von all dem erhalten geblieben? Dieses Zaudern, das schon Platon (siehe Kapitel »Das Patriarchat in der Antike«) vorgeschlagen hat, ist in gewisser Hinsicht noch heute Bestandteil der Liebeswerbung. Das sexuelle Interesse soll vorerst verborgen bleiben, damit die Leidenschaft später umso vehementer ausbrechen kann. Reinheit, Keuschheit und Jungfräulichkeit sind noch immer Werte, die mit Liebe assoziiert werden. Natürlich gibt es im Zuge der so genannten sexuellen Liberalisierung Gegenströmungen, die gegenteilige Werte hervorbrachten.

Jedenfalls hat sich die so genannte romantische Liebe, beziehungsweise eine Sehnsucht nach ihr, bis heute erhalten. Poetischer Ausgangspunkt der romantischen Liebe ist die im 12. Jahrhundert erstmals auftauchende Sage von Tristan und

Romantische Liebe: Die Keuschheit heizt sexuelle Gefühle an. Moderner Comicstrip.

Isolde. Immer wieder wurde der darin enthaltene Stoff literarisch aufgenommen, bis schließlich Richard Wagner daraus ein Musikdrama komponierte. Die Geschichte von Tristan und Isolde ist so sehr von Lebensfreude, von sexueller Ekstase, aber auch von der Verbindung zwischen Liebe und Tod durchzogen, dass es sich lohnt, sie anzuschauen:

Der stolze Königssohn Tristan ist ein vorzüglicher Jäger, Reiter, Schwertkämpfer und Ritter. Im Zuge seiner Heldentaten in Irland tötet er König Marhaus samt dem schrecklichen Riesen Nabon dem Schwarzen, der es gewagt hatte, von Tristans

Onkel, König Marke, Tribut an Männern und Geld zu fordern. Bei diesen Kämpfen wird Tristan schwer verwundet. Deshalb begibt er sich in die Obhut der Prinzessin Isolde, der Tochter des Königs von Irland, die wegen ihrer großen Heilkunst berühmt ist. Als er nach seiner Genesung an König Markes Hof zurückkehrt, spricht er so glühend von Isoldes Schönheit, dass der König beschließt, die irische Prinzessin zu ehelichen.

Tristan wird als Botschafter seines Onkel-Königs erneut nach Irland geschickt, um für ihn um die Hand Isoldes anzuhalten. Sie ist über die Aussicht hoch erfreut, Königin von Cornwall zu werden, und nimmt König Markes Heiratsantrag an. Der Ritter begleitet die schöne Prinzessin nach England, doch trinken die beiden auf der Überfahrt unwissentlich von einem Zaubertrank, durch den sie sich leidenschaftlich ineinander verlieben. So groß ist ihre Glut füreinander, dass sie ihr nicht entrinnen können, selbst als Isolde Königin geworden ist. Ihre heimlichen Rendezvous geben Anlass zu bösem Klatsch. Bald zirkulieren am Hof Gerüchte über ihre Affäre. König Marke aber will dem Gerede über den Ehebruch kein Gehör schenken. Die Liebenden sind ebenso listenreich wie ihre Feinde, die sie in eine Falle locken und den König gegen sie aufbringen möchten. Schließlich werden sie doch miteinander ertappt. Tristan flieht in die Bretagne, um dem Zorn des Königs Marke zu entgehen. Weil er glaubt, dass Isolde ihre Liebe vergessen hat, heiratet er eine andere Isolde, die Tochter des Königs Howel. Nach der Vermählung will Tristan aber nicht das Bett mit seiner Gemahlin teilen, denn er liebt noch die erste Isolde. Er entzieht sich seinen ehelichen Pflichten dadurch, dass er sich auf Abenteuerfahrt begibt, wo er erneut verwundet wird. Da er glaubt, dass er nur von seiner ersten Liebe geheilt werden kann, der schönen Isolde, wird ein Bote nach Cornwall gesandt, um sie zu holen; er soll ein weißes Segel hissen, wenn er Isolde mitbringt, die den todgeweihten Tristan heilen wird. Als das Schiff mit einem weißen Segel in Sicht kommt, sagt Tristans eifersüchtige Gemahlin, das Segel sei schwarz. Tristan glaubt nun, dass ihn seine Geliebte im Stich gelassen hat, und stirbt.

Als das Schiff anlegt und die geliebte Isolde ihren Fuß an Land setzt, hört sie das Klagen in den Straßen und das Läuten der Glocken auf den Kirchtürmen. Sie fragt nach der Ursache des Geläuts und der Tränen. Ein alter Mann sagt ihr: »Tristan ist tot.«

Isolde geht zum Palast hinauf und kauert sich an der Seite ihres toten Geliebten nieder. Sie küsst seine Lippen und sein Antlitz und umschlingt ihn fest; so gibt sie ihren Geist auf und stirbt vor Kummer an seiner Seite.

Als König Marke die Nachricht vom Tod der Liebenden vernimmt, fährt er über das Meer in die Bretagne und lässt zwei Särge für Tristan und Isolde hauen. Er führt ihre Leiber auf seinem Schiff mit sich nach Hause und lässt bei einer Bittkapelle links und rechts der Apsis ihre Grabmäler errichten. Eines Nachts aber entspringt aus Tristans Grab ein grüner und laubreicher Rosenbusch. Er rankt sich die Kapelle hinauf, hinüber zu Isoldes Grab und schlägt dort neue Wurzeln. Dreimal schneiden ihn die Bauern ab, und dreimal wächst er in derselben Blütenpracht und Kraft nach. Als König Marke von dem Wunder erfährt, befiehlt er, den Rosenbusch nicht mehr zu beschneiden.

Wir könnten die Geschichte zwar als Kitsch verwerfen, aber der Geist der romantischen Liebe, der diese Sage durchzieht, berührt noch heute. Denn die Motive der Liebenden sind – in der Sprache der romantischen Liebe – edel. Diese Liebe ist so stark, dass sich ihrer niemand entziehen kann. Natürlich ist sie eine verbotene Liebe, die auch Verrat am Dritten beinhaltet, das macht sie noch stärker, hat aber den Preis des Lebens, den die Liebenden zahlen müssen. Diesem Preis für sexuelle Abhängigkeit sind wir bereits bei Platons Mythos von den ersten Menschen, die Zeus in zwei Hälften gespalten hat, begegnet.

Davon abgesehen legt diese romantische Liebe Auffassungen von Sexualität und Liebe nahe, die wir längst verinnerlicht haben. Die eigenen Liebesgefühle erwarten wir mit der gleichen Intensität vom Partner (in der Sexualität als gleichzeitigen Orgasmus). Diese Gefühle müssen alles überdauern, sonst ist es keine richtige Liebe. Denn alle Lust will Ewigkeit. Diese Form von Liebe kann nur auf einen einzigen Partner gerichtet sein: Tristan kann die andere Isolde nicht lieben. Die Liebe zwischen Tristan und Isolde ist nach diesem Verständnis allerdings nur möglich, weil beide einen Liebestrank zu sich nehmen. Dieses Stilmittel verrät uns, dass wir all diese starken Gefühle in der Realität weder vom anderen noch von uns selbst erwarten sollten, zeigt aber Verständnis dafür, dass unsere Sehnsüchte in diesen Erwartungen liegen.

Aber kehren wir zurück in jenes Mittelalter, das stärker von den christlichen Werten geprägt ist. Thomas von Aquin, der bedeutendste Theologe und Philosoph des Mittelalters, fasste Aristoteles und Augustinus synthetisch zusammen. Er betrachtete Lust ganz allgemein als Laster, weil sie seiner Ansicht nach mit der Vernunft in Konflikt kommt. Er unterschied Sünden gegen den Menschen, wie etwa Ehebruch oder Vergewaltigung, und Sünden gegen die Natur, das heißt gegen Gott. Letztere wiegen schwerer: Homosexualität, Koitus in unnatürlichen Stellungen (nur die »Missionarsstellung« wurde von ihm als natürlich angesehen), Masturbation, Anal- und Oralverkehr und sogar coitus interruptus.

Wie es sonst mit Liebe, Keuschheit, Sittlichkeit und Frommheit in dieser Zeit bestellt ist, zeigt uns die Botschaft eines spätmittelalterlichen »Eheberaters« (Albrecht von Eyb: »Von Liebe und Keuschheit der Eheleute und von anderer unordentlicher Liebe und Unkeuschheit«, 1472, in: Dellapiazza 1984, S. 82 ff.), der empfiehlt:

Alle Liebe zu einem fremden Weib ist eine Untugend und sträflich; und zu dem eigenen Weib ist zu große und überflüssige Liebe schändlich. Denn Liebe bringt Unheil, zerbricht den hohen, denkenden Geist, nimmt den Menschen fort von großen und guten Gedanken und führt ihn zu unendlichen und verworfenen Dingen. Darum, wo rechte, mäßige Liebe zwischen den Eheleuten ist: Selig sind die, die sich so vereint haben und dazu ohne fremde Liebschaften keusch und rein sind.

Aber prahlen soll man nun auch wieder nicht, wenn man glaubt, eine keusche Frau zu haben:

Denn je größer die Keuschheit einer Frau ist, desto mehr wird sie von der Begierde der Unkeuschheit angefochten. Und es ist schwer zu behüten, was jedermann zu haben begehrt. Darum, wenn dein Weib oder deine Tochter keusch ist, so bete, dass die Keuschheit auch dauerhaft sein möge! Denn die Frauen sind unzuverlässig und wankelmütig. Wenn schon in allen Dingen Zuverlässigkeit etwas Seltenes ist, wird bei Frauen erst recht keine Verlässlichkeit zu finden sein.

Albrecht von Eyb beschwört patriarchale Urängste herauf und muss deshalb relativieren. Erstens ist es mit der Keuschheit so eine Sache und zweitens kann man der Unkeuschheit auch eine gute Seite abgewinnen:

Du hast viele keusche Frauen und Jungfrauen gesehen, die unkeusche alte Weiber geworden sind, was verachtenswert ist, aber leicht geschieht. Kümmere dich nicht so sehr darum, ob du ein unkeusches Weib hast, wie gerade Petrarca schreibt. Dafür ist sie dann weniger zornig und weniger hoffärtig und dir allezeit umso williger und gehorsamer. Denn welche keusch ist, will viel befehlen, und welche sich ohne Schuld weiß, fürchtet sich nicht.

Eine andere Frage ist, was sittlich und fromm oder eine Sünde ist (Aus der Flugschrift »Von dem ehelichen Stand«, 1515, in: Dellapiazza, S. 100):

Ihr Männer, enthaltet euch von eueren Frauen, wenn sie in »natürlichen Sachen« sind, wenn sie schwanger sind, wenn hohe Fasttage sind und zu heiligen Zeiten. Doch soll man beachten, dass man eheliche Werke aus vielerlei Gründen üben darf. Zum Ersten wegen der Kinder, und das ist keine Sünde. Dann wegen der ehelichen Pflicht und zur Vermeidung von Unkeuschheit mit anderen Personen, das ist auch keine Sünde. Aber zur Erfüllung leiblicher Lüste, das ist eine Todsünde. Geschieht es dazu gegen oder in Verschmähung der gebotenen Zeiten, so ist das auch eine Todsünde.

Aber es dämmert den unbekannten Verfassern, dass die Männer auf diese Weise weder von ihren Frauen noch von ihren Kindern noch von sich selbst etwas haben (ebd., S. 106):

Jetzt fragt Aristoteles, ob der Mann mehr seine Ehefrau lieben soll als seinen eigenen Leib. Ich sage, er soll mehr seinen eigenen Leib lieben als das Weib. Auch fragt er, ob man die Kinder lieber haben soll als das Weib. Er spricht, man soll die Kinder lieber haben, das Weib aber nicht ehren. Nun fragt er, warum die Kinder die Mutter mehr lieben als den Vater, obwohl der Vater den Kindern oft genauso Gutes tut wie die Mutter. Er spricht: »Wenn der Vater das tut, so tut er das nicht mit so großer Gefälligkeit, Liebe und Eifer wie die Mutter. Denn was der Vater gibt, das gibt er mit Härte, mit Grimm und Erschrecken, denn die Kinder müssen den Vater fürchten.« Die andere Sache ist, dass die Kinder von Natur her erkennen, dass sie mehr der Mutter als dem Vater angehören, weil sie aus ihrem Leib geboren und an ihren Brüsten genährt werden. Sie werden der Mutter auch stets bitterer als dem Vater, und was einen Menschen bitter ankommt, das liebt er umso mehr.

Wie sehr aber doch die religiösen Werte umgangen beziehungsweise sogar in die Sexualität integriert werden konnten, zeigt Giovanni Boccaccio in seinem Dekameron, das erstmals 1470 – ca. 100 Jahre nach seinem Entstehen – gedruckt wurde. Die Darstellung der irdischen Liebe und eine weltfreudige praktische Moral bilden das beherrschende Element in seinem Werk. Hier ein Auszug aus dem Dekameron (Der dritte Tag des Dekameron. Die zehnte Geschichte):

Alibeck war die schöne Tochter eines sehr reichen Mannes in Capsa in der Berberei. Da sie keine Christin war, überall aber den Glauben der Christen rühmen hörte, fragte sie einmal einen davon, auf welche Art man Gott am leichtesten wohlgefällig dienen könnte. Der sagte: wenn man allem Weltlichen entfliehe, wie jene, die sich in der Wüste Thebais aufhielten. Das Mädchen, welches etwa vierzehn Jahre zählte, folgte mehr einem dunklen Gelüste als einem rechten Wunsche, als es sich, ohne etwas zu sagen, aufmachte und unter Hunger und Mühen in die Wüste Thebais kam, wo sie bald auf eine Hütte stieß, vor der ein frommer Einsiedler stand. Dieser fragte erstaunt, was sie hier suche, worauf sie antwortete: Gott habe ihren Dienst gefordert, nun wolle sie lernen, wie man ihm diene. Der gute Mann fürchtete den Teufel, wenn er das hübsche Mädchen bei sich behielte, darum gab er ihr zu essen und zu trinken und schickte sie zu einem andern, der in der Nähe hauste, der sie besser lehren könne als er, und brachte sie auch auf den Weg dahin. Als sie zu diesem kam, bekam sie dieselben Worte zu hören und wurde wieder weggeschickt; und so kam sie, nachdem sie noch mehrmals von einem zum anderen abgeschoben wurde, stets aus denselben Gründen, zu einem jungen, andächtigen Einsiedler, welcher Rustiko hieß. Der stellte wohl dieselbe Frage, behielt sie aber in seiner Zelle, um einen Beweis seiner Standhaftigkeit zu geben, machte ihr ein Lager zurecht, worauf sie ruhen konnte. Es dauerte nicht lange, so gerieten die Versuchungen mit seinen Kräften in Kampf, wobei er, dem Laufe der Dinge gemäß, sich bald überwunden erklärte, fromme Gedanken, Gebete und Geißel fahren ließ, sich ihre schöne Gestalt vorstellte und auf Mittel und Wege sann, wie er, ohne ihr als Wollüstling zu erscheinen, zum Ziel bei ihr gelangen könnte. Er begann mit Fragen, die ihm die Gewissheit gaben, dass sie noch unberührt und wirklich so harmlos war, wie sie schien. Daher beschloss er, die Ehre Gottes seinen Lüsten vorzuspannen, was ja stets am sichersten verfängt. Mit dem Teufel begann er, malte ihn abgründig schwarz als Feind Gottes und erklärte, es gebe kein größeres Verdienst, als den Teufel wieder in die Hölle zu jagen. Das Mädchen sah solches ein und fragte, wie das zu machen sei; Rustiko aber sagte, sie werde das schon sehen: sie solle nur tun, was er mache; worauf er seine Kleider ablegte und wie zum Gebete nackt niederkniete, dem Mädchen aber, welches ihm alles nachgemacht hatte, befahl, sich vor ihn hinzustellen. Bei ihrem Anblick entflammte seine Gier wie noch niemals, und es kam die Auferstehung des Fleisches.

Erstaunt fragte Alibeck: »Was ist das, was ich bei dir emporfahren sehe und ich nicht habe?«

»Oh, meine Tochter, das eben ist der Teufel, und gerade jetzt plagt er mich über die Maßen.«

Da pries das Mädchen sich glücklich, dass es solchen Teufel nicht habe. Rustiko aber sagte: sie habe dafür die Hölle und gewiss habe Gott sie zu ihm geschickt, auf dass er seinen Teufel in ihre Hölle fahren lassen könne, und damit malte er ihr Verdienst, das sie sich erwerbe, wenn sie solches zuließ, recht prächtig aus, so dass das Mädchen ausrief: »Oh, mein Vater, wenn dem so ist, so mag's nach deinem Gefallen geschehen.«

Dafür segnete sie Rustiko, legte sie auf das Bett, zeigte ihr, wie sie sich anstellen müsse, um den Verruchten hineinzujagen. Da Alibeck einige Schmerzen verspürte, meinte sie, das sei wirklich ein recht boshafter Teufel, doch gab ihr der Teufelsträger den Trost: dem sei nicht immer so. Um dem Teufel aber recht den Hochmut aus dem Kopfe zu treiben, schickten sie ihn wohl sechsmal nacheinander in die Hölle, bis ihm alle Lust verging und er Frieden gab. Solches geschah nun täglich, und Alibeck fand ihren Gefallen daran, so dass sie eines Tages erklärte: die Männer von Capsa hätten Recht gehabt, nichts Süßeres gäbe es, als Gott zu dienen; das Schönste im Leben aber dünke ihr, den Teufel in die Hölle zu jagen. Wer an etwas anderes denke, als Gott zu dienen, sei ein Hornochse. Und es geschah oft, dass sie zu Rustiko trat: »Vater, ich kam, um Gott zu dienen, ich will nicht müßig liegen: wir wollen den Teufel in die Hölle schicken.«

Und dann wieder wunderte sie sich, dass der Teufel immer wieder aus der Hölle fliehe; wenn er so gern in der Hölle wäre, wie sie ihn aufnähme, käme er überhaupt nicht mehr heraus. Bei diesem häufigen Gottesdienst ließ Rustiko mächtig Wolle, so dass ihn oft fror, wo er heiß sein sollte. Darum sagte er: »Man darf den Teufel nur dann in die Hölle stecken, wenn er allzu stolz den Kopf hebt, wir haben ihm aber so zugesetzt, dass er Gott bittet, in Ruhe bleiben zu dürfen.«

Da schwieg das Mädchen einige Tage. Dann sagte sie: »Rustiko, dein Teufel ist nun geduckt, aber meine Hölle, da ist nun der Teufel wahrhaftig los, sie lässt mir keine Ruhe, bei Tag und bei Nacht nicht. Hilf mir also, die Wut meiner Hölle zu bändigen, wie ich dir geholfen habe, deinen Teufel zu ducken.«

Rustiko lebte von Kräutern, Heuschrecken und wildem Honig und war darum seinem Posten nicht mehr recht gewachsen, er meinte deshalb: die Hölle zu bändigen, dazu ge-

hörten mehr als ein Teufel. In Gottes Namen aber wolle er helfen, so viel er könne. Wenn das aber einmal geschah, so war's, als werde einem hungrigen Löwen eine Erbse in den Rachen geworfen, weshalb das Mädchen murrte, da sie glaubte, solch ein Gottesdienst genüge nicht. So war der Zwist zwischen Hölle und Teufel ausgebrochen.

Da geschah es, dass bei einer Feuersbrunst in Capsa Alibecks Eltern samt Kindern den Tod fanden, wodurch sie Erbin eines großen Vermögens wurde. Ein junger Mann, Nerbale, der ein ganzes Vermögen verschwendet hatte, machte sich auf, sie zu suchen, und als er sie gefunden, nahm er sie zu Rustikos größtem Vergnügen mit nach Capsa, wo er sich mit ihr verheiratete. Noch ehe Nerbale bei ihr geschlafen hat, wurde sie von Frauen gefragt, womit sie denn Gott in der Wüste gedient habe, worauf ihre Antwort war: sie habe den Teufel in die Hölle gesteckt; Nerbale habe sich versündigt, dass er sie diesem Gottesdienst entzogen. Als die Frauen nun fragten, wie das geschehen sei, Alibeck es ihnen aber erklärte, lachten sie laut auf und sagten: das könne sie hier auch haben, Nerbale werde ihr schon bei diesem Gottesdienst behilflich sein. Ihre Antwort aber sprach sich herum, bis sie zum Sprichwort wurde: Der angenehmste Gottesdienst sei, den Teufel in die Hölle zu stecken, und das Sprichwort hat auch heute noch nicht seine Kraft verloren. Darum, junge Mädchen, lernt den Teufel auf diese Weise züchtigen, es ist Gott angenehm und macht euch den größten Spaß! (Aus: »Die Lust zu lieben – Erotische Dichtung und Prosa aus vier Jahrtausenden«, Berlin: Verlag Neues Leben 1984, S. 72–74.)

Entgegen der klerikalen Haltung gibt es weitere zahlreiche Zeugnisse für die prosexuelle Einstellung und Lebensweise der Menschen im 15. und in der ersten Hälfte des 16. Jahrhunderts: »Allgemein wurde anerkannt, dass jeder seinen Sexualtrieb äußern dürfe, damit seine Gesundheit nicht gefährdet werde. In einigen Städten wurden von der Obrigkeit Bordelle eingerichtet. Die Körperlichkeit wurde in einer Weise praktiziert, die wir heute verlernt haben. Man berührt sich, streichelt und umarmt sich, küsst sich; Ammen und Eltern masturbieren kleine Kinder, um sie ruhig zu halten. Ältere Menschen haben Kontakte zu Jugendlichen, die wir heute als sexuell bezeichnen würden. Die Selbstbefriedigung wird erst zu Beginn des 18. Jahrhunderts von Medizinern und viel später von Geistlichen bekämpft. Die vorehelichen geschlechtlichen Beziehungen sind institutionalisiert, desgleichen in einigen sozialen Schichten auch der außereheliche Geschlechtsverkehr. Mangelhafte Antikonzeption wird von den Kirchen verurteilt. Die Fürsten und der Adel huldigen der Promiskuität, die kaum jemals kritisiert wird. Studenten und Soldaten tun, was ihnen gefällt. Die Geistlichkeit nimmt es nicht so genau mit dem Zölibat. Daheim schläft man nackt, die ganze Familie und die Bediensteten gemeinsam in einem Raum. Auch im Badehaus ist man nackt. Bei feierlichen Anlässen stellt man die hübschesten Mädchen der Stadt nackt zur Schau. Ein reichhaltiger Wortschatz für das Sexuelle steht zur Verfügung. Die jungen Menschen brauchen keine sexuelle Aufklärung, da sie aus der Welt der Erwachsenen sehen, fühlen und lernen können, was sie wissen müssen« (Ussel 1977, S. 25).

Ein weit verbreitetes Schulbuch, die »Colloquia« des Erasmus von Rotterdam, dokumentiert, dass über alle sexuellen Themen in den Schulen gesprochen wurde. Als illustratives Beispiel dient die Einstellung von Erasmus zur Jungfräulichkeit: Wie es für den Wein besser sei, getrunken zu werden, bevor er sauer wird, so habe es keinen Sinn, lange Jungfrau zu bleiben. Grundsätzlich sei jede Form der Enthaltsamkeit keine Tugend. Erasmus widmete sich ausführlich den Themen Liebe und Partnerschaft, nicht um zu moralisieren, sondern um das damit verbundene Lebensglück der Jugendlichen zu erörtern. Er setzte voraus, dass die Jungen über die sexuellen Dinge Bescheid wissen, er integrierte das Sexuelle in einen größeren Zusammenhang, wie es überhaupt bis in die erste Hälfte des 16. Jahrhunderts noch nicht losgelöst vom sonstigen Leben gesehen wurde. Neben den mindestens 130 Neudrucken der »Colloquia« gab es zahlreiche Neuschreibungen und Konkurrenzschriften, das heißt, die von Erasmus aufgegriffenen Themen wurden heftig diskutiert und natürlich auch kritisiert. 1526 verfasste er die Verteidigungsschrift

»Über den Nutzen der Colloquia«, in der er die außereheliche Sexualität verteidigte, die zu dieser Zeit geduldet wurde, falls man sie als Abweichung von der Regel verstand. Gleichwie man die Ehe zur Zeit des Erasmus als weniger wertvoll als den Zölibat betrachtete.

Zur gleichen Zeit erkennt dann auch Luther, eigentlich ein Gegner von Erasmus, ebenfalls die urwüchsige, durch keine kirchliche Macht aus der Welt zu schaffende Natur der Sexualität. Deshalb verordnete er sie. Nicht nur, indem er den priesterlichen Zölibat bekämpfte, sondern indem er die Kirche aus den Ehebetten herauszuhalten trachtete. Die Ehe sollte ein freier Willensakt sein, der die Kirche nichts angehen sollte.

Die bürgerliche Sexualunterdrückung

Im Übergang vom 16. zum 17. Jahrhundert geschehen soziale Veränderungen, die in der Folge einen ungeheuren Einfluss auf die Sexualität haben. Man beginnt den Körper in eine Hülle von Textilien einzupacken und ihn mit desodorierenden Mitteln geruchsneutral zu halten; man isst mit eigenem Essbesteck und nicht mehr gemeinsam mit einem Löffel aus einem Topf. Diese hygienischen Vorkehrungen haben natürlich zwischenmenschliche Auswirkungen: Die Ekelschranke wird höher, es tritt eine größere Distanz zum eigenen und zum Körper des anderen auf, die Sinnlichkeit und sinnliche Wahrnehmung wird standardisiert.

Diese Veränderungen wurden zunächst vom aufstrebenden Bürgertum vollzogen. Es verlangt von sich selbst eine größere Selbstbeherrschung: Der Bürger soll spontane Wallungen dämpfen, Affekte und Triebe zurückhalten, kurz, er soll Herr seiner selbst bleiben und sich immer in Gewalt haben. Er muss nicht nur auf sexuellem Gebiet verbergen, was er will, fühlt und denkt. Bei der Mahlzeit darf er nicht mehr hastig zulangen, geschweige denn rülpsen oder furzen.

Der Bürger war anständig und distanzierte sich vom frivolen Adel. Er war mäßig, sparsam, ordnungsliebend, korrekt, pünktlich – und vor allem arbeitsam. Er lehnte das unproduktive Leben des Adels ab und entwickelte eine neue Arbeitsideologie. Man sollte arbeiten, um des Lohnes und nicht um der Freude an der Tätigkeit willen. Ruhe, Erholung und Sexualität dürfen nur nach vollbrachter Arbeit konsumiert werden: »Der Körper wurde von einem Lustorgan zu einem Leistungsorgan umgeformt. So entwickelte das Bürgertum eine Leistungsmoral, die das lustvolle Erleben von Sexus und Eros unmöglich macht« (Ussel 1977, S. 39).

Das Einzigartige daran ist, dass diese Umformung nicht durch Anwendung physischer Gewalt von außen, also durch Fremdzwang, etabliert werden musste. Ein anonymer, unpersönlicher, unbewusster und unsichtbarer Zwang, der über die Erziehung in Elternhaus und Schule indirekt vermittelt wurde, ermöglichte das Funktionieren, indem das bürgerliche Individuum mit einem Selbstzwang ausgestattet wurde, der bis heute die Sexualunterdrückung verinnerlicht. Aber da dieser Selbstzwang ein umfassendes Kulturphänomen ist, bietet er auch den (fragwürdigen) Vorteil, Sexuelles in der Öffentlichkeit aufzuführen, ohne einen Ausbruch von Affekten bei anderen befürchten zu müssen. Man kann mit der aufreizendsten Kleidung oder – z.B. in einem FKK-Gelände – sogar nackt weitgehend sicher vor sexuellen Attacken sein. Dies setzt die Gewissheit voraus, dass die anderen in den gleichen Normen handeln, also ebenfalls eine Umformung und Unterdrückung der Affekte vornehmen. Jungen gelingt dies auch heute meistens noch nicht ganz. Sie sind in Bädern oft damit beschäftigt, ihre Erektion unsichtbar zu machen, bis sie sich an den Anblick aufreizender Mädchen und Frauen derart gewöhnt haben, dass sich dabei keine »Auferstehung des Fleisches« mehr einstellt.

Bis es so weit kommt, muss viel Erziehungsarbeit geleistet werden. So auch im aufstrebenden Bürgertum. Die Verdrängung des Sexuellen kostet viel Energie. Noch dazu wurde durch die immer vollständigere Bedeckung des Körpers die erotische Gefährlichkeit größer, die durch den Anblick entblößter Körperteile entstand. Dies bedeutete umso strengere Erziehung, wodurch immer mehr Worte, Gebärden und Körperteile zu Signalen möglicher Gefahr und Lust – also mit erotischer Spannung aufgeladen – wurden. Gerade dadurch trug die bürgerliche Gesellschaft, ihrer Intentionen völlig entgegengesetzt, zu einer stärkeren Erotisierung bei.

Im Fetischismus kann man diese erotisierende Partialisierung besonders deutlich sehen, wobei sie durchaus als generelles Kulturphänomen betrachtet werden muss, wie sie sich z.B. im Busenkult der westlichen Welt präsentiert. Angemerkt muss aber hier werden, dass die Entblößung der weib-

Entblößung der weiblichen Brust als Symbol der Revolution. »Die Freiheit führt das Volk an«, Gemälde von Eugène Delacroix (1830).

lichen Brust über das Sexuelle hinausreicht. Darstellungen von Frauen mit entblößten Brüsten auf den Barrikaden zur Zeit der Französischen Revolution zum Beispiel sind ein Zeichen von Aufruhr und zu erkämpfender Freiheit. Gleichwie das Selbstentblößen der Brust in den Hippie-Demonstrationen der sechziger und siebziger Jahre einen aggressiven und provokativen Akt der Frauen darstellen sollte: Gegen die bürgerliche Beschränkung des weiblichen Busens mussten die Frauen schon lange ankämpfen.

Auf der anderen Seite führte die gesellschaftliche wie individuelle Negierung des Sexuellen allmählich zu einem Menschen- und Weltbild, »in dem das Sexuelle als integrierter Kulturfaktor fehlte« (Ussel 1977, S. 46). Da das Sexuelle nicht als wertvoll anerkannt wurde, musste es sich immer mehr hinter den Mauern des Privaten, Intimen verbergen. Das mittelalterliche Leben spielte sich noch weitgehend außerhalb des Hauses, in der Öffentlichkeit, auf Straßen und Plätzen ab. Auch die geschlechtliche Annäherung von Mann und Frau geschah mitunter in der Öffentlichkeit.

Gegen Ende des 16. Jahrhunderts verlagerte sich das Leben immer mehr in die Intimzone der bürgerlichen Kleinfamilie. Das Haus stand nicht mehr offen, es wurde abgeschlossen, später mit einem Klopfer oder einer Klingel versehen, bis man schließlich seinen Besuch anmelden musste. Im Haus selbst verschwand das Bett in ein eigenes Zimmer. Es sollte verhindert werden, dass der Besucher, wie es früher durchaus geschehen konnte oder in anderen Ständen immer noch möglich war, in das Schlafzimmer geriet oder dass er sich mit jemandem unterhielt, der gerade intime Verrichtungen tätigte.

Man kann zu Recht annehmen, dass die wachsende Intimisierung und Tabuisierung des Sexuellen und der Körperlichkeit zur Entwicklung oder zumindest zur Verstärkung von Schamgefühlen führten (siehe Elias 1939, und im Gegensatz zu dieser Annahme: Dürr 1990 und 1993, der vehement gegen das Schamgefühl als Produkt des Zivilisationsprozesses argumentiert und ihm eine anthropologische Grundlage unterstellt). Jedenfalls werden erst vom 17. zum 18. Jahrhundert Körperentleerung, Stillen, Körperhygiene mit Scham besetzt. Ebenfalls vom 17. Jahrhundert an wird die weibliche Brust aus Scham verhüllt, während noch im 18. Jahrhundert

Ein Blick in den Intimbereich der Schlafstätte ist leicht möglich. Kupferstich (16. Jh.).

Unsicherheit bezüglich der nackten Brust des Mannes und des Knaben herrschte.

Mit Schamgefühlen allein lässt sich aber keine Sexualität wirksam unterdrücken. Die Pädagogen des 18. Jahrhunderts wussten dies und setzten deshalb noch auf zwei weitere Gefühle: Angst und Ekel. Die Sexualität wurde den jungen Menschen als überaus gefährlich präsentiert. Das Mädchen und die Frau wurden zu unzuverlässigen Wesen, von denen eine unentrinnbare magische Kraft ausgehe, wenn man ihnen zu nahe komme. Die Mädchen selbst sollten sich vor der Masturbation, dem vorehelichen Koitus, dem Baden, vor Büchern usw. hüten. Zur Aufklärung wurden den Heranwachsenden Leichen gezeigt, um Abscheu zu erregen. Dadurch sollte jedes Verlangen, an Sexuelles auch nur zu denken, verhindert werden. Bald waren Ekel vor dem Genitalen und dem Analen gleich. Abscheu sollte vor den Körperteilen bestehen, die schmutzige Exkremente – inklusive Ejakulat und menstruelles Blut – ausscheiden. So wurde der Koitus wegen seiner »ekelhaften Verunreinigung« zu einer »äußerst widerwärtigen Schweinerei« (Ussel 1977, S. 68). Bis heute stellt der Ekel eine vorherrschende Form der Abwehr des Sexuellen dar.

Die bürgerliche Familie erlebte im 18. Jahrhundert ihre Blütezeit. Als aufstrebende Klasse konnte sich das Bürgertum nun einerseits deutlich von anderen abgrenzen, andererseits benötigte seine soziale Stellung weniger intensive Beziehungen als vielmehr funktionelle Kontakte. Innerhalb der bürgerlichen Kleinfamilie sollte Ordnung und Stabilität herrschen, um für die gesellschaftlichen Aufgaben gut erholt zu sein. Deshalb sollten alle Störfaktoren vermieden werden: keine außereheliche Sexualität, höchstens Ehescheidung, wenn es in Rücksicht auf die häusliche Harmonie nicht zu vermeiden war; keine voreheliche Sexualität der Kinder; klare Rollen für das sexuelle Verhalten; klare Beziehungen zwischen den Ehepartnern und zwischen Eltern und Kindern; keine Nachlässigkeit in der Erziehung; keine Unhäuslichkeit.

Bei dieser Form des Zusammenlebens musste man schon gründlicher als je zuvor schauen, wen man sich als Partner wählt. Undenkbar, dass noch die Eltern bestimmen könnten, wer wen heiraten soll. Erstmals musste die gegenseitige Liebe als Bindungsmodus herhalten. Die Ehe aus Liebe war einer der Glücksentwürfe der Aufklärung, denn diese Liebe sollte eine Angleichung der Geschlechter bewirken. Und auch die Liebe zu den Kindern entwickelte sich erst zur Zeit der Aufklärung über die bürgerliche Kleinfamilie, wodurch die Frau zur guten Mutter wird (siehe dazu Badinter 1984).

Jean-Jacques Rousseau gibt in seinen Romanen einen recht starken Eindruck vom Geschlechterverhältnis und dem Verhältnis der Eltern zu ihren Kindern im 18. Jahrhundert. Rousseau selbst verlebte eine unglückliche Kindheit, floh im Alter von 16 Jahren nach Annecy zu einer gewissen Frau von Warens, einer katholisch gewordenen Calvinistin, die als mütterliche Freundin und Geliebte (er nannte sie »Mama« und sie ihn »Kleiner«) großen Einfluss auf ihn ausübte, unter anderem indem sie ihn bewog, ebenfalls zum Katholizismus überzutreten. Mit 30 Jahren kam er nach Paris, nahm Stellungen als Hauslehrer und Privatsekretär an und lebte in wilder Ehe mit einem ungebildeten Mädchen, dessen fünf von ihm stammende Kinder er im Findelhaus unterbrachte. Als die Akademie von Dijon die Preisfrage ausschrieb, ob der Fortschritt der Kultur die Menschen gebessert habe, antwortete er verneinend mit dem »Discours sur les arts et les sciences« (1750), worin er einen glücklich naturhaften Urzustand der Menschheit konstruierte, aus dem sie durch Vergesellschaftung und Wissenschaft ins Verderben gefallen sei. Die durch ihren Kulturhass einflussreich gewordene Schrift beinhaltet kein »Zurück zur Natur« (diese Formel ist von Rousseau nie verwendet worden), sondern mündet in die Mahnung, durch Erinnerung an die jenem Urzustand zugeschriebenen Werte – Freiheit, Unschuld, Tugend – die zu seiner Zeit herrschenden Verhältnisse vor noch Schlimmerem zu bewahren.

Diese preisgekrönte Schrift machte Rousseau über Nacht berühmt. Einige Jahre später verurteilt er zwar noch immer Kultur und Aufklärung, lehnt aber die Vergesellschaftung nicht mehr grundsätzlich ab, sondern nur die Entwicklung von einem ersten (angeblich) glücklichen Gesellschaftszustand zur Rechtsungleichheit. In den folgenden Jahren überwarf er sich mit fast allen seinen Freunden, so auch mit Frau von Epinay, ebenfalls eine Beschützerin und Geliebte, die ihm ein Landhaus nördlich von Paris zur Verfügung gestellt hatte. Seelisch und körperlich dem Untergang nahe, fand er Zuflucht in einem Schlösschen in Montmorency und vollendete hier seine Hauptwerke, unter anderen das 1762 erschienene, erzählerisch angelegte pädagogische Lehrbuch »Emile«, das die neuzeitlichen Erziehungstheorien stark beeinflusst hat:

Sophie ist darin die ideale Ehefrau Emiles und die ideale Mutter seiner Kinder. Sie ist von Anfang an die Ergänzung Emiles. Sie ist das, was er nicht ist, und umgekehrt. Wenn Emile stark und gebieterisch ist, muss Sophie schwach, schüchtern und gehorsam sein. Besitzt Emile eine abstrakte Intelligenz, so muss Sophie praktische Intelligenz besitzen; wenn Emile Ungerechtigkeit nicht ertragen kann, so muss sie Sophie ertragen.

Die Frage, die sich Rousseau stellt, ist, wie so eine Sophie herangezogen werden soll, um für Emile eine passive Gefährtin zu sein. Für Rousseau gibt es nur eine Antwort, nämlich den »von der Natur vorgezeichneten Weg« einzuschlagen:

Da die Frau von Natur aus die Ergänzung, das Vergnügen und die Mutter des Mannes ist, wird die Erziehung folgende Ziele verfolgen: Da sie von Natur aus kokett ist und schöne Kleider liebt, wird die kleine Sophie in jungen Jahren sehr bald nähen lernen. Man wird sie nicht drängen, lesen oder schreiben zu lernen, bevor sie nicht diese Fähigkeiten als Mittel erkennt, mit denen sie ihren Haushalt gut führen kann. In religiösen Dingen zu keinem Urteil fähig, wird Sophie die Religion ihrer Mutter teilen, bevor sie sich der ihres Ehemanns anschließt.

Hier findet eine interessante Umkehrung zu Rousseaus realem Leben statt. Wie oben erwähnt, hat er sich der Religion seiner Geliebten angeschlossen. Hat er sich dabei als Ergänzung seiner Geliebten gedacht? Das ist durchaus möglich, denn in seinen nach augustinischem Vorbild geschriebenen »Bekenntnissen« berichtet er ein Kindheitserlebnis, das seine sexuellen Vorlieben im Erwachsenenalter geprägt habe. Als

Achtjähriger sei er von einer Frau geschlagen worden und dabei habe er sexuelle Erregung verspürt. Auf diese Szene führt er seine masochistischen Wünsche als Erwachsener zurück: »Zu Füßen einer herrschsüchtigen Gebieterin zu liegen, ihren Befehlen zu gehorchen und ihre Verzeihung zu erbitten, das waren gar süße Freuden für mich.« Wir sehen hier also einen scheinbar eklatanten Widerspruch in Rousseaus Leben und Werk: sein eigener Masochismus und die pädagogische Empfehlung, das Mädchen zur zukünftigen Dienerin ihres Mannes zu erziehen. Wir werden noch sehen, dass dieser Widerspruch nur auf einer oberflächlichen Ebene besteht. Jedenfalls denkt und lebt Rousseau das Geschlechterverhältnis so, dass der eine immer nur die Ergänzung des anderen sein kann. Dabei geht es ihm weniger um ein Machtgefälle zwischen Mann und Frau, sondern um die Integration des Andersgeschlechtlichen. Wenn Rousseau sich mit der Kunst des Spitzenklöppelns beschäftigt, und dies vor seiner Haustür sitzend tut, möchte er seine Weiblichkeit in sich entdecken und entfalten. Damit bricht er mit dem seit der Antike bestehenden Männlichkeitswahn, der das Weibliche bekämpft und ausschließt. Aber kehren wir noch einmal zu »Emile« zurück:

Da die Mutterschaft ebenso zum Wesen der Frau gehört, wird man die junge Sophie auf ihre spätere Aufgabe vorbereiten: Die künftige Mutter darf nicht eigensinnig, stolz oder egoistisch sein. Sie darf auf keinen Fall zornig werden und nicht die geringste Ungeduld zeigen. All ihre Launen sind zu bezähmen, um sie dem Willen anderer zu unterwerfen. Sie soll ihre Fürsorge auf die Familie und die häuslichen Dinge beschränken, sich nicht um die Welt draußen kümmern, in häuslicher Zurückgezogenheit bleiben, wie die Nonne in ihrem Kloster.

Die gute Mutter bedeutet die Nonne und Heilige, also die Entsexualisierung der Frau. Die Frau tritt hinter ihre Rolle als gute Mutter zurück, und die Männer leben ihre Sexualität außerhalb der Familie in den Bordellen aus. Natürlich gibt es auch »schlechte Mütter«, die in der Literatur des 19. Jahrhunderts durchwegs als weibliche Ungeheuer dargestellt werden. Aber diese »schlechten Mütter« haben enorme Schuldgefühle,

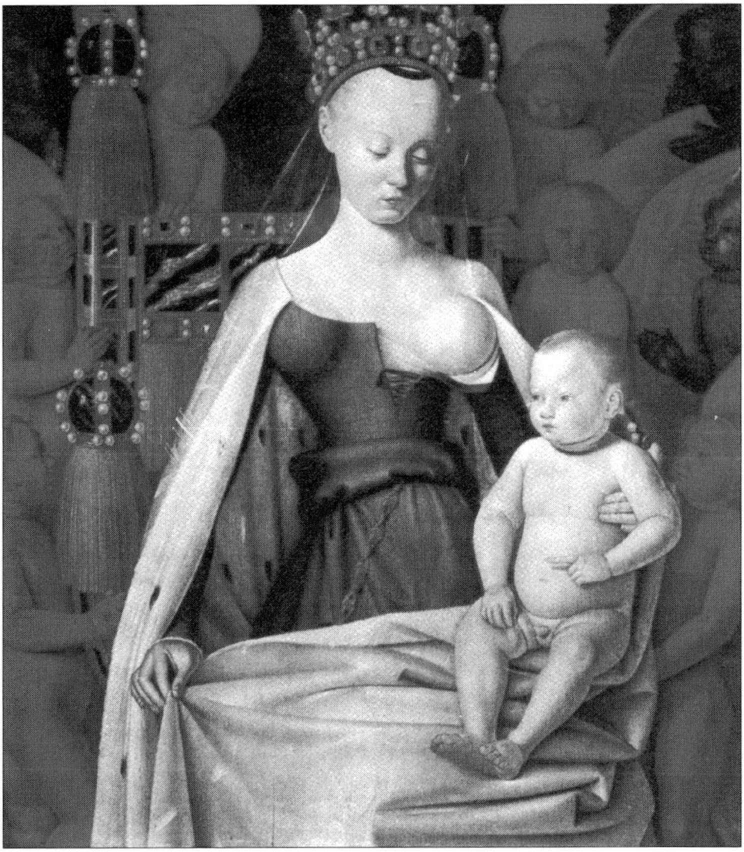

»Maria mit dem Kind von Engeln umgeben«, Gemälde von Jean Fouquet (um 1450).

die Honoré de Balzac in seinem Drama »Frau von dreißig Jahren« schildert:

Julie d'Aiglement vertraut sich einem Priester an. Ihre Tochter Helene sei nur ein leibliches Kind, ein Kind der Pflicht und des Zufalls, das sie nicht lieben kann, weil es sie nur an einen Ehemann erinnert, den sie verachtet. Julie tut zwar alles, was man von einer guten Mutter erwartet, doch möchte sie ihre mütterlichen Verpflichtungen rasch hinter sich bringen. Sie träumt den Tag herbei, an dem ihre Tochter sie für immer verlassen wird. Im Gegensatz zur wirklichen guten Mutter, die durch Hingabe und Opfer nur noch enger an ihr Kind gebunden wird, empfindet Julie diese als unerträgliche Zwänge. Da das Kind die fehlende Liebe Julies spürt, fürchtet die Mutter, dass eines Tages der Hass zwischen sie tritt.

Der Pfarrer antwortet aufs höchste bestürzt: »Es wäre besser für Sie, tot zu sein.«

Bis ins 18. Jahrhundert war die Liebesheirat in allen sozialen Klassen ungewohnt und wurde sogar für gefährlich gehalten. Dies hatte auch ökonomische Gründe: Die meisten Kleinfamilien hatten sich aus materiellen Zielsetzungen gebildet. Das Haus war oft Betriebs- und Produktionsgemeinschaft, das der Hausherr führte. Er erhielt Polizeigewalt und juristische Befugnisse. Die Familienangehörigen wurden vor allem als Arbeitskräfte und nicht als Liebesobjekte angesehen. Im bäuerlichen Milieu brachte die Ehe Vieh und Äcker zusammen. Die Ehefrau musste in erster Linie Bäuerin sein. Die Eltern bestimmten aus wirtschaftlichen Erwägungen die Ehepartner, die sich vor dem Hochzeitstag mitunter noch nie gesehen hatten. Diese konnten nur hoffen, dass sich die Liebe mit der Zeit einstellen würde, was mitunter tatsächlich passierte.

Die Mitgift, in welcher Form auch immer, spielte aber die überragende Rolle. Und oft entwickelte sich keine Liebe zwischen den Eheleuten. In diesem Sinne war es eine weit verbreitete Haltung, beim Tod des Ehepartners keinerlei Trauer zu zeigen. Die Bauern und kleinen Leute brachten dies viel unverfrorener zum Ausdruck als die Angehörigen des Bürgertums, die sich mehr an gesellschaftliche Konventionen hielten. Auch war die rasche Wiederverheiratung nach dem Tod des Ehepartners – eben aus wirtschaftlichen Erwägungen – durchaus üblich. Erst als man von der Vernunftheirat zur Liebesheirat überging, begann man, den verstorbenen Ehepartner zu beweinen, womit man die ihm zu Lebzeiten entgegengebrachte Liebe ausdrückte.

Der Adel hingegen lehnte die Liebesheirat ab: »Seine Frau lieben sei unschicklich, ein Zeichen von Geschmacklosigkeit, von vulgärer Bourgoisie. Wer Respekt vor einer Frau habe, werde sie nicht heiraten, um sie nicht zu erniedrigen. Im

Übrigen töte die Ehe die Liebe« (Ussel 1977, S. 83). Der Adel schloss bisweilen Geldehen mit dem Bürgertum, das dafür das Adelsprädikat erwarb.

Ein Adeliger, allerdings ein Außenseiter, stellte die bürgerliche Ehe und Liebe so radikal in Frage, dass er 27 Jahre zum Teil wegen sexueller Vergehen, zum Teil wegen seiner Veröffentlichungen im Gefängnis zubrachte: Marquis de Sade. Das erste Mal wird er aufgrund einer Anzeige einer Prostituierten für fünf Monate verhaftet: »Geißelung, Messerschnitte, Blasphemie und Sodomie. Unter anderem soll er über ein Kruzifix masturbiert haben. Und dies alles am Ostersonntag!« (Donninger 1996, S. 44). Hingegen war er zur Zeit der Französischen Revolution als Richter aktiv beteiligt, wobei er zu milde Urteile abgab und deshalb selbst nur knapp der Guillotine entging. Im Folgenden ein Auszug aus seiner weltberühmt gewordenen »Justine«:

Nein Therese! Nein, ich wiederhole das immer wieder: Es ist völlig unnötig, dass der Genuss, um wirklich stark zu sein, mit anderen geteilt wird; um diese Art von Vergnügen so pikant wie nur irgend möglich zu gestalten, ist es im Gegenteil sehr wesentlich, dass der Mann vornehmlich auf Kosten der Frau genieße, und dass er sich alles von ihr hole – ganz gleich, was sie dabei empfindet –, was die Sinnenlust, nach der er begehrt, zu erhöhen vermag; und zwar ohne die leiseste Rücksicht auf die eventuellen Folgen für die Frau […]. Entweder hätte er dann den Wunsch, dass die Frau an dem Vergnügen teilhabe – und er selber würde nicht mehr genießen –, oder er würde befürchten, dass sie leidet, – und das brächte ihn außer Fassung […]. Wenn unter dieser Voraussetzung ein Mensch nun einmal leider so veranlagt ist, dass er bei dem ihm dienenden Objekt schmerzhafte Empfindungen wecken muss, um selber Erregung zu verspüren, so wirst du zugeben, dass er sich ohne Gewissensbisse dementsprechend verhalten muss; denn er ist dazu da, zu genießen, ungeachtet dessen, was sich daraus für das Objekt ergeben könnte […]. Es ist also keineswegs notwendig, Freuden zu spenden, um selber zu genießen: Die glückliche oder unglückliche Lage eines Opfers unserer Ausschweifung ist also absolut gleichgültig für die Befriedigung unserer Sinneslust; das Objekt mag nach Belieben an deinem Treiben Gefallen finden oder darunter leiden, es mag dich lieben oder hassen: Alle diese Überlegungen sind bedeutungslos, wenn es um die Sinnlichkeit geht. Die Frauen können meinetwegen entgegengesetzte Grundsätze aufstellen; aber wenn immer ein sinnvolles System über diese Art des Vergnügens gefunden werden soll, so sind die Frauen, die nur als Maschinen der Sinneslust, ja als Zielscheibe dienen, inkompetent. Gibt es einen vernünftigen Mann, der begierig wäre, ein Freudenmädchen am Genuss teilhaben zu lassen? Und haben nicht trotzdem Millionen von Männern ihre große Freude an diesen Geschöpfen? Soundso viele Menschen stimmen also mit meinen Ansichten überein und setzen sie, ohne es zu ahnen, in die Praxis um; und doch tadeln sie lächerlicherweise diejenigen, die ihre Handlungsweise mit ehrlichen Prinzipien untermauern; das aber geschieht nur, weil die Welt von mechanischen und organisierten Figuren wimmelt, die kommen und gehen, die handeln, essen und verdauen, ohne jemals etwas zu begreifen […]. Der Genuss kann dem dienenden Objekt ein lastender Schmerz, eine Qual und eine Marter werden; und das ist nichts Besonderes, sondern das führt nur zu einer zuverlässigen Steigerung des Genusses für den Despoten, der quält und peinigt. Versuchen wir, das zu verstehen.

De Sade bricht endgültig mit der romantischen Liebe. Die Lust – und das ist hoch modern – steht im Vordergrund, koste es, was es wolle. Der Partner wird nur als Beiwerk für diese Lust betrachtet. Seit der sexuellen Liberalisierung der sechziger Jahre unseres Jahrhunderts haben sich vermehrt solche Beziehungen gebildet.

Anders ausgedrückt, löst de Sade den von Freud konstatierten Widerspruch zwischen Begehren und Lieben einseitig zugunsten des Begehrens auf. Wer das nicht kann oder will, muss seiner Meinung nach auf Sexualität mehr oder weniger verzichten. Das ist die »undemokratische« Konsequenz eines noch heute existierenden Sexualitätsverständnisses, die de Sade glasklar herausarbeitet.

Bei ihm steht die Biologie der Sexualität im Vordergrund, das Triebhafte, das auch gewaltsam durchbrechen muss und dabei an die Grenzen des gesellschaftlich Akzeptablen stößt. Erst Freud erkennt die (gesellschaftskonforme) Möglichkeit der Sublimierung des Triebes, das heißt, die Triebenergie für andere Bereiche (etwa für die Arbeit) zu verwenden. Bei de Sade soll die Sexualität nicht sublimiert, sondern ausgelebt werden. Damit überschreitet sie die Grenzen der Gesellschaft, die dadurch nicht unverändert bleibt. Das ist der revolutionäre Aspekt seiner Auffassung von Sexualität.

Folgerichtig wendet er sich gegen alles, was der Sexualität im Wege steht: die gesellschaftliche Konvention, die Kirche und die Fortpflanzung. Die sexuelle Liberalisierung der sechziger Jahre fällt nicht zufällig mit der Entwicklung der Pille zusammen, also mit der Möglichkeit einer erstmals nahezu sicheren Empfängnisverhütung. Wir werden darüber hinaus im zweiten und dritten Teil sehen, wie sehr de Sade moderne Diskussionen in Sexualwissenschaft und Alltag vorwegnimmt.

Alles ist erlaubt, was Lust bereitet. Anonyme moderne Illustration zu de Sades »Justine«.

Mehr als hundert Jahre nach de Sade wird Leopold von Sacher-Masoch mit seiner »Venus im Pelz« eine Gegendarstellung oder – genauer gesagt – Ergänzung des Geschlechterverhältnisses veröffentlichen. Wanda ist darin und im realen Leben seine Ehefrau:

»Gut denn«, sprach Wanda, die kleinen, aber energisch geschwungenen Brauen zusammenziehend, »ich denke mir das sehr amüsant, einen Mann, der mich interessiert, der mich liebt, so ganz in meiner Hand zu haben; es wird mir mindestens nicht an Zeitvertreib fehlen. Sie waren so unvorsichtig, mir die Wahl zu lassen. Ich wähle also, ich will, dass Sie mein Sklave sind, ich werde mein Spielzeug aus Ihnen machen!«

»Oh! tun Sie das«, rief ich halb schauernd, halb entzückt, »wenn eine Ehe nur auf Gleichheit, auf Übereinstimmung gegründet sein kann, so entstehen dagegen die größten Leidenschaften durch Gegensätze. Wir sind solche Gegensätze, die sich beinahe feindlich gegenüberstehen, daher diese Liebe bei mir, die zum Teil Hass, zum Teil Furcht ist. In einem solchen Verhältnis aber kann nur einer Hammer, der andere Amboss sein. Ich will Amboss sein. Ich kann nicht glücklich sein, wenn ich auf die Geliebte herabsehe. Ich will ein Weib anbeten können, und das kann ich nur dann, wenn es grausam gegen mich ist.«

»Aber Severin«, entgegnete Wanda beinahe zornig, »halten Sie mich denn dessen fähig, einen Mann, der mich so liebt wie Sie, den ich liebe, zu misshandeln?«

»Warum nicht, wenn ich Sie dafür umso mehr anbete? Man kann nur wahrhaft lieben, was über uns steht, ein Weib, das uns durch Schönheit, Temperament, Geist, Willenskraft unterwirft, das unsere Despotin wird.«

»Also das, was andere abstößt, zieht Sie an?«

»So ist es. Es ist eben meine Seltsamkeit.«

»Nun, am Ende ist an allen Passionen nichts so Apartes oder Seltsames, denn wem gefällt nicht ein schöner Pelz? Und jeder weiß und fühlt, wie nahe Wollust und Grausamkeit verwandt sind.«

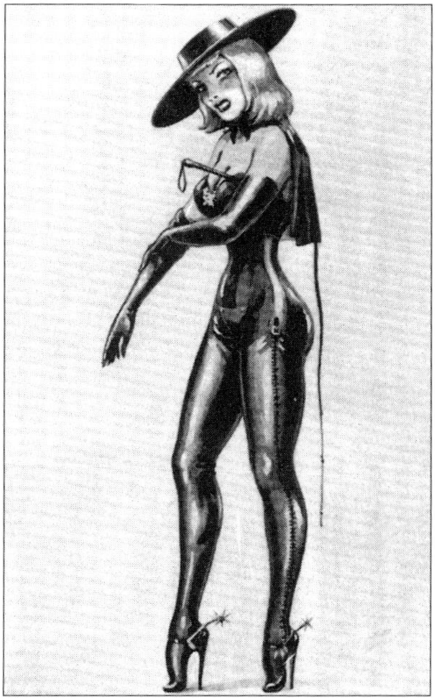

Domina von John Willie (1946).

»Bei mir ist dies alles aber auf das Höchste gesteigert«, erwiderte ich.

»Das heißt, die Vernunft hat wenig Gewalt über Sie, und Sie sind eine weiche, hingebende sinnliche Natur.«

»Waren die Märtyrer auch weiche sinnliche Naturen?«

»Die Märtyrer?«

»Im Gegenteil, es waren übersinnliche Menschen, welche im Leiden einen Genuss fanden, welche die furchtbarsten Qualen, ja den Tod suchten wie andere die Freude, und so ein Übersinnlicher bin ich, Madame.«

»Geben Sie nur Acht, dass Sie dabei nicht auch zum Märtyrer der Liebe, zum Märtyrer eines Weibes werden.«

Auch bei Sacher-Masoch geht es um eine für die Sexualität vermeintlich notwendige Ungleichheit der Geschlechter. Beide Arrangements, das sadistische wie das masochistische, kanalisieren Hass und Furcht gegenüber dem anderen Geschlecht und werden deshalb als zusammengehörig angesehen, wie der

Begriff Sadomasochismus nahe legt. Bei genauerer Betrachtung erkennt man dabei ein Paradoxon, wie es im folgenden Witz zum Ausdruck kommt:

Masochist zum Sadist: »Schlag' mich.«
Sadist (lustvoll quälend): »Nein.«

Das heißt, der Masochist inthronisiert seine Domina – wie Severin seine Wanda –, und sie muss deshalb ebenfalls eine masochistische Struktur besitzen. Der reine Sadist und der reine Masochist werden wie im obigen Witz nicht zusammenkommen.

Als ein Verbindungsglied zwischen de Sade und Sacher-Masoch kann Giacomo Casanova angesehen werden. Denn obwohl nur auf seinen Genuss bedacht, soll er seine zahlreichen Frauen so verführt haben, indem er die Einzigartigkeit seiner Liebe zu ihnen und seine schmachtende Abhängigkeit von ihnen glaubhaft machte.

Spürbar wird also immer mehr die Kraft von Liebe und Erotik, die längst nicht mehr vor gesellschaftlichen Konventionen Halt macht. Oder anders ausgedrückt: Bürgerliche Sexualunterdrückung, bürgerliche Moral und Spießigkeit fordern ihre Übertretung geradezu heraus. Für eine gefährliche, gesetzes- und normenüberschreitende Liebe plädiert unter anderen Guy de Maupassant (»Das Scheit«):

Ich erzählte ihr irgendeine Geschichte. Sie lauschte aufmerksam, mit häufigen Zeichen von Missbilligung und Verachtung; und plötzlich: »Nein, Sie verstehen nichts davon. Mir scheint, zu einer richtigen Liebe müsste gehören, dass sie das Herz in Aufruhr stürzt, die Nerven jagt und den Kopf verheert; sie müsste – wie soll ich sagen? – gefährlich sein, schrecklich sogar, fast verbrecherisch, fast ein Sakrileg, sie müsste eine Art Verrat sein; ich meine, sie muss geheiligte Hindernisse überwinden, Gesetze, brüderliche Bande brechen; wenn Liebe friedlich, leicht, gefahrlos, gesetzlich ist – ist das noch Liebe?«

Die Liebe der bürgerlichen Eltern zu ihren Kindern sowie der auf die gesellschaftliche Stellung vorbereitende Schulbesuch verzögert die Entwicklung der Kinder, schirmt sie gegen den Einfluss von außen ab und entzieht den bürgerlichen

Aquarell von John Willie (1902–1962).

Kindern viele Arten der Verantwortlichkeit und Selbständigkeit. Darüber hinaus werden sie in den Schulen mit einem intellektuellen Stoff konfrontiert, der oft jeden Realitätsbezug entbehrt. Bis in das 18. und 19. Jahrhundert hinein (und teilweise heute noch) ist der Schulbesuch ein Privileg des männlichen Geschlechts, wodurch der Knabe und der Jugendliche einer Verzögerung in ihrer psychosexuellen Entwicklung unterliegen. Sie bleiben länger als die Mädchen Kinder.

Die Liebe und Hingabe des Masochisten stößt auf die Kälte seiner Herrin. Illustration von Bernard Montorgeuil (um 1970).

Die Ermöglichung eines längeren Schulbesuchs ist in erster Linie eine sozio-ökonomische Angelegenheit. Proletarische Kinder waren nach wie vor gezwungen zu arbeiten. Im 18. Jahrhundert wurden in Schlesien Kinder von zehn bis zwölf Jahren zum Spinnen eingesetzt. Zur gleichen Zeit haben in Frankreich, England und Holland Kinder von vier Jahren an in Hausindustrie und Manufakturen mindestens dreizehn Stunden täglich gearbeitet.

Die Infantilisierung des bürgerlichen Kindes bedeutete auch seine Entsexualisierung. Damit musste bereits in der Wiege begonnen werden. Am Ende des 18. Jahrhunderts wurden Ammen präferiert, die sich verpflichteten, während der Stillperiode nicht zu koitieren, denn das Sperma verderbe die Milch und lasse sie gerinnen. Man hielt die Sexualität erstmals für exogen, das heißt von außen verursacht und initiiert. Die Erzieher könnten demnach durch Herstellung einer sexuellen oder asexuellen Atmosphäre das Aufkeimen der Sexualität beschleunigen oder verzögern. Es entstand eine Art »Kälte-Pädagogik« (Ussel 1977, S. 153), die sich gegen überhitzte Räume, Nahrung, Kleidung, Schlafgewohnheiten, Baden usw. richtete, wobei Wärme und Kälte magische Rollen zukamen. Einerseits sollte die Familie eine »Nestwärme« bieten, die sie vor der Gesellschaft schützt und abgrenzt, also auch die familieninternen Banden stärkt und die außerfamiliären verhindert – ein historisches Faktum, das in der gegenwärtigen Diskussion um den sexuellen Missbrauch in der Familie (siehe Kapitel »Der neue Puritanismus: die Debatten über Abtreibung, Aids und sexuellen Missbrauch«) völlig verleugnet wird –, und andererseits sollte man gegen Kälte abgehärtet werden. Körperliche Ertüchtigung und Sport sollten ebenfalls ein Mittel zur Bekämpfung der Sexualität sein. Die Folgen dieser Ansichten waren oft verheerend: »Bei jemandem, der früh pubertierte, wurde die erste Pollution nicht als Anzeichen eines gesunden Körpers angesehen, sondern als ein übles Vorzeichen und eine Strafe, für die der Betroffene die sittliche Verantwortung trug. Die Pubertät erlebte man mit negativen Gefühlen. Sie konnte zum Problem anwachsen und zum Selbstmord führen; für Jugendliche und Erwachsene des

Mittelstandes war sie bis zur Mitte des 20. Jahrhunderts ein schwieriger Lebensabschnitt« (Ussel, S. 100).

Parallel zum Schutz der Unschuld des Kindes liefen im 18. Jahrhundert in einigen Ländern Keuschheitskampagnen, in denen die voreheliche Enthaltsamkeit propagiert und die Masturbation bekämpft wurden. Maria Theresia setzte sogar eine eigene Keuschheitskommission mit einem organisierten Spitzelsystem ein, um das Treiben des Adels und der ihm nacheifernden bürgerlichen Kreise zu bekämpfen. Damit rief sie teils Erbitterung, teils Spott hervor, was im frivolen Wien zu Sprüchen wie diesem führte: »Man muss seinen Nächsten lieben wie sich selbst, das heißt, man muss das Weib des anderen so lieb haben wie sein eigenes« (zit. nach Bebel 1909, S. 114 f.).

Maria Theresia wurde wahrscheinlich auch Opfer ihrer eigenen Keuschheit. Ihr Leibarzt, den sie wegen ihrer anfänglichen Unfruchtbarkeit konsultierte, musste ihr raten:

Praetereo censeo vulvam Sacratissimae Majestatis ante coitum diutius esse titillandam. (Außerdem meine ich, dass die Vulva Eurer Allerheiligsten Majestät vor dem Beischlaf längere Zeit zu kitzeln ist.)

Voreheliche Keuschheit und eheliche Treue wurden schließlich trotz aller Unterwanderungen zum Ideal für das Bürgertum, wobei das Studentenmilieu einiger Universitäten aus dem Rahmen fiel und deshalb als unsittlich bekämpft wurde. Aber das Keuschheitsideal wurde auch von Gruppen Jugendlicher (etwa den Stürmern und Drängern am Ende des 18. Jahrhunderts) freiwillig angestrebt. Der schillersche asexuelle Jüngling wurde zum Prototyp dieser Bewegung.

Andererseits wiederum wurde noch im 18. Jahrhundert die Theorie über die Körpersäfte allgemein vertreten, nach welcher der Körper regelmäßig von überflüssigen Dämpfen, Säften usw. befreit werden müsse. Die Enthaltsamkeit sei demnach schädlich, sie verursache körperliche Störungen: Hysterie bei den Frauen, Schwäche bei den Männern. Außerdem solle man sich in der Jugend die Hörner abstoßen, sonst träten im Alter Schwierigkeiten mit der Potenz auf.

Unter die Säfte wurde natürlich auch das Menstruationsblut eingereiht, das als giftig galt. Daher sah man die Menstruation als Prozess, der den weiblichen Körper von seinen Giften reinigt. Der Anwendung des Aderlasses als Nachahmung der weiblichen Regelblutung wurde diesselbe reinigende und heilende Wirkung zugesprochen. Wir sehen hier also einen – im wahrsten Sinn des Wortes – »roten« Faden, der sich in unseren Vorstellungen durch Jahrtausende zieht. Im persischen Schöpfungsmythos ist die Menstruation sogar eine Teufelin, die mit ihrem Blut alles vergiften kann. Die Verbindung von Menstruationsblut und Gift bzw. Unreinheit ist weit verbreitet. Eine reinigende Wirkung der Menstruation für die Frau und eine vergiftende Wirkung für den mit ihr koitierenden Mann anzunehmen, ist die logische Folge dieser Vorstellungen. Dass diese Logik aber eine abwehrende und verleugnende Haltung gegenüber weiblicher Potenz darstellt, wird an einer Auffassung des indischen Tantrismus deutlich, wo das Menstrualblut dem koitierenden Mann die Kraft der »roten Kundalini-Schlange«, das heißt eine besondere Lebensenergie verleiht.

Die Körpersäftetheorie, mit der man die Enthaltsamkeit verurteilte, diente aber gleichzeitig zur Empfehlung der Mäßigung. Allzu häufiger Sexualverkehr entziehe dem Körper zu viel Säfte und Kräfte. Deshalb sollten sich Männer vor wichtigen Ereignissen, die sie ganz forderten, z.B. Sportkämpfen, jeglicher sexueller Betätigung enthalten; eine Auffassung, die sich trotz gegenteiliger sportwissenschaftlicher Erkenntnisse bis heute erhalten hat.

Zu früher Koitus bewirke Gewichtsverlust und Wachstumsprobleme. Aus unreifen Samen würden schwächliche Kinder, das heißt vor allem Mädchen geboren (vgl. Aristoteles, Kapitel »Das Patriarchat in der Antike«). Noch eine wichtige Bedeutung hatte die Theorie der Körpersäfte: Ausgehend von einem Zusammenhang zwischen Gehirn und Genitalien sollte eine Störung in einem der beiden Zonen die jeweils andere beeinflussen; so bewirke ein schwaches Hirn (bei Schwachsinnigen) eine gesteigerte Sexualität, letztere wiederum ein Austrocknen des Gehirns. Das Fehlen sexuel-

Viktorianische Liebe: korrekt, nicht überhitzt, bekleidet (wie in allen Darstellungen dieser Zeit). Englisches Aquarell auf Seide aus der Zeit Königin Viktorias.

Gelegenheitsgrafik von Michael Fingesten (1884 – ca. 1944).

ler Betätigung könne zu Wahnsinn führen, so als ob der zurückgehaltene Samen quasi in den Kopf steigen könne.

Einen umgekehrten Zusammenhang zwischen Zurückhaltung des Ejakulats und Hirnleistung gibt es im taoistischen Konzept des Yin-Yang. Um sein Yang anzureichern, solle man demnach den Orgasmus lange hinauszögern oder noch besser häufigen Verkehr ohne Ejakulation pflegen. Zur Vermeidung der Ejakulation werden geistige Disziplin und manuelle Techniken (Kompression der Harnröhre) empfohlen. Die Vorstellung ist, dass es dadurch zu einer Ejakulation in die Harnblase kommt (wie nach Prostataektomien) und dann die Yang-Essenz den Spinalkanal hinauffließt und zu einer Stärkung des Gehirns führt. Allgemein geht der Taoismus davon aus, dass jede Ejakulation die Lebenskraft des Mannes reduziert. Allerdings kann dies dadurch ausgeglichen werden, dass der Mann Yin, also weibliche Substanz, aufnimmt. In diesem Sinne wird empfohlen, den im Höhepunkt produzierten Speichel durch Zungenkuss oder die Genitalsekretion der Partnerin durch postorgastisches Verweilen des Penis in der Vagina aufzunehmen. Für die Frau gilt analog, dass sie auf diese Weise zu männlicher Yang-Essenz kommt. Als für beide Geschlechter ausgeglichene Technik gilt die bei uns so genannte 69er-Stellung, bei der gleichzeitiger Oralverkehr möglich ist.

Wir sehen hier also eine kulturenübergreifende Ähnlichkeit zwischen westlicher Körpersäftetheorie und östlichem Yin-Yang-Konzept. Ein Unterschied verdient es jedoch, besonders betont zu werden: Die Abgabe der »Säfte« bedeutet im Yin-Yang nicht nur eine Schwächung des eigenen Körpers, sondern auch eine Stärkung des Partners, während die Körpersäftetheorie die Abgabe oder Zurückhaltung des Samens nur unter dem Gesichtspunkt der eigenen Schwächung sieht. Das taoistische Prinzip des Yin-Yang ist also im Gegensatz zur Körpersäftetheorie partnerbezogen. Ein Unterschied, der sich natürlich auch im westlichen und östlichen Verständnis der Sexualität niederschlägt (siehe dazu Kapitel »Die andere Sichtweise: Freuds Psychoanalyse«).

Doch kehren wir wieder ganz zu unserer westlichen Medizin zurück. Schließlich führte sie einen unerbittlichen Kampf gegen die Selbstbefriedigung, weil sie die Gesundheit der Kinder gefährde. So der französische Arzt Tissot, der bereits Mitte des 18. Jahrhunderts der Überzeugung war, dass *zu häufiges Onanieren zu Rückenmarksschwund führe,* womit er die medizinische Auffassung zwei Jahrhunderte lang prägte. Deshalb empfiehlt Kinderarzt Dr. Benjamin Spock in den ersten Auflagen seines bis heute berühmten Buches die *Beschneidung als Abschreckung gegen die Selbstbefriedigung.* Wesentlich sanfter bemüht war hingegen der amerikanische Arzt Sylvester Graham in seiner Absicht, die Masturbation zu verhindern. Er war überzeugt vom Einfluss der Ernährung auf die Sexualität und entwickelte ein nach ihm benanntes Brot, das den sexuellen Hunger junger Männer stillen sollte. Die gleiche Absicht verfolgte John Harvey Kellog, der die nach ihm benannten Cornflakes erfand. Sport und diese nicht allzu pikanten Flocken waren im 19. Jahrhundert Mittel im Kampf gegen die Selbstbefriedigung.

Die Kirche verurteilte die Samenvergeudung durch Selbstbefriedigung oder Coitus interruptus schlichtweg als Mord. Während im antiken Rom die Samenvergeudung nur als Frevel gegen die Götter angesehen wird, erscheint nun der Tod Onans (1. Mose 38; 9 und 10) auch als gerechte Strafe für den von ihm durch Coitus interruptus begangenen Mord. Vom 18. Jahrhundert an verwarf die Kirche die Theorie des weiblichen Samens, wodurch die Frau auf diese Weise nicht sündigen konnte, weil sie eben keinen Samen besitzt. Die Theorie des weiblichen Samens geht auf die so genannte Knidische Schule, eine antike griechische Ärzteschule, zurück:

Nach ihr erzeugt die Frau ebenso eine Samenflüssigkeit, die eine Art konzentrierter Extrakt aus allen Körpersäften ist. Sie kommt aus der Gebärmutter und wird genauso wie der männliche Samenerguss beim Sexualakt abgesondert. Der weibliche Samen ist für die Empfängnis notwendig, die ein mechanischer Mischungsprozess mit dem männlichen Samen bewirkt. Das Mischungsverhältnis von männlich-starkem und weiblich-schwachem Samen ist nicht bei jedem Erguss gleich, was letztlich auch über das Geschlecht des Kindes entscheidet.

Natürlich sind diese Vorstellungen absurd, aber die Medizin verleugnete lange Zeit, dass manche Frauen tatsächlich »ejakulieren« können. Erst spät entdeckte die Sexualwissenschaft wieder, dass es doch so etwas Ähnliches wie den weiblichen Samen gibt: eine Flüssigkeit, die beim Orgasmus über die Harnröhre austritt.

Dabei soll der so genannte G-Punkt im Spiel sein. Offen ist, ob dieser als punktförmige Konzentration von Nervenenden im vorderen Bereich der Scheide tatsächlich existiert, oder ob der G-Punkt ein Konstrukt ist, das die weibliche Sexualität physiologisch auf einen Punkt reduziert.

Über die weibliche Sexualität hatte die Medizin im 19. Jahrhundert auch sonst nicht viel zu sagen. Ein gewisser William Acton, Spezialist für Erkrankungen der Harnwege in Paris und später London, Autor des Buches »Funktion und Störungen der Fortpflanzungsorgane«, das zwischen 1858 und 1875 in sechs Auflagen erschien, schrieb:

Ich würde sagen, dass die Mehrzahl der Frauen (zum Glück für die Gesellschaft) wohl nicht sonderlich mit sexuellen Empfindungen etwelcher Art geplagt ist […]. Ganz allgemein ist zu sagen, dass eine sittsame Frau nur selten sexuelle Befriedigung für sich selbst fordert. Sie lässt sich die Umarmung ihres Gatten gefallen, aber grundsätzlich nur, um ihm zu Gefallen zu sein, und gäbe es nicht den Drang zur Mutterschaft, bliebe sie viel lieber von seinen Aufmerksamkeiten verschont.

Genauso meinte selbst Nietzsche (1891, S. 69): *Das Glück des Mannes heißt: Ich will! Das Glück des Weibes heißt: Er will!*

Erst im 20. Jahrhundert wird der Sexualität der Frau mehr Beachtung geschenkt. Das Werk des holländischen Gynäkologen Theodor Henrik van de Velde »Die vollkommene Ehe« (1926) übte Jahrzehnte großen Einfluss auf die Sichtweise von Sexualität aus. Anfänglich versuchte man, es zu verbieten. Für mich persönlich war es in meiner Jugend in den sechziger Jahren das erste Aufklärungsbuch. Van de Velde beschreibt minutiös, wie der Koitus vorzubereiten sei, ich gewann damals die Vorstellung von einem rein technischen Vorgang, der eben notwendige Bedingungen benötigte, wie z. B. Raumtemperatur, Lichtverhältnisse, Matratzenstärke, Bettgröße, aber auch Liebesstellungen und Variationen. Vor allem ging es ihm um die Reglementierung der erwachenden Sexualität der Frau. Denn hier gibt es dieser Auffassung zufolge zwei Probleme: Entweder versäumt der Mann, die Frau zu befriedigen, dann wird das meistens von einem anderen Mann nachgeholt, oder der Mann befriedigt die Frau zu viel, so dass sie richtig auf den Geschmack kommt, immer mehr will und letztlich den Mann überfordert, weil sie im Grunde potenter ist – eine Sichtweise, die bis heute besteht. Van de Velde empfiehlt:

Ich rate dem Gatten, seine Frau nicht in unüberlegter Weise an Höchstleistungen zu gewöhnen, denen sie auf die Dauer wohl, er aber nicht gewachsen sein würde. Es gibt manche Frauen, im Wesen nicht sehr temperamentvoll veranlagt, die es ertragen, mit dem Gatten von Zeit zu Zeit eine Höhenperiode des Geschlechtsverkehrs zu durchleben, in der er sie zu maximalen

Gynäkologische Untersuchung im 19. Jahrhundert. Radierung aus einem französischen Lehrbuch für Ärzte (1822).

Liebesgenüssen und Leistungen hinaufführt, ohne dass sie darunter leidet, wenn die Liebesstürme sich legen und eine weniger bewegte Zeitspanne anbricht. Neben diesen stehen aber andere Frauen, – bei den nördlichen Völkern mögen sie geringer an Zahl sein – die, einmal an das Maximum der sexuellen Genüsse gewöhnt, sich nicht damit abfinden können, wenn sie nach einer gewissen Zeit ihre Ansprüche herabstimmen müssen. Da wird der Gatte die Geister, die er rief, nicht wieder los, und hat nun zu wählen zwischen einer für das eheliche Glück sehr bedenklichen »Nervosität« bei seiner Frau und seiner eigenen chronischen geschlechtlichen Überspannung, die einen an Geist und Körper geschwächten Neurotiker aus ihm macht. Oft ist es nicht einmal mehr möglich, zwischen diesen beiden Übeln zu wählen, so dass dann die schlimmen Folgen sich nach beiden Seiten entwickeln. Jedenfalls wird der Gatte, der eine heißblütige Frau heimgeführt hat, gut daran tun, in seinen Perioden erhöhter Leidenschaft ihre Erwartungen nicht allzu hoch zu stimmen, damit ihm später seine Unvorsichtigkeit nicht zu teuer zu stehen komme (S. 284).

Aber greifen wir nicht allzu weit vor. Der Aufstieg des Bürgertums wird von der Aufklärung begleitet. Der religiöse Glauben wird durch den Glauben an den wissenschaftlich-technischen Fortschritt abgelöst. Mystische Verdunklungen sollen der Vernunft weichen. Die Wissenschaft soll Objektivität gewährleisten, ihre Erkenntnisse sollen empirisch erfahrbar, das heißt allgemein nachvollziehbar sein. Dazu ist es notwendig, das Erfahrene zu ordnen, zu kategorisieren, zu messen und zu quantifizieren.

Auch die Industrielle Revolution benötigt mechanische Wissenschaft und mechanisches Denken. Die Menschen sollen ihren Rhythmus an den der Maschinen anpassen. Der zur Kapitalbildung und -akkumulation notwendige »asketische Sparzwang« (Max Weber) wirkt sich auch auf die Sexualität aus. Sie muss ebenso rationiert werden. Für das Bürgertum geht es vorerst um die ökonomische Quantifizierung:

»Bedenke, dass die Zeit Geld ist; wer täglich 10 Schillinge durch seine Arbeit erwerben könnte und den halben Tag spa-

zieren geht, oder auf seinem Zimmer faulenzt, der darf, auch wenn er nur 6 Pence für sein Vergnügen ausgibt, nicht dies allein berechnen, er hat neben dem noch 5 Schillinge ausgegeben oder vielmehr weggeworfen.

[...] Bedenke, dass Geld von einer erzeugungskräftigen und fruchtbaren Natur ist. Geld kann Geld erzeugen und die Sprösslinge können noch mehr erzeugen und so fort. Fünf Schillinge umgeschlagen sind sechs, wieder umgetrieben sieben Schilling und drei Pence und so fort bis es hundert Pfund Sterling sind. Je mehr davon vorhanden ist, desto mehr erzeugt das Geld beim Umschlag, so dass der Nutzen schneller und immer schneller steigt. Wer ein Mutterschwein tötet, vernichtet dessen ganze Nachkommenschaft bis ins tausendste Glied. Wer ein Fünfschillingstück umbringt, mordet (!) alles, was damit hätte produziert werden können: ganze Kolonnen von Pfunden Sterling« (Benjamin Franklin zitiert nach Weber 1920, S. 31).

Obwohl Max Weber gerade die protestantische Ethik als geistige Parallele zum Kapitalismus ansieht, schlägt der Katholizismus in die gleiche Kerbe: zuerst Arbeit und Pflichterfüllung, dann erst das Himmelreich. Dass dies Hand in Hand mit der Unterdrückung der Sexualität geht, kommt im Islam viel deutlicher zum Ausdruck.

Für die Muslims ist das *Jenseits ein riesiges Bordell, und je gottesfürchtiger ein Gläubiger im Diesseits war, desto mehr Frauen stehen ihm im Jenseits zur Verfügung. Allerdings sind diese Frauen entseelt, eigentlich nur jungfräuliche Sex-Puppen, bei denen er aber sicher sein kann, dass sie noch mit keinem Mann Verkehr hatten. Deshalb kann er ihnen ohne Angst und Argwohn begegnen, weil die reale, irdische Frau für die Muslims unberechenbar und gefährlich ist. Überdies soll der Penis eines Erwählten nie erschlaffen, die Erektion ewig währen.* »Die Frauen kommen zwar auch ins Paradies, aber für ihre sexuellen Bedürfnisse ist keine Vorsorge getroffen« (Dürr 1993, S. 556).

Man kann hier die Ähnlichkeit von Christentum und Islam beziehungsweise die Austauschbarkeit von Geld und

Sexualität gar nicht übersehen. Genauso wie hier eher ein Kamel durchs Nadelöhr geht, als ein Reicher in den Himmel, kommt dort ein geiler Bock auch nicht ins himmlische Bordell.

Der Erkenntnistheoretiker Michel Foucault (1926–1984) fasst vier große strategische Komplexe zusammen, die vom 18. Jahrhundert an spezifische Wissens- und Machtverfügungen um die Sexualität entfalten:

»*Die* Hysterisierung des weiblichen Körpers *ist ein dreifacher Prozess: der Körper der Frau wurde als ein gänzlich von Sexualität durchdrungener Körper analysiert – qualifiziert und disqualifiziert; aufgrund einer ihm innewohnenden Pathologie wurde dieser Körper in das Feld der medizinischen Praktiken integriert; und schließlich brachte man ihn in organische Verbindung mit dem Gesellschaftskörper (dessen Fruchtbarkeit er regeln und gewährleisten muss), mit dem Raum der Familie (den er als substantielles und funktionelles Element mittragen muss) und mit dem Leben der Kinder (das er hervorbringt und das er dank einer die ganze Erziehung währenden biologisch-moralischen Verantwortlichkeit schützen muss): die ›Mutter‹ bildet mitsamt ihrem Negativbild der ›nervösen Frau‹ die sichtbarste Form dieser Hysterisierung.*

Die Pädagogisierung des kindlichen Sexes *geht von der zweifachen Behauptung aus, dass sich so gut wie alle Kinder sexueller Aktivität hingeben oder hingeben können und dass diese ungehörige (sowohl ›natürliche‹ wie auch ›widernatürliche‹) sexuelle Betätigung physische und moralische, kollektive und individuelle Gefahren birgt; die Kinder werden als ›vorsexuelle‹ Wesen an der Schwelle der Sexualität definiert, die sich diesseits des Sexes und doch schon in ihm auf einer gefährlichen Scheidelinie bewegen; die Eltern, die Familien, die Erzieher, die Ärzte und später die Psychologen müssen diesen kostbaren und gefährlichen, bedrohlichen und bedrohten Sexualkeim in ihre stete Obhut nehmen; diese Pädagogisierung äußert sich vor allem im Krieg gegen die Onanie, der im Abendland fast zwei Jahrhunderte gedauert hat.*

Die Sozialisierung des Fortpflanzungsverhaltens *vollzieht sich als ökonomische Sozialisierung über ›soziale‹ oder steuerliche Maßnahmen, die die Fruchtbarkeit der Paare fördern oder zügeln; als politische Sozialisierung durch Weckung der Verantwortlichkeit gegenüber dem gesamten Gesellschaftskörper (der ausgeweitet oder eingeschränkt werden muss); als medizinische Sozialisierung, die den Praktiken der Geburtenkontrolle krankheitserregende Wirkungen für Individuum und Art zuschreibt.*

Und schließlich die Psychiatrisierung der perversen Lust*: der sexuelle Instinkt ist als autonomer biologischer und psychischer Instinkt isoliert worden; alle seine möglichen Anomalien sind analysiert worden; man hat ihm eine normalisierende und pathologische Rolle für das gesamte Verhalten zugeschrieben; schließlich hat man nach einer Korrekturtechnik für diese Anomalien gesucht«* (Foucault 1992, S. 126 f.).

Für Foucault ist es nicht die Tabuisierung, sondern im Gegenteil das Sprechen über Sexualität, der Diskurs, wie er es nennt, der das Sexuelle einschränkt. Er richtet sich gegen die Repressionshypothese, die besagt, dass Sexualität seit Jahrhunderten unterdrückt und verleugnet wurde, bis die sexuelle Liberalisierung der sechziger Jahre das von den Herrschenden verordnete Schweigen durchbrach. Vielmehr, so Foucault, wurde immer schon über Sexualität geredet. Der christliche Imperativ, alles sagen zu müssen, führte zu einer ständigen Erweiterung und Höherbewertung des Diskurses. Der Sex »steht seit mehreren Jahrhunderten im Zentrum einer ungeheuren Nachfrage nach Wissen. Einer doppelten Nachfrage, weil wir wissen sollen, was mit ihm los ist, während er verdächtigt wird zu wissen, was mit uns los ist« (S. 98). Die Sexualität ist nach Foucault ein historisches Konstrukt, sie steht in einem unmittelbaren Funktionszusammenhang mit der Macht, die über die Sexualität die individuellen Körper kontrolliert.

Die Repressionshypothese, gegen die sich Foucault wendet, hat allerdings, wie bereits deutlich aufgezeigt, sehr wohl ihre Berechtigung. Der christliche Diskurs über die Sexualität liegt ganz auf ihrer Linie und ist kein Beweis dafür, dass immer schon über die Sexualität geredet wurde, weil es das »Wie« übersieht. Im christlichen Diskurs geht es doch darum, was man von der Sexualität zu halten habe und worüber man nicht sprechen sollte.

Auf die Gegenwart bezogen bekommt Foucault diesbezüglich gerade Recht. In Zeiten der Medialisierung der Sexualität, in der etwa die Teilnehmer an Talkshows scheinbar unter einem Offenbarungseid stehen und über intimste Bereiche ihres Sexuallebens »beichten«, wird die These vom Sprechzwang bezüglich Sexualität bestätigt. Dazu kommen noch die zahlreichen Sex-Experten, die das Sexuelle für hohe Einschaltquoten so aufbereiten und damit so verdünnen müssen, dass sie am Ende nur mehr peinlich Banales liefern können. Diese Entwicklung ist Teil einer »neosexuellen Revolution«, in der »unser Alltag von sexuellen Reizen ebenso überflutet wie entleert« (Sigusch 1998, S.1231) ist.

Die im 19. Jahrhundert aufkommende Sexualwissenschaft setzt am letzten der vier strategischen Machtdispositive Foucaults an, nämlich der Psychiatrisierung der perversen Lust. Gleichzeitig plädiert sie für eine sparsame Sexualität. Onanie oder zu häufiger Koitus sollen vermieden werden, weil der Samen des Mannes ein rationiertes und begrenztes Gut darstelle. In Zeiten des wirtschaftlichen Aufbaus, in denen Sparsamkeit besonders gefragt war, also vor allem nach den beiden Weltkriegen, wurde der Samen konkret begrenzt: ungefähr 3000 »Schuss« (Orgasmen) hätte der Mann in seinem Leben zur Verfügung, wurde etwa meiner Generation »fachkundig« anvertraut.

Bis in die neunziger Jahre lief die Wirtschaft anders. Sparen war verpönt, Konsumieren gefragt. So auch im sexuellen Bereich und in der Sexualwissenschaft. Die Jagd nach multiplen Orgasmen, nach ewigem Glück durch Sexualität beziehungsweise durch dauernde Bereitschaft dazu, der unerbittliche Kampf gegen die Störungen der Sexualität sind nur einige Ausdrucksformen des sexuellen Konsum-Paradigmas.

Die Sexualwissenschaft kolonialisierte die innere Natur des Menschen. Und wie der Mensch als Folge der Beherr-

Gelegenheitsgrafik von Michael Fingesten (1884 – ca. 1944).

schung der äußeren Natur von ihr entfremdet wurde, wird er nun auch seiner inneren Natur, seiner Körperlichkeit und Triebhaftigkeit entfremdet. Die Sexualwissenschaft ist aber auch die wichtigste Konstrukteurin von Sexualität seit dem vorigen Jahrhundert. Um ihre Konstruktionen zu verstehen, müssen immer wieder deren historische und soziale Kontexte herangezogen werden, wenn wir uns ihr im folgenden Teil nun näher zuwenden wollen.

II

Sexualität in der Sexualwissenschaft

Schon am Anfang geht es um Kontrolle

Die heutige Sexualwissenschaft hat zwei Begünder, an die sie sich mit gemischten Gefühlen erinnert: Richard Freiherr von Krafft-Ebing und Magnus Hirschfeld. Beide Pioniere hatten diametral entgegengesetzte Anliegen. Krafft-Ebing war als gerichtsärztlicher Gutachter Ende des 19. Jahrhunderts bestrebt, abweichendes Sexualverhalten exakt zu beschreiben und zu klassifizieren, während Hirschfeld verzweifelt um die Straffreiheit für Homosexualität zu Beginn unseres Jahrhunderts kämpfte. Beiden kann zugute gehalten werden, dass sie mit herrschenden sexuellen Vorurteilen ihrer Zeit wissenschaftlich aufgeräumt haben, also einen Fortschritt in sexuellen Auffassungen brachten, andererseits führten ihre Konstruktionen von Sexualität zu neuen Restriktionen.

Beginnen wir in historischer Abfolge, also mit Krafft-Ebing (1840–1902). Wie bereits im ersten Teil ausgeführt, dominierten bis ins 19. Jahrhundert physiologische Erklärungen – wie etwa die Körpersäftetheorie – das Verständnis der Sexualität. Abweichendes Sexualverhalten wurde demgemäß auf ungünstige Säfteverteilung und auf Beeinträchtigungen des Gehirns zurückgeführt. Krafft-Ebings Verdienst war nun der Versuch, nach physischen und psychischen Bedingungen bei den verschiedensten Abweichungen der Sexualität zu suchen.

Als gerichtsärztlicher Gutachter befragte er die Delinquenten nebenbei auch nach ihren sexuellen Gewohnheiten. Bald konstatierte er einen Zusammenhang zwischen hirnorganischen Veränderungen und sexuellen Abweichungen. So könnten sexuelle Anomalien nach schweren Kopfverletzungen, bei der Epilepsie oder nach schweren Alkoholexzessen erworben werden. Natürlich könnten sexuelle Abweichungen auch auf angeborenen Schwachsinn, Geisteskrankheiten oder auf eine Degeneration des zentralen Nervensystems zurückzuführen sein. Zu Krafft-Ebings Zeit hatten diese Zusammenhänge durchaus humane Konsequenzen: Einem Sexualdelinquenten konnte aufgrund seiner erblichen Belastung mangelnde Zurechnungsfähigkeit attestiert und damit eine drohende Todesstrafe erspart werden. Krafft-Ebing konnte aber nicht voraussehen, dass der durch ihn konstatierte Zusammenhang zwischen sexueller Anomalie und Geisteskrankheit bis in die Gegenwart als »wissenschaftliche Grundlage« für die Stigmatisierung bestimmter sexueller Verhaltensweisen herhalten muss.

Bald ging Krafft-Ebing dazu über, dieses abweichende Sexualverhalten zu systematisieren. Den Zweck des Sexualtriebes sah er – ganz im Sinne seiner Zeit – in der Fortpflanzung, und jede Sexualität, die diesem Zweck nicht untergeordnet war, definierte er als pervers. Dem Fortpflanzungsziel zuwider laufen auch die sexuellen Störungen, die er genau auflistete: Lustmangel, Impotenz, vorzeitiger und verzögerter Samenerguss. In der heutigen, von der Sexualwissenschaft bereits durchdrungenen Zeit sind diese Diagnosen fast schon in die Alltagssprache integriert, aber Ende des 19. Jahrhunderts stellten sie eine bedeutende Neuartigkeit der Betrachtung dar. Und auch die Unterscheidung zwischen einem Sexualverhalten, das im Zusammenhang mit geistigen Krankheiten stand, und solchem, das zwar ebenso gesellschaftlich stigmatisiert war, aber von geistig Gesunden ausgeführt wurde, war neu. In diesem Sinn unterschied er zwischen Perversion als Krankheit und Perversität als Laster – eine alltagssprachlich durchaus noch heute übliche konnotative Unterscheidung.

Krafft-Ebing erkannte bereits, dass perverse Handlungen, so abartig sie auch erschienen, mit der Persönlichkeit des Handelnden zu tun hatten, also sozusagen menschlich verständlich waren. Darüber hinaus entdeckte er diese Vorlieben sogar in der Literatur, etwa die sexuelle Lust an der Unterdrückung bzw. Unterwerfung bei Marquis de Sade oder Leopold von Sacher-Masoch, und benannte diese Perversionen nach diesen Schriftstellern. Obgleich Sacher-Masoch empört war (und de Sade wäre es vermutlich auch gewesen, wenn er es erlebt hätte) über den vorgeblichen Missbrauch ihrer Namen.

Zwar hatte sich Krafft-Ebing therapeutische Konsequenzen, nämlich Hypnose und Suggestion, zur Heilung der Perversionen überlegt, aber er konnte nicht voraussehen, dass die Einführung genauer Begriffe hierfür ebenfalls stigmatisierende Auswirkungen hatte. Erst Sigmund Freud stellte entschieden fest, dass perverse Vorlieben nichts Abnormales, sondern allen Menschen eigen seien und von ihnen praktiziert würden, nur nicht mit der Ausschließlichkeit des Exhibitionisten, Voyeurs oder Fetischisten. Aber schließlich hätte jeder Mensch Lust am Präsentieren, am Schauen oder an bestimmten (Kleidungs-) Gegenständen des Partners. Wie weit nun diese so genannten Partialtriebe die Oberhand über die genitale Sexualität erlangten, mache den Grad der Perversion aus.

Das heutige Verständnis von Perversionen geht noch einen Schritt weiter: Sie stellen samt ihren oft komplexen Ritualen eine Inszenierung von Grundkonflikten dar, die in verschlüsselter Form wiederholt und damit bearbeitet werden. Indem z.B. der Masochist seine Erniedrigung inszeniert, hebt er sie gleichzeitig damit auf. Denn wer seine Unterwerfung aktiv inszeniert, ist nicht mehr passiv unterworfen. Perversionen sind demnach als sexualisierte Konfliktlösungen, als sexualisierte Heilungsversuche zu verstehen (siehe Stoller 1979 und Morgenthaler 1987).

Diese Sichtweise der Perversionen gediehen auf einem Boden, den Krafft-Ebing vorbereitet hat. Gleichwie andererseits seine begrifflichen Bestimmungen und Zuordnungen eine Polarisierung von normaler und perverser Sexualität im Alltagsverständnis bis heute geschaffen haben.

An diesem Punkt setzt dann der zweite große Pionier der Sexualwissenschaft, Magnus Hirschfeld (1868–1935), an. Selbst homosexuell, widmete er sein ganzes Leben dem Kampf für die Rechte Homosexueller und gegen die gesellschaftliche und gesetzliche Verurteilung der Homosexualität. In seiner nervenärztlichen Praxis in Berlin/Charlottenburg wurde er mit den Schicksalen tausender homosexueller Patienten konfrontiert. Er begann, mittels eines von ihm entwickelten Fragebogens, sexuelle Einstellungen und Verhaltensweisen, Familiengeschichten, Kindheitserinnerungen, frühere sexuelle Erfahrungen usw. zu erfassen. Schließlich verfügte er über 40000 (!) umfassende sexuelle Porträts, eine Datenbasis, mit der er gegen verbreitete, aber irrige Auffassungen zu Felde ziehen konnte. So etwa gegen die Auffassung, dass *Homosexualität durch die Übersättigung im heterosexuellen Verkehr ausgelöst werde.*

Hirschfeld sah, dass er neben der wissenschaftlichen noch eine politische Plattform brauchte, um seinen Forderungen Nachdruck verleihen zu können. So gründete er das »Wissenschaftlich-Humanitäre Komitee«, die weltweit erste Organisation der Schwulenbewegung. Imponierend wurde vor allem die Öffentlichkeitsarbeit des Komitees. Neben diversen Aufklärungsfilmen beteiligte sich Hirschfeld an der Produktion eines Spielfilms, der 1919 mit dem später erfolgsgekrönten Hollywood-Regisseur Richard Oswald gedreht wurde. In diesem Film »Anders als die Anderen« wird ein homosexueller Geiger von einem Erpresser in den Selbstmord getrieben, während sein Geliebter von einem Arzt, gespielt von Hirschfeld selbst, abgehalten werden muss, dem Freund in den Tod zu folgen.

Im Rahmen des Wissenschaftlich-Humanitären Komitees gründete Hirschfeld das erste Fachjournal »Zeitschrift für Sexualwissenschaft«. Zu den Autoren zählten bald Sigmund Freud, Karl Abraham, Alfred Adler und Wilhelm Stekel. Die vielleicht bedeutendste Leistung Hirschfelds bestand in der Gründung des »Instituts für Sexualwissenschaft« (1913) in einer dreistöckigen Villa in Berlin. Aus eigenen Mitteln finanziert, widmete er 1923 das Institut dem preußischen Staat als gemeinnützige öffentliche Stiftung. Mit einigen Assistenten baute er ein Forschungs-, Lehr- und Heilzentrum auf, stellte eine Fachbibliothek von 100000 Bänden sowie eine Unzahl von Fotografien und Kunstgegenständen zusammen; zusätzlich ließ er die durch seine Fragebögen erhaltenen Biographien archivieren. Mehrere Stunden täglich hielt er eine Beratungsstelle für Eheschließende offen, eine Einrichtung, die bald internationale Nachahmung fand. Er bot Frageabende und Sexualerziehungsvorträge an, führte eine sexualtherapeutische Ambulanz, in der er den größten Teil seiner Patienten unentgeltlich behandelte. Aus allen Teilen der Welt kamen Patienten in sein Institut.

Der Aktivitäten noch nicht genug, organisierte Hirschfeld 1921 in Berlin die »1. Internationale Tagung für Sexualreform auf sexualwissenschaftlicher Grundlage«, vier weitere Weltkongresse folgten noch zu seinen Lebzeiten. Im Jahre 1928 übernahm er den Vorsitz der »Weltliga für Sexualreform«, die auf sein Betreiben einen gemäßigt-reformistischen Kurs verfolgte: Gleichberechtigung der Geschlechter, Strafrechts- und Scheidungsreform, öffentliche Sexualerziehung und humaner Umgang mit sexuellen Minderheiten sind die Forderungen, die übrigens der radikalen Linken um Wilhelm Reich zu seicht waren. Andererseits enthielt der Forderungskatalog der Weltliga auch einen dunklen Programmpunkt: »Anwendung eugenischer Erkenntnisse für eine Verbesserung der Rasse durch Geburtenauswahl. Unterstützung der Fortpflanzung Gesunder und Begabter, Sterilisierung Ungeeigneter«. Allerdings muss hier zumindest bedacht werden, dass auch die Linke zur damaligen Zeit solche Forderungen zur Schaffung des neuen, sozialistischen Menschen stellte.

Die Würdigung des Lebenswerkes von Magnus Hirschfeld sollte darauf hinweisen, wie die Anfänge der Sexualwissenschaft Forschen, Heilen, Beraten mit der politischen Forderung nach Sexualreform verbunden hat. Leider erkannten auch die Nazis die politische Brisanz von Hirschfelds Lebenswerk. Bereits 1920 wird er von braunen Studenten nach einem Vortrag in München brutal zusammengeschlagen, man hält ihn für tot und lässt ihn liegen. Hirschfeld kann seinen eigenen Nachruf in der Zeitung lesen. Der »Völkische Beobachter« und der »Stürmer« hetzen andauernd gegen ihn, seine Vorträge werden gestört, so dass er 1930 nach Amerika emigriert. Nur drei Monate nach Hitlers Machtergreifung zerstört ein

Anonyme Lithographien (1945).

Nazi-Trupp sein Institut mitsamt den Sammlungen und Dokumenten (zahlreiche Nazi-Größen waren Patienten Hirschfelds). Schließlich wurden die Bücher und Hirschfelds Büste auf dem Berliner Opernplatz verbrannt.

Bald darauf starb Hirschfeld in seinem letzten Exil in Nizza an einem Schlaganfall. Sein sexualwissenschaftliches Vermächtnis ist ein zwiespältiges: die Theorie der sexuellen Zwischenstufen, die wir bereits im Kapitel »Das Patriarchat in der Antike« bei Platon in ähnlicher Form kennen gelernt haben. Gemäß der Theorie Hirschfelds gibt es eine *Unzahl von Geschlechtern, sexuellen Zwischenstufen, auf einem Kontinuum, an dessen fiktiven Endpunkten »die Frau« und »der Mann« stehen.* Dieses Kontinuum bestehe auf verschiedenen biologischen wie psychischen Ebenen und führe zu bestimmten Varianten, z.B. Männer, die sich wie Frauen fühlen oder sich zumindest wie Frauen kleiden (der Begriff »Transvestit« stammt von Hirschfeld), oder eben Männer und Frauen, die sich zum eigenen Geschlecht sexuell hingezogen fühlen. Die

Zwischenstufentheorie diente dabei als Erklärung für eine angeborene Geschlechtsdisposition. Zunächst hatte Hirschfeld das Zentralnervensystem als Vermittler angenommen, später favorisierte er endokrinologische Zusammenhänge, nämlich besondere »Sexualsäfte«, die von Geweben in den Hoden bzw. den Eierstöcken produziert und in die Blutbahn abgesondert würden. Die politische Implikation seiner Theorie schien Hirschfeld klar und einfach: Was angeboren war, konnte nicht strafbar sein. Jedoch verstärkte die Zwischenstufentheorie letzten Endes, wogegen er sich einsetzte: Als »biologische« Zwischenstufe wurden die Homosexuellen erst recht stigmatisiert. Im Faschismus wirkte die Theorie der angeborenen Homosexualität tödlich. Da die Homosexualität unter den Nationalsozialisten selbst sehr verbreitet war, unterschieden sie zwischen wertvollen und wertlosen Homosexuellen. *Bei Letzteren wurde eine angeborene und damit unveränderliche Disposition angenommen, während wertvolle Homosexuelle als kranke, behandlungsbedürftige Menschen angesehen wurden, die dem Zeitgeist oder einer kindlichen Fehlentwicklung zum Opfer gefallen waren. Diese Homosexuellen galt es zu retten, das heißt zu therapieren, um sie in vollwertige, arische Familienväter zu verwandeln.* Vom Standpunkt der Homosexuellen wiederum konnte die Inanspruchnahme einer Therapie eine sonstige Verfolgung verhindern, wenngleich sie von ihrer Homosexualität oft gar nicht »geheilt« werden wollten. Viele gingen den Kompromiss ein, alibimäßig einen Therapeuten aufzusuchen, um diesem eine Stunde Erholung oder Schlaf zu vergönnen (siehe dazu Herzer 1987).

Doch schon vor den Nazis erlangte die Zwischenstufentheorie eine fragwürdige wissenschaftliche Anerkennung: Eugen Stainach, ein Wiener Anatom und Pionier der Hormonforschung, hatte in Tierversuchen Zwitter, also gemäß Hirschfelds Theorie Zwischenstufentiere erzeugt, indem er Tieren gegengeschlechtliche Keimdrüsen einpflanzte. Stainach übertrug diese Tierexperimente auf die menschliche Homosexualität und glaubte, dass sie durch »zwittrige« Hoden bzw. Eierstöcke verursacht werde. Der nächste Schritt

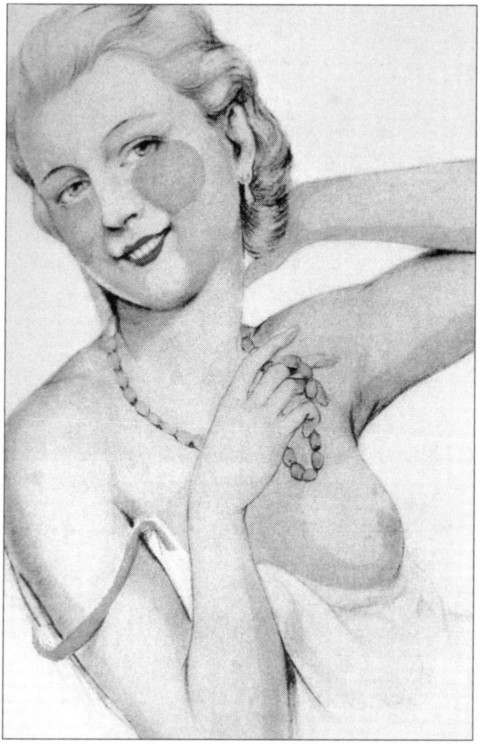

Nationalsozialistisches Frauenbild: blond, rein, kräftig und mit verhaltener Erotik. Anonymes Aquarell (um 1935).

Henri Tisot als Hitler in der erotischen Parodie »Le Führer en folie« (1973).

kam, wie er kommen musste: Zwischen 1916 und 1921 wurden Homosexuelle einseitig kastriert und ihnen Hodengewebe von heterosexuellen Männern (zum Teil von Sexualdelinquenten) überpflanzt, bis man feststellen musste, dass diese Eingriffe an der Homosexualität der operierten Männer nichts änderte. Doch bis in die Gegenwart wird an hormonalen und operativen Eingriffen im Sinne der Zwischenstufentheorie Hirschfelds festgehalten. Da die Kastration und Hodenüberpflanzung ohne »Erfolg« blieb, suchte man nach hormonalen Mängeln im Gehirn. So wurden von deutschen Neurochirurgen noch in den sechziger und siebziger Jahren Teile des Zwischenhirns, in denen sie das hormonell gestörte Sexualzentrum vermuteten, mit einer Sonde elektrisch verkohlt (zu hormonellen und operativen Eingriffen siehe Schmidt 1988). Erst im Jahre 1974 fasste die Amerikanische Psychiatrische Vereinigung den Entschluss, Homosexualität nicht mehr als Geisteskrankheit *(mental disease)* zu klassifizieren.

Die Quantifizierung der Sexualität

Im Sinne der Zwischenstufentheorie Hirschfelds – nur mit anderen Absichten – argumentiert der Wiener Philosoph Otto Weininger (1880–1903) in seinem damals Aufsehen erregenden Werk »Geschlecht und Charakter«. Die sexuelle Anziehung zwischen Mann und Frau, so Weininger, hängt von der Übereinstimmung männlicher und weiblicher Anteile zwischen den Liebespartnern ab, das heißt, *ein männlicher Mann passt am besten zu einer sehr weiblichen Frau. Genauer noch: Hat ein Mann z. B. 75 Prozent männliche und 25 Prozent weibliche Anteile* (was immer das auch sein mag),

Die Quantifizierung des Penis. Fresko aus dem Haus Vettier in Pompeji.

so ist die stärkste Affinität zu einer Frau gegeben, die 75 Prozent weibliche und 25 Prozent männliche Anteile hat, ganz im Sinne des Sprichwortes: Gegensätze ziehen sich an. Weininger kleidet diese Annahme in komplizierte mathematische Formeln, nennt das Ganze »Gesetze der sexuellen Anziehung« und meint damit, dass es eine quantitativ fassbare Naturgesetzlichkeit in der Sexualität gibt. So kommt es seiner Meinung nach mit naturgesetzlicher Notwendigkeit zum *Ehebruch, wenn zwei nach diesen Formeln schlecht zusammenpassende Individuen eine Verbindung eingehen.* Andererseits wird es immer auch zwei Individuen geben, die optimal zueinander passen, wodurch für Weininger die Ehe gerechtfertigt und die freie Liebe von diesem Standpunkt aus zu verwerfen ist. *Auch die Früchte solch einer passenden Verbindung, also die Kinder der Liebe, werden besser gedeihen.*

Die wesentlichste Folgerung aus den »Gesetzen der sexuellen Anziehung« ist aber noch eine ganz andere: *»Emanzipationsbedürfnis und Emanzipationsfähigkeit« einer Frau sind nämlich nur in dem Anteil am Männlichen begründet, den sie hat: »Alle wirklich nach Emanzipation strebenden, alle mit einem gewissen Recht berühmten und geistig irgendwie hervorragenden Frauen weisen stets zahlreiche männliche Züge auf, und es sind an ihnen dem schärferen Blicke auch immer anatomisch-männliche Charaktere, ein körperlich dem Manne angenähertes Aussehen, erkennbar«* (S. 81). *Und es ist auch das Männliche, von dem sie sich emanzipieren möchten. Natürlich vergeblich, weil es eben biologisch verankert ist. Deshalb muss auch die Frauenbewegung zwangsläufig scheitern: »Der größte, der einzige Feind der Emanzipation der Frau ist die Frau«* (S. 93). Erinnern wir uns: Dieses Vorurteil der Vermännlichung von um ihre Rechte kämpfenden Frauen dürften schon die alten Griechen gegenüber den Amazonen gepflegt haben.

Aber Weininger geht noch viel weiter: *Die Frau ist nur sexuell, »ist nichts als Sexualität«, der Mann »ist sexuell und noch etwas darüber«* (S. 113). *Die Frau »geht im Geschlechtsleben, in der Sphäre der Begattung und Fortpflanzung, d. i. im Verhältnisse zum Manne und zum Kinde, vollständig auf«* (S. 112). *Je nachdem, welches Verhältnis im Vordergrund steht, macht es die Frau entweder zur Mutter oder zur Prostituierten,* wobei Weininger auch hier Zwischenstufen durchaus gelten lässt. *Deshalb ist die Frau im Grunde polygam und der Mann monogam.* Die Frauenverachtung ist damit noch nicht am Ende: *Das absolute Weib hat »kein Ich, keine Individualität, keine Persönlichkeit, keinen Charakter und keinen Willen«* (ebd.).

Bereits im ersten Teil wurde angeschnitten, dass das Quantifizieren eine patriarchale Möglichkeit wurde, männliche Ängste und Unsicherheiten zu beruhigen, die Welt durch Zählen und Messen in Ordnung zu bringen und überschaubarer zu machen. Bei Weininger wird dies ganz evident. Er geht von einer scheinbar quantitativ messbaren Naturgesetzlichkeit in der Beziehung von Mann und Frau aus und endet in patriarchalen Mythen. Diese »Methode« ist natürlich interessanter als Weininger selbst, sie ist nicht zu Unrecht Anlass für eine Wissenschaftskritik bis heute. Nebenbei bemerkt werden wir im Kapitel über die Psychoanalyse eine große Ähnlichkeit zwischen den Gedanken Weiningers und infantilen Phantasien konstatieren.

Das Quantifizieren – sicherlich in anderer Weise und mit anderen Folgerungen – ist bis heute in den Sexualwissenschaften vorherrschend. Wir hatten es bereits in Ansätzen bei Hirschfeld angetroffen, aber da das Datenmaterial seiner Patienteninterviews zerstört wurde, dauerte es bis in die fünfziger Jahre unseres Jahrhunderts, als Alfred Kinsey Daten über sexuelles Verhalten messen, ordnen und zählen sollte. Als Zoologe an der Indiana University, der als Spezialist für Gallwespen galt, wurde Kinsey 1938 aufgefordert, eine Vorlesungsreihe über die Ehe abzuhalten. Als Naturwissenschaftler ging er an diese Aufgabe mit derselben Genauigkeit heran wie bei seinen Gallwespen, die er zu Tausenden sammelte, klassifizierte und in Glaskästen ausstellte. Für ihn war es klar, dass er in diesen Größenordnungen auch die menschliche Sexualität untersuchen musste, wollte er zu sicheren Aussagen kommen. Also machte er (genauso wie Hirschfeld) persönliche Interviews mit Tausenden von Männern und Frauen jeden Alters und Bildungsgrades, jeder Religion, Rasse und Klasse. Das Ergebnis waren etliche Zahlenkolonnen und Tabellen

Sexsymbol zu Beginn der sexuellen Liberalisierung: Marilyn Monroe. Foto von Tom Kelly.

über das menschliche Sexualverhalten, streng naturwissenschaftlich verfasst und in zwei dicken Bänden herausgegeben. Kinsey und sein Verleger rätselten darüber, wer diese wohl kaufen sollte, und waren umso überraschter, als sich bereits der erste dieser beiden »Kinsey-Reports« (1948 und 1953 erschienen) schon in wenigen Monaten als Bestseller entpuppte.

Der Grund dafür war denkbar einfach: Kinsey berichtete statistisch, worüber es bisher nur Vorurteile oder überhaupt

Marilyn Monroe
in Billy Wilders Film
»Das verflixte siebente Jahr«
(1955).

Marilyn Monroe
in der Werbung.

Tabus gab. Jetzt konnte man lesen, wie viele Männer und Frauen vorehelichen Koitus hatten, sich selbst befriedigten, homosexuelle Tendenzen aufwiesen. Und dies ist bis heute die Funktion aller so genannter Sex-Reports. Aus ihnen kann man erfahren, wie oft es die anderen treiben und ob man selbst richtig, das heißt in der Norm liegt. Dadurch transportieren Sex-Reports Vorstellungen und Richtlinien, die für den Einzelnen nicht unproblematisch sein können. Wenn man etwa über die durchschnittliche Orgasmushäufigkeit liest und selbst weit darüber oder darunter liegt, läuft man Gefahr, sich selbst als sexbesessen oder triebschwach zu verurteilen. Kinsey hatte zwar die große Bandbreite sexueller Verhaltensweisen betont, trotzdem führt sein Werk wie jeder nach ihm folgende Sex-Report zu Normierungen der Sexualität. Sie alle vermitteln ein Bild von Sexualität, das sich scheinbar nur aus Koitus-, Masturbations- und Orgasmusfrequenzen zusammensetzt.

Diese Kritik wurde bereits beim Erscheinen der Kinsey-Reports geäußert, aber sie war damals durchsetzt von moralischen und religiösen Motiven. Kinsey hatte das Tabu »darüber spricht man nicht« gebrochen, wofür man sein Werk als amoralisch, familienfeindlich, ja sogar als kommunistisch abqualifizierte. Kinsey starb 1956, erbittert und in seinen Erwartungen enttäuscht, aber sein Werk stand am Anfang einer großen sexuellen Liberalisierungswelle in den USA.

In diese Zeit fällt eine wiederum andere Art der Quantifizierung der Sexualität, die aber durchaus in einer Linie mit Kinsey gesehen werden kann. William Masters und Virginia Johnson, ein Gynäkologe und eine Psychologin in den USA, gingen noch einen Schritt weiter als Kinsey. Sie befragten Personen nicht mehr nach ihrer Sexualität, sondern beobachteten sie dabei. Genauer gesagt setzten sie ihnen an allen möglichen Körperstellen (einschließlich den Genitalien) Elektroden an, mit Hilfe derer sie physiologische Parameter der »sexuellen Reaktion« (so benannt von Masters und Johnson) maßen. Im Mittelpunkt ihres Interesses stand das physiologische Geschehen vor, während und nach dem Orgasmus. So teilten sie die sexuelle Reaktion in Phasen (Erregungs-, Plateau-, Orgasmus- und Rückbildungsphase) und beschrieben minutiös, was sich dabei physiologisch abspielt, z.B. Beschleunigung der Atem- und Herzfrequenz, Hautveränderungen, Kontraktionen der Scheide usw. Jetzt war es nur mehr ein kleiner Schritt zur idealen »sexuellen Reaktion«. War der Orgasmus intensiv genug? War es überhaupt ein richtiger? Waren es multiple Orgasmen? Kam der Orgasmus gleichzeitig mit dem des Partners? Dies waren Fragen, die Masters und Johnson durch ihre Untersuchungen aufgebracht hatten und die Menschen

William Masters und seine Assistentin Virginia Johnson.

seitdem beschäftigen bzw. verfolgen. Und dies auf dreifache Weise. Erstens, ob die gelebte Sexualität in Ordnung (d.h. in der »Norm«) sei und die höchstmögliche Lust enthalte, sowohl individuell als auch auf den Partner bezogen (z.B. die Forderung nach dem gleichzeitigen Orgasmus); zweitens setzte eine Orgasmuszentriertheit ein, welche die Sexualität stark unter einen Leistungsanspruch stellte. Sexualität war nun zur Arbeit geworden, die Orgasmushäufigkeit wurde zum Konkurrenzprinzip oder Statussymbol. Ähnlich der Höhe des Einkommens war nun die Orgasmushäufigkeit Thema prahlerischer Auseinandersetzungen geworden. Drittens erbrachte die Inthronisierung des Orgasmus eine Neuvermessung der Sexualität. Nicht zuletzt deshalb, weil er leicht erfassbar war und zum Maßstab für sexuelle Befriedigung und Gesundheit werden konnte: *Nur wer nach Belieben Orgasmen produzieren kann, ist sexuell gesund.*

Diese Auffassung ist natürlich grundfalsch. Der Orgasmus ist kein Garant für sexuelles Glück, geschweige denn Gesundheit. Es gibt Frauen und Männer, die Orgasmen am laufenden Band produzieren und trotzdem keine sexuelle Befriedigung erlangen. Jeder Mensch weiß, dass Orgasmus nicht gleich Orgasmus ist, dass es eben unterschiedliche Erlebnisqualitäten von Orgasmen gibt. So ist auch ein rein physiologischer Orgasmus ohne psychische Befriedigung möglich. Manchmal ist der Orgasmus ein »kleiner Tod«, wie die Franzosen sagen,

Pin-up von Art Frahm.

manchmal nicht. Der gleichzeitige Orgasmus ist sicherlich wunderbar, andererseits bietet der ungleichzeitige die Möglichkeit, den Orgasmus des Partners intensiver wahrzunehmen. Oder nehmen wir die Ejakulation: Die vorzeitige Ejakulation wird mitunter als Zeichen von Potenz betrachtet, eben als schnelles Herstellen des Orgasmus, während der verzögerte Samenerguss eher mit Impotenz in Zusammenhang gebracht wird. Frauen (und Männer) haben allerdings bei Letzterem mehr sexuellen Genuss.

Natürlich bedeutete die Orgasmuszentriertheit insofern einen Fortschritt, als der Frau noch im 19. Jahrhundert der

Frauenbilder zur Zeit der sexuellen Liberalisierung.

Pin-up von Harry Ekman.

Pin-up von Edward D'Ancona.

Orgasmus überhaupt aberkannt wurde. Dies wird von feministischer Seite in der Würdigung von Masters und Johnson hervorgehoben. Allerdings muss hier auch gesehen werden, dass dieses Interesse für den weiblichen Orgasmus noch einen anderen Grund hatte. Der Vorstellung des antiken Arztes Galen zufolge war für die Fortpflanzung weiblicher Samen notwendig (siehe Kapitel »Die bürgerliche Sexualunterdrückung«). Mittelalterliche Theologen griffen diese Vorstellung auf, diskutierten sie lang und breit und kamen zu dem Schluss, dass der weibliche Samen beim Orgasmus ausgestoßen werde, zwar für die Befruchtung nicht notwendig sei, aber sie doch fördere und sich auf die Schönheit der Kinder positiv auswirke. Wie bereits erwähnt, verwarf die Kirche die Vorstellung vom weiblichen Samen erst im 18. Jahrhundert.

Für die heutige Sexualmedizin ist es natürlich offensichtlich, dass der weibliche Orgasmus für die Befruchtung nicht notwendig ist, aber sie stellt sich immer noch die Frage, ob er sie zumindest begüngstigt. Auch Masters und Johnson stellten sich diese Frage. Durch die Kontraktion der Gebärmutter während des Orgasmus könnte ein so genannter »uteriner Sog« entstehen, der den männlichen Samen quasi in die Gebärmutter hineinsaugt. Aus ihren eigenen Untersuchungen kamen sie zu dem Schluss, dass dies nicht zutrifft, während andere Untersuchungen die Existenz eines uterinen Sogs »nachwiesen« (siehe dazu genauer Bancroft 1985, S. 388).

Wie immer man das emanzipatorische Interesse von Masters und Johnson bei ihrer Orgasmusjagd beurteilen mag, jedenfalls entdeckten viele Menschen erst jetzt, dass sie Probleme mit ihrer Sexualität hatten. Masters und Johnson unterbreiteten auch dafür das passende Angebot. Eine auf Verhaltenstherapie aufbauende intensive Kurztherapie sollte diesen neuen (und natürlich auch alten) sexuellen Problemen vorerst recht wirksam Abhilfe schaffen. Dies war gleichsam die Geburtsstunde der Sexualtherapie, die seitdem vor allem in den USA eine derartige Ausbreitung gefunden hat, dass Sex-Kliniken wie Pilze aus dem Boden gewachsen sind. Allerdings wiesen neuere Untersuchungen nach, dass es bei »Heilungen« durch Sexualtherapie 75 Prozent Rückfälle gibt. Darüber hinaus bleibt die Frage, ob die Sexualtherapie eine Erweiterung der Liebes- und sexuellen Genussfähigkeit geschaffen hat. Wir werden im nächsten Kapitel darauf zurückkommen.

Dieses technizistische Verständnis von Sexualität hat jedenfalls noch einen anderen Mythos in die Welt gesetzt: *Die Technik sei das Wesentliche einer guten Sexualität.* Nun ist es sicherlich von Vorteil, wenn man gewisse Kenntnisse und bestimmte Fertigkeiten zur Verfügung hat. Aber eine gute Sexualität bedeutet doch in erster Linie Lust und Sinnlichkeit, wobei eine Technikzentriertheit hinderlich ist, weil sie mit Loslassen, Hingabe und dem Aufgeben der Kontrolle schwer vereinbar ist.

Wenn wir hier nun einen kurzen Rückblick werfen, können wir festhalten, dass sich die Sexualwissenschaft in ihren Anfängen im 19. Jahrhundert vor allem mit der abweichenden Sexualität und deren Kontrolle beschäftigt hat, während sie im 20. Jahrhundert dazu übergegangen ist, das Funktionieren der Sexualität zu ihrem Forschungsziel zu erklären. Dies lässt sich auch in wirtschaftlichen Termini ausdrücken: Im 19. Jahrhundert ging es darum, die Produktion vor Ausschussprodukten zu bewahren, im 20. Jahrhundert sollte dem Produktionsprozess an sich nichts im Wege stehen. Es ist kein Zufall, dass hier für wirtschaftliche Produktion auch sexuelle Produktion stehen kann. Das 20. Jahrhundert ist ja in wirtschaftlicher Hinsicht durch eine ungeheure Erschließung und Eroberung neuer Märkte charakterisiert; Märkte, die eine so intensive Produktion erfordern, dass Ausschussware keiner Kontrolle mehr unterzogen werden kann. Auch in der Sexualität wurden neue Märkte erschlossen, die Wegwerf-Gesellschaft hat Wegwerf-Beziehungen geschaffen, in die Sprache der Sexualität sind wirtschaftliche Begriffe längst eingezogen: *Man investiert in Beziehungen, bevor man Bilanz zieht usw.*

Im nächsten Kapitel werden wir uns mit einem Bild von Sexualität beschäftigen, das sich von dem der bisher besprochenen Sexualwissenschaft und der ihr inhärenten Logik deutlich abhebt. Die Freud'sche Psychoanalyse verstand sich zwar nie als Sexualwissenschaft, hat diese jedoch wesentlich beeinflusst.

Die andere Sichtweise: Freuds Psychoanalyse

Der entscheidende Schnitt gegenüber allen Auffassungen der Medizin, Theologie und Sexualwissenschaft bestand in der Sichtweise Freuds, dass die Sexualität nicht erst mit der biologischen Reife in der Pubertät einsetzt, sondern von Geburt an da ist. *Der Säugling ist polymorph-pervers, also schon mit einer Sexualität ausgestattet, die aber noch völlig unausgerichtet ist.* Daraufhin entdeckte die Sexualwissenschaft die Säuglingsonanie beziehungsweise begann, sich mit ihr auseinander zu setzen, z.B. mit ihrer besonderen Bedeutung für die intellektuelle Entwicklung. Wobei die Voraussetzungen für die Säuglingsonanie beziehungsweise für das Spielen mit den Genitalien, so die Untersuchungen von René Spitz, von einer harmonischen Mutter-Kind-Beziehung abhängen. Ist diese Beziehung problematisch, beginnen die Kinder erst später mit diesen Sexualbetätigungen. Mit anderen Worten: Die Sexualität ist von Anfang an da, braucht aber zu ihrer Entfaltung Bedingungen.

Freud sah das Sexuelle noch weiter gefasst. Die Sexualität des Säuglings und Kleinkindes erstreckt sich nicht nur auf die Beschäftigung mit seinen Genitalien. Haut, Mund und After sind ebenfalls sexuell besetzt; *Körperkontakt, Nahrungsaufnahme und -ausscheidung sind nicht nur lebensnotwendige Vorgänge, sondern auch Lustquellen.*

Diese Sichtweise hatte Konsequenzen. Nicht nur die, dass damit die kirchliche Vorstellung von der kindlichen Unschuld – das Kind könne nicht sündigen, weil es keine Sexualität habe – unhaltbar wurde; viel bedeutender war die Entdeckung der frühkindlichen Sexualität in der Hinsicht, dass der Beziehung des Kindes zu den Eltern sexuelle Motive unterstellt werden konnten. Eigentlich hatte Freud damit nur altes Wissen ausgegraben, das durch das bürgerliche Zeitalter verleugnet wurde (siehe Teil I). Bereits die griechische Mythologie lieferte entsprechendes Material, so z. B. der Ödipus-Mythos, in dem die Liebe des Sohnes zur Mutter und die dadurch bedingte Rivalität zum Vater einen dramatischen Verlauf nehmen. Auch für den modernen Menschen, so folgerte Freud, könnten Liebe und Rivalität zu den Eltern zum Drama, sprich: zu neurotischen Erkrankungen führen, wenn dieser ödipale Konflikt der Kindheit nicht gelöst wird. Was aber auf jeden Fall bleibt, ist eine Art und Weise des kindlichen Liebens, die sich später in der Sexualität als Erwachsener niederschlägt.

Das kann nach Freud verschiedene Formen annehmen. Die allgemeinste Form betrifft die Wahl des Liebesobjekts: *So suchen sich Männer Frauen, die ihren Müttern, und Frauen Männer, die ihren Vätern nach äußeren oder inneren Merkmalen ähnlich sind. Häufig ist die Objektwahl verbunden mit der Wiederherstellung der ödipalen Situation, z. B. in Dreiecksbeziehungen. Manche Menschen können nur solche Partner lieben, die bereits vergeben sind. Dabei geht es um den »geschädigten Dritten«* (Freud 1910, S. 188), *also um die Rivalität zum Mann (Vater), dem man die Frau ausspannt. Da aber der Vater nicht nur rivalisiert sondern auch geliebt wird, kann für die erwachsene Dreiecksbeziehung eine latente Homosexualität zum Rivalen angenommen werden. Eine weitere, eng damit verflochtene Möglichkeit der Objektwahl des Mannes besteht darin, sich nur »sexuell anrüchige« Frauen zu suchen, an deren »Treue und Verlässlichkeit Zweifel gestattet ist«* (ebd.). *In diesen Beziehungen geht es um die Empfindung der Eifersucht, die für Liebhaber dieser Art die Voraussetzung für ihre Leidenschaft zu sein scheint, wobei der Ehemann der Geliebten in der Regel nicht das Ziel der Eifersucht ist, sondern andere Männer, die ebenfalls in die Gunst der Geliebten kommen könnten. Eine weitere, häufig vorkommende Objektwahl ist die Suche von Männern nach Frauen, die sie aus irgendeinem Grunde »retten« können. Der Mann ist dann überzeugt, dass die Frau ohne ihn nicht auskommen könnte.*

Man erkennt in allen diesen Fällen unschwer die Spuren der Liebe zur Mutter in der ödipalen Kindheitssituation.

Während im ersten Fall die Rivalität zum Vater um die Mutter das Thema ist, das wiederholt und dann sexuell bearbeitet wird, ist es im zweiten Fall die Eifersucht auf die Geschwister, mit denen man um die Gunst der Mutter kämpft, während die elterliche Beziehung in der Phantasie des Kindes entsexualisiert wird und damit keine Eifersucht benötigt. Allerdings lässt sich diese Phantasie nicht durchhalten, schließlich erfährt das Kind, dass es ein Produkt der elterlichen Sexualität sein muss. In diesem Moment bricht das Bild der »heiligen« Mutter zusammen, *sie wird zur Hure, die gerettet werden muss.* Für Freud hat das Rettungsmotiv im Unbewussten die Bedeutung, der Mutter ein Kind zu machen. Es ist die Revanche dafür, dass man von ihr das Leben geschenkt bekam (gerettet wurde).

Auch die Liebesspaltung in Heilige und Hure findet sich in der Sexualität erwachsener Männer wieder. Ähnlich wie beim Kind dient die psychische Erniedrigung des Liebesobjekts dazu, sexuell begehren zu können; andererseits wird die psychische Erhöhung, also Idealisierung, für die »heiligen« Liebesobjekte reserviert, die aber nicht sexuell begehrt werden können. Wie bereits im 1. Teil zitiert: »Wo sie lieben, begehren sie nicht, und wo sie begehren, können sie nicht lieben« (Freud 1912, S. 202).

Diese Liebesspaltung ist eine Möglichkeit, die zwischen Eltern und Kindern bestehende Inzestschranke zu umgehen. Diese Inzestschranke ist eine Anforderung der Kultur, sie fordert vom Individuum Triebverzicht, sichert aber, so Freud, den kulturellen Fortbestand. Auf der anderen Seite bedeutet eine totale Unterwerfung unter das Inzest-Tabu eine Einschränkung des Sexuellen. *Frei und glücklich kann man deshalb in seinem Liebesleben nur sein,* so Freud, *wenn man sich mit der Vorstellung des Inzests befreundet hat, das heißt, seine abgewehrten inzestuösen Bestrebungen wahrnehmen bzw. integrieren kann.* Ähnlich verhält es sich, wenn man mit bewussten oder unbewussten Schuldgefühlen an den geliebten Elternteil gebunden bleibt, so dass die Sexualität als Erwachsener auf diese Weise eine Einschränkung erfährt.

Andererseits gibt es kulturelle Verbote, deren Überwindung eine Bedingung für die Sexualität zu sein scheint: »In Zeiten, in denen die Liebesbefriedigung keine Schwierigkeiten fand, wie etwa während des Niederganges der antiken Kultur, wurde die Liebe wertlos, das Leben leer ... In diesem Zusammenhang kann man behaupten, dass die asketische Strömung des Christentums für die Liebe psychische Wertungen geschaffen hat, die ihr das heidnische Altertum nie verleihen konnte« (Freud 1912, S. 207). Wir werden in den Kapiteln über die gegenwärtige Sexualität (S. 171 ff.) auf diese Gedanken zurückkommen. Nur eines sei vorweggenommen: nach einer Zeit der sexuellen Liberalisierung werden nun wieder Verbote und Tabus installiert (z. B. in der Diskussion um AIDS), so als ob das gesellschaftlich Unbewusste endlich die für unsere Libido scheinbar notwendigen Hindernisse wieder errichtet.

Man kann sich unschwer vorstellen, welche Verwunderung und auch Empörung diese Ansichten zu Freuds Zeiten ausgelöst haben, zumal deren Unbeweisbarkeit bis heute skeptisch festgehalten wird. Natürlich ist seine Sichtweise ebenfalls eine Konstruktion, aber sie bietet zumindest eine Erklärung und damit ein Verständnis für jede Art von Sexualität. Wir haben das Unverständnis der älteren Sexualwissenschaften bezüglich Perversionen und Homosexualität bereits erörtert. Vom Standpunkt Freuds löst sich dieses Unverständnis auf: Die Enttabuisierung der kindlichen Sexualität ermöglicht es, Perversionen als Fixierungen psychosexueller Phasen der Kindheit zu betrachten; die Annahme einer allgemeinen Bisexualität des Menschen sowie das Bewusstsein der Liebe zu beiden Elternteilen machen die Homosexualität verständlich. So verständlich, dass man nicht nur die ausschließliche Homosexualität, sondern auch die ausschließliche Heterosexualität, so Freud, hinterfragen sollte.

Die Therapie Freuds setzt deshalb nicht auf die Veränderung sexueller Praktiken und Techniken (wie Masters und Johnson), sondern auf die Aufarbeitung der *Beziehungen zu den Eltern, wo die Wurzel für die Sexualität – der gestörten wie der ungestörten – liegt.* Damit geht es ihr um die Genuss-

und Liebesfähigkeit des Individuums, und nicht um Kontrolle, Normierung oder Leistung wie der bisher besprochenen Sexualwissenschaft.

Trotzdem hat sich die Psychoanalyse Freuds als Sexualtherapie weniger durchsetzen können. Neben dem augenscheinlichen Vorteil der rasch auf Funktionieren abzielenden Sexualtherapie von Masters und Johnson spielt noch etwas anderes eine wesentliche Rolle. Der Zusammenhang zwischen der kindlichen und der Erwachsenensexualität bzw. die sexualisierte Beziehung zu den Eltern ist den meisten Menschen unzugänglich. Der Grund dafür ist eine »infantile Amnesie«, die Ereignisse der Kindheit vergessen lässt, in der die heftigsten Liebesstrebungen zu finden sind, bis sie mit der Auflösung des Ödipus-Konflikts untergehen. Diese Zeit, die wir also vergessen bzw. verdrängt haben, hinterlässt aber »die tiefsten Spuren in unserem Liebesleben« und wird »bestimmend für unsere ganze spätere Entwicklung« (Freud 1905, S. 83).

In dieser vergessenen Zeit entsteht bei Mädchen ein Gefühl, das ihre spätere Sexualität prägen soll: der *Penisneid.* Es ist, so Freud, einer der merkwürdigen und folgenschweren infantilen Sexualvorstellungen, dass alle Menschen einen Penis haben müssten. Das kleine Mädchen, das bald konstatiert, dass es keinen Penis hat, verfällt deshalb dem Penisneid und wünscht sich, ein Junge zu sein. Aber auch beim Jungen hinterlässt das Fehlen eines sichtbaren Penis beim Mädchen Spuren. Er glaubt, das Mädchen sei kastriert worden, und fürchtet das auch für sich selbst, als Strafe vom Vater für seine Rivalität in der Liebe zur Mutter. Im Erwachsenenalter schlägt sich diese Angst als übertriebene Besorgnis der Männer ihrem Penis gegenüber, insbesondere über dessen Größe und Funktionsfähigkeit, nieder.

Vor allem die Frauenbewegung hat am Konzept des Penisneides Anstoß genommen und argumentiert, dass die Klitoris durchaus als Pendant zum Penis gesehen werden kann. Und wenn es schon einen Penisneid der Frauen geben sollte, dann müsste auch von einem Gebärneid der Männer gesprochen werden.

Ein Beweis für den Penisneid? Der Name »Dildo« für den künstlichen Penis geht auf das englische Wort »delight« (Entzücken) zurück. Anonymes Gemälde (um 1910).

Diese Einwände entbehren bei genauerer Betrachtung nicht einer gewissen Groteske. Zunächst einmal war für Freud der fehlende Penis beim Mädchen kein objektiver Mangel, sondern das subjektive Erleben eines Mangels im Kindesalter. Wie weit dieses Erleben von einer patriarchalischen Gesellschaft beeinflusst wird, reflektiert er zwar nicht ausdrücklich, aber es war ihm klar: »Es nützt dem Kinde wenig, wenn die biologische Wissenschaft [...] die weibliche Klitoris als einen richtigen Penisersatz anerkennen muss« (Freud 1905, S. 101).

In der Diskussion um den Penisneid wurde und wird meistens von der Erwachsenenperspektive ausgegangen. Natürlich ist klar, dass eine Frau ihre sexuellen Qualitäten ohne Mangel und Neid befriedigend erleben kann, auch ihre Gebärfähigkeit kann ihr eine Überlegenheit über männliche Fähigkeiten vermitteln und Neid bei den Männern hervorrufen. Aber genauso evident ist wohl, dass dies alles für kleine Kinder eine andere Bedeutung hat, zumal die infantilen Sexualvorstellungen die Vorgänge des Gebärens verzerren. Eindeutig ist für Kinder, die den Geschlechtsunterschied wahrnehmen, dass der Junge sichtlich etwas hat, was das Mädchen nicht hat. Und dass Freud mit dem Penisneid zunächst einmal ein kindliches Gefühl beschrieben hat, wird von seinen Kritikern und vor allem Kritikerinnen gerne übersehen. Natürlich hat er, wie bei allen Kindheitseindrücken, dem Penisneid und Kastrationskomplex eine Bedeutung für die Erwachsenensexualität zugeschrieben. Und zwar für beide Geschlechter. *Für den Mann bedeutet der Kastrationskomplex eine Hemmung und Einschränkung seiner Männlichkeit, für die Frau hingegen eine Förderung ihrer Weiblichkeit. Denn im Idealfall gibt das Mädchen »den Wunsch nach dem Penis auf, um den Wunsch nach einem Kinde an dessen Stelle zu setzen, und nimmt in dieser Absicht den Vater zum Liebesobjekt. Die Mutter wird zum Objekt der Eifersucht, aus dem Mädchen ist ein kleines Weib geworden«* (Freud 1925, S. 264).

Mit dem Penisneid ist also, wie bereits angedeutet, der so genannte *Kastrationskomplex* eng verbunden. Mit ihm wird in der Phantasie des kleinen Kindes laut Freud der anatomische Geschlechtsunterschied (Vorhandensein oder Fehlen des Penis) erklärt. *So fürchtet der Knabe die Kastration als väterliche Rache für seine sexualisierte Liebe zur Mutter, während das Mädchen seine Penislosigkeit als bereits realisierte Kastration phantasiert, genauer gesagt: als Beraubung des Penis durch die Mutter. Die Penislosigkeit trachtet das Mädchen zu kompensieren beziehungsweise zu verleugnen.*

Natürlich kann niemand die Existenz des Kastrationskomplexes – genauso wie die des Penisneides – »beweisen«. Aber der Umgang mit Kastrationsängsten in unserer wie auch in fremden Kulturen lässt erahnen, wie universell und tief sitzend diese Ängste sind. Zunächst führen unsere Erziehungsmethoden einschließlich der zur Durchsetzung der Erziehungsziele gehörenden Drohungen zu diesem Umgang. Auch die Initiationsriten Jugendlicher sowohl in unserer als auch in fremden Kulturen zeigen, dass die Entwicklung zum Mann immer als Überwindung von Kastrationsängsten gedacht wird – natürlich meistens in verschobener oder symbolisierter Form.

Schließlich ein unmögliches Unterfangen, denn diese Ängste bleiben auch Erwachsenen nicht erspart, sind aber unbewusst, so dass sie besonderer Auslöser bedürfen, um sichtbar zu werden. Ich möchte dies an zwei Alltagsbeispielen aus unserem Kulturkreis und an einem Beispiel aus einer fremden Kultur konkretisieren.

Anfang 1994 hatte eine 24-jährige US-Amerikanerin ihrem schlafenden Mann, der sie wiederholt vergewaltigt und misshandelt hatte, den Penis abgeschnitten, – einem, wie sie sagte, unwiderstehlichen Impuls folgend. Das Opfer, ein 26-jähriger Amerikaner, war vorher von der Anklage der Vergewaltigung in der Ehe freigesprochen worden. Was nicht verwundert, wenn man die patriarchalische Justiz in den USA bedenkt. In einer neunstündigen Operation wurde dem Mann der Penis wieder angenäht. So weit, so gut. Aber nun kommt die typisch westliche Kulturleistung: Die Frau wurde von einem Geschworenengericht von der Anklage der schweren Körperverletzung freigesprochen, erhielt drei Film- und unzählige Angebote, ihre Geschichte an Zeitungen, Illustrierte und Fernsehmagazine zu verkaufen. Sie wurde wie eine Volksheldin gefeiert, nur der Staatsanwalt war unzufrieden und vom Urteil enttäuscht, versicherte aber sogleich, dass die Tat dieser Frau nicht Schule machen werde.

Auf den ersten Blick sieht der Umgang der Amerikaner mit dem Delikt dieser jungen Frau sehr verständnisvoll aus. Wenn man aber bedenkt, wie wenig verständnisvoll die amerikanische Justiz sonst mit Frauen ist, so muss man den Eindruck gewinnen, dass hier noch etwas anderes im Spiel ist. Und tatsächlich kennen wir von der amerikanischen Politik zwei Umgangsweisen mit Ängsten und Bedrohung: einmal eine ungeheure Demonstration von Macht und Stärke, ein andermal eine ungeheure Liberalität, vor allem wenn es um die Freiheit des Marktes geht. Das »Vergessen« des Delikts dieser Frau scheint jedenfalls in meinen Augen eine liberal aussehende Verharmlosung der Kastrationsängste, die sie kollektiv ausgelöst hat, gewesen zu sein.

Das zweite, ebenfalls ziemlich aktuelle Beispiel stammt aus Wien.

Im Wiener AKH, einem Großspital, auf das angeblich alle Wiener stolz sind, wurden Ende 1995 einem 65-jährigen Mann irrtümlicherweise die Hoden wegoperiert, weil man ihn mit einem Hodenkrebspatienten verwechselt hatte. Wiederum ist die Reaktion der Medien und der Öffentlichkeit das Erstaunliche daran. Das Fernsehen berichtete davon in den Hauptnachrichten, die Zeitungen schlachteten den Vorfall mit empörten Schlagzeilen aus, monatelang wurde in der Bevölkerung darüber gesprochen und gewitzelt. Andere weit tragischere Verstümmelungen hatten nie diesselbe Chance, derart ins Zentrum des öffentlichen Interesses zu geraten. Die »Kastration« dieses sicherlich bedauernswerten Mannes wurde zum unmenschlichsten Eingriff einer scheinbar erstmals als unmenschlich empfundenen bürokratisierten Medizin hochstilisiert.

Noch viel unverblümter kommt die Kastrationsangst im folgenden, aus einer fremden Kultur entliehenen Beispiel zutage. Auf Hainan, einer dem chinesischen Festland am südlichen Ende vorgelagerten und in das chinesische Meer hineinragenden Insel, etwas kleiner als Taiwan, kam es zuletzt im Jahre 1985 zu einer psychischen Massenepidemie, genannt Koro. Bei dieser Epidemie geht es um die mit Todesangst verknüpfte Vorstellung, Penis, Nase, Finger oder Brüste könnten sich in den Körper zurückziehen. Ein Ethnopsychoanalytiker hat dies selbst beobachtet:

»Versetzen wir uns in Gedanken ins Frühjahr 1985 auf die Insel Hainan: Ein junger Mann ist mit Freunden unterwegs zum nächsten Dorf. Er muss beiseite gehen, um Wasser zu lassen, und plötzlich überkommt ihn Panik: Sein Glied erscheint ihm verkleinert, geschrumpft auf die Hälfte, und ihm fallen die Gerüchte wieder ein, dass in anderen Dörfern der Insel Koro aufgetreten sei und einige Menschen schon daran gestorben sein sollen.

Er ruft um Hilfe, und die Freunde finden ihn zitternd, schwitzend, mit Angst im Gesicht. Alle sind sofort überzeugt, dass die Geister nun auch hier ihr erstes Opfer gefunden haben; die ängstliche Vorstellung, dass es um Leben und Tod geht, erfasst alle unmittelbar. Als erste Hilfsmaßnahme wird ein Seil um den Penis geschlungen, das zwei der Kameraden straffhalten, damit sich das Glied nicht noch weiter zurückziehen kann. Dann wird der junge Mann, der inzwischen über Schwächegefühle klagt und nicht mehr gehen kann, auf eine schnell improvisierte Bahre gelegt und aufgeregt ins Heimatdorf zurückgebracht. Dort nimmt die inzwischen alarmierte Großmutter, die als erfahrene Frau gilt, die Angelegenheit in die Hand und ordnet weitere Maßnahmen an: Sie reibt Glied und Genitalregion mit scharfer Pfefferpaste ein, lässt Verwandte und Nachbarn vor dem Haus Feuerwerkskörper anzünden, Gongs und Trommeln schlagen und versucht mit lautem Geschrei, den Dämon zu vertreiben, der ihren Enkel befallen hat. Sie wickelt ihn in ein Fischernetz, in dem sich der böse Geist verfangen soll, und schlägt auf den Körper des Betroffenen ein, damit der Geist daraus weicht.

Die manifest Betroffenen sind zu 85 Prozent Männer. Bei von Koro betroffenen Frauen herrscht die Angst vor, ihre Schamlippen, die Nase oder andere hervorstehenden Körperteile könnten schrumpfen, sich in den Körper zurückziehen, und der Tod wäre die Folge. Selbst bei Kindern glauben die Angehörigen gelegentlich, sie seien von den Koro-Geistern angegriffen und müssten behandelt werden« (Gerlach 1995, S. 967 f.).

Die Koro-Symptomatik hat in der chinesischen Medizin eine lange Tradition, die bis in die vorchristliche Zeit zurückreicht. Das Wort »Koro« selbst stammt aus dem Malayischen und meint den Kopf der Schildkröte, den sie unter ihren Panzer ziehen kann. Seit Ende des Zweiten Weltkrieges gab es in Abständen von ca. zehn Jahren fünf große Koro-Epidemien. Die Bewohner Hainans sind überwiegend Fischer und Bauern, deren relativ isoliertes Leben noch weitgehend vom Glauben an Götter und Geister beeinflusst ist. Vor allem die Fischer suchen Rat bei Wahrsagern, um von ihnen die günstigste Zeit zum Hinaussegeln bestimmen zu lassen. Die Geschichten über Koro werden von Generation zu Generation weitergegeben. Über die Dämonen im obigen Zitat, die als weibliche Fuchsgeister auftreten sowie deren Männer schwächende Eigenschaft gibt es zwei sehr populäre Sagen:

1. *»Eines Tages trug eine alte Frau zwei verschlossene Körbe auf ihrem Rücken zum Fluss, um überzusetzen. Zwei junge Männer wollten im selben Boot ans andere Ufer. Als die beiden die Körbe sahen, wollten sie von der alten Frau wissen, was denn darin sei. Die entgegnete: ›Ihr könnt es nicht anschauen; wenn doch, würdet ihr euch zu Tode erschrecken.‹ Die jungen Männer lachten und glaubten nicht, was die Frau sagte. Sie zwangen sie, den Deckel eines Korbs zu öffnen, blickten hinein und fielen vor Schreck tot um: Er war bis an den Rand gefüllt mit abgeschnittenen Penissen.*
2. *Von Zeit zu Zeit steigt eine schöne Fee vom Himmel herab, um die Penisse von Männern und die Brüste von Frauen zu sammeln. Sie ist unsichtbar, und sie kann Wände und Mauern durchdringen. Sobald sie irgendwo einen Penis oder Brüste sieht, nimmt sie sie an sich; und diejenigen, die der Verlust trifft, müssen unweigerlich sterben«* (S. 970).

Die Kastration ist in China nicht nur ein zwei Jahrtausende altes Motiv, sondern wurde bis ins 20. Jahrhundert als Strafe verhängt und diente der Erzeugung von Eunuchen. Noch im heutigen China sind Kastrationsdrohungen Kindern gegenüber, insbesondere in der Sauberkeitserziehung, weit verbreitet.

Nun hat jede Kultur ihren eigenen Umgang mit Kastrationsängsten. In unserer Kultur sind diese Ängste sehr schambesetzt und werden oft verschoben und symbolisiert. Das Einzigartige an der Koro-Epidemie ist, dass hier die Ängste sowie deren Behandlung völlig öffentlich inszeniert werden: »Die zur Abwendung der phantasierten Gefahr verwendeten Praktiken zeigen das gesamte Spektrum sonst tabuisierter Sexualität, die nun, unter Fortfall der üblichen Schamschranken, vor aller Augen dargeboten wird; gleichzeitig teilen alle anderen die ängstigenden Vorstellungen von der tödlichen Gefahr. Küssen und Beißen, Kneifen und Schlagen, Masturbation und Fellatio zwischen Freunden, Verwandten und Nachbarn werden in aller Öffentlichkeit praktiziert und verweisen auf einen verborgenen Aspekt von Lust und Befriedigung in einer gleichsam gemeinsamen Symptombildung. In diesem Sinn ist der Koro-›Anfall‹ eine gemeinsame hysterische Inszenierung, eine psychosoziale Abwehr- und Bewältigungsleistung der gesamten Gruppe« (S. 972).

Zum weiteren Verständnis der Koro-Epidemie dienen die taoistischen Vorstellungen des Yin und Yang zum Geschlechterverhältnis. Obwohl dabei das männliche Prinzip des Yang das Positive und Yin als weibliches Prinzip das Negative darstellt – eine Zuteilung, die wir in ähnlicher Weise aus unserem eigenen Kulturkreis nur allzu gut kennen –, gibt es doch eine unbewusste Überzeugung von der Überlegenheit des weiblichen Geschlechts. Der Geschlechtsakt dient nämlich auch zur Stärkung der männlichen Vitalität durch die Aufnahme der unerschöpflichen weiblichen Yin-Kräfte, während der männliche Samen als ein begrenztes und nur dadurch wertvolles Gut angesehen wird. Selbstbefriedigung ist demnach verpönt, aber der Koitus ist nie mit moralischer Schuld oder Sünde verknüpft, sondern wird als gesundheitsfördernd und lebensverlängernd angesehen. Um gesunde Nachkommen zu zeugen, sollte der Mann erst am Gipfel seiner Yang-Anreicherung ejakulieren, das heißt, er sollte den Akt durch ausgedehntes Liebesvorspiel und lang andauernde Vereinigung möglichst hinausziehen. Ebenfalls sollte er den Koitus mit mehreren Frauen ohne Ejakulation pflegen. (Eine für unseren Kulturkreis indiskutable Empfehlung, da ja Orgasmuszwang herrscht und diese Technik als Ejakulationsstörung betrachtet werden könnte.)

In den chinesischen Sexualhandbüchern wurde die Frau als die in Liebestechniken einführende Meisterin dargestellt, während dem Mann die Rolle des unerfahrenen Schülers zukommt. Natürlich hat sich in China offiziell der Konfuzianismus durchgesetzt, der großen Wert auf Familie und hierarchische Ordnungen legt und dem Mann Führerschaft und Überlegenheit zuschreibt, aber aus dem Taoismus hat sich als latente Grundorientierung die Frau als »Große Mutter« erhalten. Sie erscheint darin als potente Ernährerin, die ihre Nachkommen mit Milch und ihren Mann mit Sex stärkt. Somit konnte auch im chinesischen Unbewussten das Bild der mächtigen Mutter nie verblassen.

Da die Koro-Epidemie vor allem Jugendliche zwischen 15 und 19 Jahren trifft, muss vor dem Hintergrund der taoistischen Sexualvorstellungen das Erwachen der genitalen Sexualität als besonderes Problem erscheinen. Nächtliche Samenergüsse oder Onanieversuchungen müssen derart gefürchtet sein, weil sie Schwächung und Verfall bedeuten könnten. Hinzu kommen die ödipalen Konflikte mit inzestuösen Wünschen: »Die unbewusste Beziehungsdynamik zwischen Müttern, Vätern und Söhnen lässt sich wie folgt beschreiben: Chinesische Mütter verhalten sich ihren Söhnen gegenüber überfürsorglich, teilen z.B. bis zur Pubertät das Bett mit ihnen und wecken sie regelmäßig nachts zum Urinlassen. Für sie ist die Geburt eines Sohnes bis heute eine entscheidende Möglichkeit zur Selbstbestätigung und zur Verbesserung ihrer familiären Position. Andererseits dürfte die Bevorzugung des männlichen Geschlechts eine Haltung des Penisneides aktivieren, so dass der Sohn zwar als narzisstische Kompensation gewünscht sein mag, zugleich aber mit unbewussten Dominierungswünschen erwartet wird. Das Bild der weiblichen Fuchsgeister trifft den sexuell-verführerischen wie den bemächtigenden und die Männlichkeit schwächenden Aspekt besonders gut. Das im Koro gefürchtete Ausgesaugtwerden stellt – in projektiver Abwehr – eine Regression auf die Oralität dar, mit einer Wiederbelebung lustvoller Erfahrungen, aber auch mit einer Abwehr der eigenen unbewussten aggressiven und libidinösen Wünsche gegenüber der Mutter und mit einem Vermeiden des ödipalen Konflikts mit dem Vater. Diese Haltung des Vermeidens ödipaler Rivalität und der damit verknüpften Kastrationsängste wird gestützt durch die in der konfuzianischen Tradition geforderte Zurückhaltung, ja Ehrfurcht des Sohnes gegenüber dem Vater. Der Verpflichtung des Sohnes steht allerdings auch eine Aufforderung zur Zurückhaltung seitens des Vaters gegenüber, der nach seinem Tod im Rahmen der Ahnenverehrung seines Sohnes Ehrerbietung sucht. So ist also nicht nur die ödipale Aggressivität des Sohnes, sondern auch die unbewusste Feindseligkeit des Vaters kulturell in ein System wechselseitiger Zurückhaltung eingebunden« (S. 977 f.).

Aber kehren wir nach diesem langen Exkurs wieder zu Freud selbst zurück. Eng mit dem Penisneid verbunden ist eine andere Auffassung Freuds, die ebenfalls für beträchtlichen Aufruhr gesorgt hat. Parallel zur Aufgabe des Penisneides, *»mit der Wendung zur Weiblichkeit soll die Klitoris ihre Empfindlichkeit und damit ihre Bedeutung ganz oder teilweise an die Vagina abtreten, und dies wäre eine der beiden Aufgaben, die von der Entwicklung des Weibes zu lösen sind«* (Freud 1933, S. 549 f.).

Generationen von Feministinnen sind dagegen Sturm gelaufen, weil sie darin eine übermäßige Anforderung an die Entwicklung der Weiblichkeit sahen. Allerdings gibt es hier auch eine andere Lesart von Freud: Dass diese Entwicklung nicht so reibungslos verläuft, und »dass die meisten Frauen nicht schnell und schmerzlos in ihre Rollen als Frauen schlüpfen, wenn sie es überhaupt tun« (Rose 1995, S. 95), bedeutet Widerstand gegen die patriarchal vorgesehene Frauenrolle. Die Psychoanalyse Freuds ist demnach keine »Beschreibung der Anpassung der Frauen an ihre Plätze« (ebd.).

Diese Anpassung leisteten andere. Die unterstellten Freud nämlich, eine strikte Trennung von unreifem klitoralen und reifem vaginalen Orgasmus vorgenommen zu haben, was Freud in Wirklichkeit nie tat. Worauf die Sexualforscher, wiederum allen voran Masters und Johnson, gefolgt von den Feministinnen, erklärten, dass diese Trennung nur ein Mythos sein könne, da sie physiologisch nicht haltbar sei: Die Klitoris sei für sexuelle Stimulierung am sensibelsten, während die Vagina im Vergleich dazu relativ unempfindlich sei (außer im vorderen Bereich). Als Arzt und Physiologe wusste Freud dies natürlich, aber er diskutierte die weibliche Sexualität ja nicht vornehmlich physiologisch, weil er ebenfalls wusste, dass dies zu keiner hinreichenden Erklärung sexueller Vorgänge führen würde. Er suchte zum Beispiel eine Antwort auf die Frage, warum Bilder, Vorstellungen und Phantasien allein, ohne physiologische Stimulierung, sexuelle Reaktionen auslösen können. Ihn interessierte die Sexualität vielmehr in psychologischer Hinsicht. Dabei haben Klitoris und Vagina als unterschiedliche Stimulierungsorte ihre Bedeutung in der psychosexuellen Entwicklung zur Frau. In der Mädchenzeit ist vor allem die Klitoris Mittel masturbatorischer Befriedigung; die Vagina wird erst mit zunehmender Reife erschlossen. Schon allein daraus folgt, dass die weibliche Vorliebe für vaginale Stimulierung ein Zeichen größerer Hingabefähigkeit und reiferer Weiblichkeit ist.

Die Diskussion um den klitoralen und vaginalen Orgasmus hat nicht nur die Frauen betroffen. Erstmals wurde auch in den Sexualwissenschaften die von den Männern gefürchtete Frage diskutiert, ob die Größe ihres Penis Einfluss auf das sexuelle Empfinden der Frauen hat. Zum einen kann ja die anpassungsfähige Vagina sowohl kleine als auch große Glieder dicht umhüllen und deshalb beiden Geschlechtern unabhängig von der Größe des Penis Lust verschaffen, andererseits gibt es sehr wohl »größenspezifische« Vorlieben von Frauen, wobei es nicht so sehr um die Länge als um den Umfang des Penis geht, wie auch ein volkstümliches Sprichwort verrät: *»Lang und schmal, der Frauen Qual; kurz und dick, der Frauen Glück!«*

Jedenfalls sollen laut Befragungen zwei Drittel der Männer ihren Penis für zu klein befinden. Als Grund hierfür wird die kindliche Angst angeführt, die Größe des väterlichen Penis niemals erreichen zu können. Als noch eigenartigere Erklärung für die Geringschätzung dient der Umstand, dass Männer ihren Penis aus der »Vogelperspektive« kleiner sehen als den anderer Männer. Als ob sich ein Mann niemals im Spiegel betrachtet!

Die in New York lebende feministische Autorin Cynthia Heimel hat diese Frage aus der Frauenperspektive literarisch aufgearbeitet:

»›Ich muss zugeben‹, sagte Cleo neulich gegen zwei Uhr früh in einer Bar, ›dass ich große Schwänze mag. Keine Übergrößen oder sowas, aber eben ein gutes Format.‹

›Was ist ein gutes Format?‹, fragte Marta. ›Fünfzehn Zentimeter?‹

›Zwanzig Zentimeter‹, meinte Cleo träumerisch. ›Oder zweiundzwanzig. Ab da wird's dann problematisch.‹

›Und tut weh‹, fügte Rita hinzu.

›Also ich finde, dass es überhaupt keine Rolle spielt, wenn du ihn liebst‹, sagte Kate.

›Typisch frisch verheiratet‹, spottete Cleo liebevoll.

›Natürlich macht es eigentlich nichts aus‹, stimmte Rita Kate zu. ›Aber es ist einfach schön, wenn sie groß sind, das ist alles. Gut zum Anschauen. Wenn ihr dann miteinander schlaft, spielt's wirklich keine Rolle mehr, das gebe ich gern zu. Einer meiner Ehemänner hatte nur einen winzigkleinen Penis. Gerade der Mann macht mich aber noch heute so verrückt, dass ich mich sofort auf ihn stürzen würde, wenn er jetzt zur Tür reinkäme.‹

Wir dachten ein Weilchen darüber nach, und dann sagte Kate:

›Dicke Schwänze sind immer gut.‹

›Ja, die mag ich auch‹, stimmte Marta zu.

›Wer nicht?‹ Dies kam von Cleo. ›Ich verrate euch jetzt eine wenig bekannte Tatsache, die aber unter uns bleiben muss.‹

Wir lehnten uns gespannt weiter vor.

›Nur in den ersten sieben bis acht Zentimetern der Vagina gibt's Nervenenden. Tiefer innen spüren wir nichts, gar nichts, wir Frauen.‹ Cleo schaute uns triumphierend an.

Es gab fast einen Tumult. Kate kippte ihren Drink um. Rita bestellte gleich einen doppelten Whisky. Marta sank in ihrem Stuhl zurück. Ich ließ den Kassettenrecorder fallen.

Cleo hatte uns allen einen Tiefschlag versetzt.

›Das glaube ich dir einfach nicht‹, protestierte Kate.

›Geradezu lächerlich!‹, schnaubte Marta.

›Eine glatte Lüge!‹, rief Rita.

›Die Wahrheit und nichts als die Wahrheit!‹, verkündete Cleo.

Daraufhin mussten wir natürlich noch ein bisschen weitertrinken und weitergrübeln.

›Warum spielt es dann eine Rolle, ob sie groß oder klein sind?‹, meinte ich schließlich. ›Wenn du Recht hast, genügen sieben oder acht Zentimeter vollkommen.‹

›Ja und nein‹, sagte Cleo. ›Nehmen wir ein anderes Beispiel. Wofür sind große Brüste gut? Für nichts. Aber manche Männer sind ganz verrückt darauf.‹

›Sogar die meisten‹, sagte Marta leicht bitter.

›Na also, das ist doch dasselbe!‹, sagte Cleo.

Dasselbe, und doch ganz anders« (Heimel, S. 194f.).

Doch kehren wir noch einmal zu Freud bzw. seinen Kritikern zurück. Fragwürdig ist, ob bei dieser »vaginalen« Vorliebe, also bei der Lust am Penetriertwerden, wirklich der von Freud angenommene *weibliche Masochismus* notwendig ist. Tatsächlich haben viele Frauen z.B. Vergewaltigungsphantasien, die für sie sexuell stimulierend sind. Interessant ist aber hier wieder die Relativierung dieser Tatsachen beziehungsweise die »Beweisführung« von Freuds Kritikern gegen den Masochismus:

»Sexuell stimulierende Vergewaltigungsphantasien sind nie so brutal wie die Wirklichkeit und machen vor allem nicht hilflos. Denn wer phantasiert, Opfer zu sein, ist dennoch aktiver Schöpfer und Beherrscher der Situation, die er gerade phantasiert. Die als sexuell lustvoll erlebten Vergewaltigungs-, Unterwerfungs- und Erniedrigungsphantasien dienen oft erfolgreich dem Bestreben, auf initiative Weise bisher passiv erlittene Unterdrückung in kontrollierbare Situationen zu verkehren und aus Unlust Lust zu machen. Dennoch können Phantasien, indem sie zur Vorbedingung für sexuelle Befriedigung werden, auch das Gefühl erwecken, Sklave seiner Phantasien zu sein. Manche Frauen haben dann zwar mit Hilfe ihrer Phantasien die Herrschaft über ihre sexuelle Lust zurückgewonnen, aber sie erleben trotzdem, dass sie sich mit ihren Vergewaltigungsphantasien aus einer erniedrigenden Situation nur sehr teilweise befreit haben« (Mitscherlich-Nielsen 1982/83, S. 27f.).

Aber das ist ja Masochismus! Der Masochist inszeniert ebenfalls seine Unterdrückung, ist demnach aktiv, beherrscht die

Männerängste: Wenn der Penis zu klein ist …
Bondage Art von Eric Stanton (um 1975).

Situation und macht aus Unlust Lust. Das ist ja die sexuelle Funktion des Masochismus!

Einige Feministinnen (wie z. B. Juliet Mitchell 1985) haben darauf hingewiesen, dass eine Ablehnung der Freud'schen Sichtweise von Weiblichkeit der Frauenbewegung letztlich keinen guten Dienst erweist. Das starre Festhalten am Täter-

Opfer-Schema versperrt Frauen den Weg, eigene Anteile an der Opferrolle zu erkennen; Anteile, die oft genug unbewusst sind. Deshalb bleibt die politische Analyse der Frauenbewegung – natürlich wegen der Durchsetzbarkeit ihrer Forderungen – an einer Oberflächlichkeit behaftet, indem sie das Unbewusste verdünnt oder sogar ablehnt, womit sie wiederum den Zugang zu einer tieferen Sichtweise von weiblicher Sexualität aufgibt.

Wir haben nun feministische Einwände und Zustimmungen bezüglich Freuds Auffassungen diskutiert, im nächsten Abschnitt wenden wir uns der feministischen Sichtweise der Sexualität zu, um dann die neuere Diskussion in der Sexualwissenschaft aufzunehmen, die an wichtigen und noch nicht besprochenen psychoanalytischen Theorien, wie z.B. der Triebtheorie, ansetzt.

Feminismus und Sexualität

Bis jetzt sind vor allem die Männer der von ihnen dominierten Sexualwissenschaft zu Wort gekommen. Höchste Zeit, dass nun auch die feministische Sichtweise von Sexualität behandelt wird, die sich am Ende der sechziger Jahre auszuformulieren begann. In dieser Ära der sexuellen Liberalisierung entdeckten Frauen, dass die befreite Sexualität eigentlich an ihnen vorbeiging, der Druck herrschender Normen sich für sie nicht lockerte, sondern sich mit neuen Normen verschärfte. Eine der Ersten, die dies aufzeigte und damit Einfluss und Ansehen in Sexualwissenschaft und Öffentlichkeit gewann, war Alice Schwarzer, die Mitte der siebziger Jahre ihr berühmtes Buch »Der ›kleine Unterschied‹ und die großen Folgen« herausbrachte. Für sie ist die Sexualität der Angelpunkt der Frauenfrage:

»Sexualität ist zugleich Spiegel und Instrument der Unterdrückung der Frauen in allen Lebensbereichen. Hier fallen die Würfel. Hier liegen Unterwerfung, Schuldbewusstsein und Männerfixierung von Frauen verankert. Hier steht das Fundament der männlichen Macht und der weiblichen Ohnmacht. Hier entzieht sich scheinbar ›Privates‹ jeglicher gesellschaftlichen Reflexion. Hier wird die heimliche Wahrheit mit der öffentlichen Lüge zum Schweigen gebracht. Hier hindern angstvolle Abhängigkeit und schamerfüllte Isolation Frauen daran, zu entdecken, wie sehr sich die Schicksale gleichen […]« (Schwarzer, S. 10).

Diese Schicksale erfährt Schwarzer in zahlreichen Interviews mit Frauen, die sich über ihre Doppel- und Mehrfachbelastung durch Beruf, Haushalt, Kindererziehung und Partnerschaft beklagen. Daraus zieht Schwarzer den Schluss: *»Nichts,* *weder Rasse noch Klasse, bestimmt so sehr ein Menschenleben wie das Geschlecht«* (S. 180). Also, ob schwarz oder weiß, Konzernherr oder Fabrikarbeiter, nichts bestimme ein Schicksal so wie das Sein als Mann oder Frau. Dabei räumt sie vorerst noch ein: *»Und dabei sind Männer und Frauen Opfer ihrer Rolle«*, aber trotzdem: *»[...] Frauen sind noch die Opfer der Opfer«* (S. 180). Das ist in meinen Augen Opferlamm-Feminismus in Reinkultur.

Nun, aus dieser Sichtweise wird die folgende Schwarzweißmalerei Schwarzers verständlich: Vor der Sexwelle *»konnten Frauen sich aus Prüderie oder Angst vor unerwünschter Schwangerschaft wenigstens weigern, wenn sie keine Lust hatten, heute haben sie dank Aufklärung und Pille zur Verfügung zu stehen«* (S. 181). Was aber macht sie mit den Frauen, die Lust haben und dank der Pille ihre Lust ausleben, weil sie sich vor unerwünschter Schwangerschaft schützen können? Diese Frauen sind für Schwarzer undenkbar: *»Was spricht für Penetration? Nichts bei den Frauen, viel bei den Männern! Der die Frau zur Passivität verdammende Koitus ist für Männer die unkomplizierteste und bequemste Sexualpraktik: Sie müssen sich nicht mit der Frau auseinander setzen, müssen sie weder seelisch noch körperlich stimulieren – passives Hingeben genügt«* (S. 205 f.).

Wieder sieht Schwarzer nur eine Seite: Dass ein Koitus auch ein für beide Geschlechter aktiver und aufeinander abgestimmter Prozess sein kann, in dem körperlicher und intimer Austausch stattfindet, kommt ihr nicht in die Sinne. An einer Vereinigung ohne Auseinandersetzung und ohne körperliche und seelische Stimulierung (wie sollte das überhaupt gehen?) leiden schließlich beide, Frau und Mann. Wobei gar nicht bestritten werden kann, dass solche Beziehungen tatsächlich existieren. Aber aus Schwarzers Perspektive ergeben sich generelle Forderungen: Beseitigung des Geschlechtsunterschiedes und Aufhebung des Zwangs zur Heterosexualität, also Favorisierung männlicher und weiblicher Homosexualität.

Damit ist der Boden bereitet, auf dem die Frauenbewegung der siebziger Jahre ihre Parolen verkündet:

»Feminismus ist die Theorie, Lesbischsein die Praxis!«
»Befreit die sozialistischen Eminenzen von ihren bürgerlichen Schwänzen!« (aus der ehemaligen DDR)
»Mein Bauch gehört mir!«

Diese Parolen bleiben alle an ihrer Oberflächlichkeit hängen. Tiefer und erstaunt fragt z.B. Luce Irigaray (1976), warum das Lesbischsein ein Widerstand gegen das patriarchale System sein soll. Sie ist doch das Spiegelbild der männlichen Homosexualität, die das phallozentrische Weltbild immer schon stützte. Wohl ist die Verweigerung von Frauen als Tauschobjekte subversiv, was aber nicht ausschließt, so Irigaray, dass Beziehungen unter Frauen die bestehende Ordnung – manchmal sogar viel verbissener – reproduzieren (vgl. dazu die Diskussion in der Sexualwissenschaft über die vorgebliche Subversivität der Homosexualität im nächsten Kapitel).

Zur gleichen Zeit wie Alice Schwarzer, also Mitte der siebziger Jahre, aber mit einem völlig entgegengesetzten Ansatzpunkt, versucht die US-Amerikanerin Nancy Friday die »Befreiung zur Lust«. Sie erfragt und vergleicht die sexuellen Phantasien von Frauen und Männern und findet eine bei beiden Geschlechtern nahezu deckungsgleiche Phantasie, die sich wie ein roter Faden durchzieht: dominante, bestimmende Frauen, die sich ihre Lust von den Männern gebieterisch holen, ihnen höchste Lust verschaffen und sie auf diese Weise zu ihren Liebessklaven machen. Zur Illustration sei hier eine Phantasie eines ledigen, zwanzigjährigen, weißen Mädchens aus Fridays Buch wiedergegeben:

»Ich bin eine erfolgreiche Karrierefrau […]. Meine Freunde und meine Familie wundern sich, warum ich so selten ausgehe. Sie glauben, dass ich zu viel arbeite und abends nur noch erschöpft ins Bett sinke. Von wegen. Sie haben keine Ahnung, dass ich fünfzehn männliche Hausangestellte habe. Einige sind blond, andere brünett, ein paar Italiener und sogar Schwarze sind darunter. Keiner gleicht dem anderen, aber alle sind auf ihre Art großartig. Sie sind alle gut gebaut und haben an den entscheidenden Stellen einiges vorzuweisen.

Meine Hausangestellten tragen stets nur eine schwarze Krawatte. Sie können es kaum erwarten, bis ich abends von der Arbeit komme, und haben sich den ganzen Tag darauf vorbereitet. Wenn ich dann endlich nach Hause komme, warten sie bereits in einer Reihe auf mich, um mich zu begrüßen. Ich gehe die Reihe lang, küsse sie und streiche mit der Hand über ihren Körper. Die meisten haben bereits einen pulsierenden Steifen. Sie beten zum Himmel, dass ich sie heute Abend auswähle. Ich suche mir nämlich immer nur drei pro Abend aus. Für die übrigen heißt es zurück an die Hausarbeit. Einer muss mir das Abendessen servieren, einer muss mich massieren, und einen nehme ich mit ins Bett.

[…] Wenn das Abendessen fertig ist, holt mich der erste meiner Auserwählten und führt mich zu Tisch. Wir sind ganz allein. Im Speisezimmer brennt immer nur Kerzenlicht. Ich nehme ein paar Bissen zu mir, während mein ›Hausmädchen‹ mit einem Riesenständer neben mir steht und auf weitere Befehle wartet. Manchmal befehle ich ihm, sich auf den Tisch zu legen, und ich esse mein Abendessen von ihm. Manchmal setze ich mich auf seinen Schoß, so dass ich seinen Schwanz durch meine Kleider spüren kann, und während ich esse, spielt er mit meinen Brüsten. Manchmal lasse ich ihn aber auch schmoren und lese Zeitung, scheinbar ohne jedes Interesse an seiner erregten Männlichkeit. Das macht ihn so wütend, dass er mit dem Arm den Tisch leerfegt, mich darauf wirft und so brutal zustößt, dass alle Diener im Haus ihre Arbeit unterbrechen, um zu hören, wie laut ich heute schreie […].

Nach dem Essen gehe ich in mein Zimmer und sehe mir die Abendnachrichten an. Mein zweiter Mann zieht mich aus (der Fick beim Essen ist meistens nur ein Quickie, bei dem ich nie ganz nackt bin) und massiert mich am ganzen Körper … Mein Masseur hat niemals Geschlechtsverkehr mit mir, er wärmt mich sozusagen nur für meinen Bettpartner auf. Er macht mich wild und scharf, dass ich praktisch ins Schlafzimmer rennen muss, um vollends befriedigt zu werden.

Und hier tritt dann der dritte Hausangestellte in Aktion. Er liegt bereits im Bett, schlürft Champagner und wartet ungeduldig auf mich. Manchmal stürze ich mich einfach ins Bett, werfe mich auf ihn und ficke ihn durch, weil ich so geil bin, dass ich mich nicht länger beherrschen kann. Meistens aber wartet er auf meine Befehle und fragt: ›Womit kann ich heute Abend dienen, Madam?‹ Dann befehle ich ihm entweder mich zu lecken, bis ich komme, oder wir machen einen 69er. Doch zuweilen sind es meine Männer leid, immer nur Befehle zu befolgen, und der dritte wirft mich aufs Bett und sagt: ›Heute abend machen wir es einmal so. Ich will es so.‹ Oder manchmal schiebt er mir einfach den Schwanz in den Mund, weil er weiß, dass ihm nichts passieren wird. Er weiß genau, dass ich ihn deswegen niemals entlassen würde« (Friday 1991, S. 161 ff.).

Man kann sich unschwer vorstellen, dass Fridays Buch von einem Teil der Feministinnen wütend kritisiert wurde, da die Frauen nun nicht länger in ihrer Opferlammrolle gefangen waren, sondern erstmals ihr Begehren mittels Phantasie öffentlich entfalten konnten. Allerdings bedeutet diese Rollenumkehr noch keine Befreiung zur Lust im Sinne eines eigenständigen Begehrens.

Nun mag die Gegenüberstellung von Schwarzer und Friday Anstoß erregen. Gilt doch Schwarzer als politisch, während es Friday nur um die Sexualität geht, so dass argumentiert werden könnte, beide seien gar nicht vergleichbar. Ich habe sie jedoch ganz bewusst gegenübergestellt, um Folgendes aufzuzeigen: Die Verweigerung, für die Schwarzer plädiert, nimmt sie zwar später zurück und fordert die Lust für die Frauen ein (Schwarzer 1982/83), aber wie soll das gehen, wenn die Männer nicht einbezogen sind? Hier setzt Friday an und erkennt die Dialektik der Lust: Die Lust der Frau – außer die rein homosexuelle – ist untrennbar mit der Lust des Mannes verbunden. Und umgekehrt. Weil Friday diese Dialektik und die damit zusammenhängende Spannung zwischen den Geschlechtern im Auge behält, ist sie eigentlich viel politischer als Schwarzer. Diese Dialektik – die natürlich nicht nur die Lust, sondern auch die Liebe enthält – hat Karl Marx sehr poetisch dargestellt:

»Setze den Menschen als Menschen und sein Verhältnis zur Welt als ein menschliches voraus, so kannst du Liebe nur gegen Liebe austauschen, Vertrauen nur gegen Vertrauen etc. Wenn du die Kunst genießen willst, musst du ein künstlerisch gebildeter Mensch sein; wenn du Einfluss auf andere Menschen ausüben willst, musst du ein wirklich anregend und fördernd auf andere Menschen wirkender Mensch sein. Jedes deiner Verhältnisse zum Menschen – und zu der Natur – muss eine bestimmte, dem Gegenstand deines Willens entsprechende Äußerung deines wirklichen individuellen Lebens sein. Wenn du liebst, ohne Gegenliebe hervorzurufen, d.h. wenn dein Lieben als Lieben nicht die Gegenliebe produziert, wenn du durch deine Lebensäußerung als liebender Mensch dich nicht zum geliebten Menschen machst, so ist deine Liebe ohnmächtig, ein Unglück« (Marx 1844, S. 567).

Im Groben charakterisieren die Positionen Schwarzers und Fridays die Spaltung der bürgerlichen Frauenbewegung, die ihr bis heute inhärent geblieben ist. Allerdings gibt es im postmodernen Feminismus auch eine merkwürdige Synthese dieser Spaltung: Propagiert wird hier sowohl die Hinwendung zu den Männern als auch – und dies in weit größerem Ausmaß – die Hinwendung zum eigenen Selbst. Die in den achtziger Jahren viel gelesenen Vertreterinnen dieser Richtung sind Colette Dowling und Robin Norwood. Während Dowling den von ihr genannten »Cinderella-Komplex«, also den Wunsch von Frauen, »sicher, warm, umsorgt zu sein«, als Hauptgrund weiblicher Unterlegenheit identifiziert, rät Norwood den Frauen, weniger Gefühle in ihre Männer zu investieren; wichtiger sei die Kontrolle der Gefühle, z.B. von Furcht, Verletzbarkeit, und die Kontrolle der Wünsche, umsorgt zu werden. Das ideale Selbst, so Norwood, benötige nicht viel, und was es braucht, kann es sich selbst besorgen.

Damit entstand ein neues Bild der Frau: selbstbewusst, wirtschaftlich und sexuell unabhängig sowie kalt. Unschwer ist zu erkennen, dass dieses Frauenbild einem männlichen Selbstbild entspricht. Und hierin mündet eine Kritik an der bürgerlichen Frauenbewegung, die sich leitmotivisch durch sie hindurchzieht und nicht leicht vom Tisch zu wischen ist: Der berechtigte Kampf um Gleichberechtigung in wirtschaftlichen und sozialen Belangen (als Fortführung der traditionellen, linken Frauenbewegung) führte bezüglich der Sexualität zu einer Anpassung an männliche Regeln. Ja, die Kritik geht sogar so weit, dem Feminismus eine Kommerzialisierung des Intimlebens vorzuhalten: »Die asketische Selbstdisziplin, die der frühe Kapitalist auf sein Bankkonto anwandte, wendet die Frau des 20. Jahrhunderts auf ihren Appetit, ihren Körper, ihre Liebe an; das Berufsethos, das bei ihm aufs Geldverdienen gerichtet war, richtet sich bei der Frau unserer Tage darauf, ›alles zu haben‹. Viele Ratgeberbücher drängen die Frauen, den Aktivismus, den Glauben an harte Arbeit und hehre Ziele, den Wunsch dranzubleiben, errettet zu werden, zu gewinnen, Erfolg zu haben, den der Frühkapitalist benötigte, um auf einem rauen und wirren Marktplatz den Kapitalismus aufzubauen, auf die Liebe in einem rasch sich wandelnden Flirt-Markt zu übertragen. Angeboten wird das Ideal eines Selbst, das gegen Kränkungen gut gepanzert ist. Der Vorstellung vom bedürfniszentrierten Selbst entspricht die Vorstellung eines Selbst, das sich selbst hilft« (Hochschild 1995, S. 675).

Die Postmoderne hat noch eine andere für den Feminismus wichtige Strömung hervorgebracht: den Konstruktivismus. Die radikalste konstruktivistische Position nimmt meines Wissens nach Judith Butler ein, die die Geschlechterdifferenz als totale gesellschaftliche Konstruktion auffasst – ganz im Sinne von Simone de Beauvoirs berühmtem Satz: Man kommt nicht als Frau zur Welt, sondern wird es.

Nicht die gesellschaftlichen, sondern die biologischen Wurzeln der Geschlechterdifferenz, also die radikale Gegenposition zu Butler, hält Camille Paglia fest. Ihre Thesen sind ebenso einseitig, aber die Auseinandersetzung mit ihnen reizt, was ihre große Popularität erklärt. Nach Paglia sind wir unserer Natur, ihren Kräften und Säften, machtlos ausgeliefert. Sie lässt uns zappeln zwischen Leidenschaft und Angst. Dieses Spannungsverhältnis schafft die Welt, in der wir leben, und bedingt, dass Sexualität mit Macht und Gewalt untrennbar verbunden ist. Daraus geht hervor, dass z. B. Vergewaltigungen sehr wohl sexuelle Akte darstellen, zumindest mehr

Marlene Dietrich in »Der Blaue Engel« (1930).

sind als bloße Machtdemonstration oder Unterdrückung. Generell wird, so Paglia, über Sexualität Macht ausgeübt, und dies – allen feministischen Protesten zum Trotz – von beiden Geschlechtern. Paglia räumt hier mit einer feministischen Schwarzweißmalerei des Geschlechterverhältnisses auf: der aggressive, gewalttätige, unterdrückende Mann und die sanfte, friedfertige Frau. Dass nämlich auch Frauen ein sexuelles Aggressionspotential haben, das sich häufig nur in der Erscheinungsform vom männlichen unterscheidet, wird von der Frauenbewegung bis heute verleugnet: »Beide Geschlechter setzen Sexualität ein, um Machtkonflikte und Wut auszutragen, wobei Männer und Frauen dies oft in unterschiedlicher Weise tun. Der Mann drückt Machtansprüche und Hass eher durch Potenz aus, z.B. durch sexuelle Forderungen, die jeder Zärtlichkeit entkleidet sind und deren Hauptziel Durchsetzung und Unterwerfung sind. Die Frau hingegen setzt eher sexuelle Probleme oder Verweigerung, also scheinbar sexuelles Unvermögen ein, um Hass auszudrücken, Macht auszuüben oder sich Machtansprüchen auch nur zu widersetzen« (Schmidt 1988, S. 162).

Paglia fordert demnach die Frauen auf, zu ihrer (sexuellen) Macht zu stehen. Dafür nennt sie als allseits bekanntes Vorbild Madonna, deren sadomasochistisches Outfit die Männer triumphierend in ihren Bann zieht; ebenso wie deren Vorbild, Marlene Dietrich, die vor mehr als 60 Jahren im Film »Der Blaue Engel« als Prostituierte durch ihre Reize »Professor Unrat« (Roman von Heinrich Mann 1905) hörig macht. Paglia, die sich selbst als Schülerin de Sades bezeichnet, hält denn auch die Prostituierte für das wahre Weib.

Erotik der Gewalt. Aquarell von Eric Stanton (1965).

Natürlich kann Paglia jederzeit vorgehalten werden, die gesellschaftliche Dimension in allen ihren Thesen auszublenden, genauso wie Butlers radikalkonstruktivistischer Standpunkt die Biologie weitgehend leugnet. Aber genau darin liegt in meinen Augen das Übel des bürgerlichen Feminismus, nämlich seine einzigartige Schwarzweißmalerei.

Eine angenehme Ausnahme ist die New Yorker Psychoanalytikerin Jessica Benjamin, die das System von männlicher Unterdrückung und weiblicher Unterwerfung analysiert, wobei sie beides als untrennbar miteinander verbunden ansieht. Die Weigerung des Mannes, die Frau als eigenständiges, von ihm unabhängiges Subjekt anzuerkennen, werde durch die Bereitschaft der Frau ergänzt, sich mit dieser ihr zugeschriebenen mangelhaften Subjektivität abzufinden, und zwar »durch ihre Bereitschaft, Anerkennung zu gewähren, ohne selbst Anerkennung zu erwarten. (Das klassische Ideal der Mütterlichkeit, ein Vorbild an Selbstverleugnung, verklärt nur diesen Mangel.) Die Schwierigkeit weiblicher Differenzierung ist beinahe spiegelbildliche Entsprechung der männlichen: Nur ist sie nicht Negation des Anderen, sondern Selbstverleugnung. Die mütterliche Haltung der Frau erklärt also nicht nur den männlichen Sadismus. Sie erklärt auch etwas ›Falsches‹ in der weiblichen Entwicklung, das zum Masochismus führt. Während der Junge offenbar Schwierigkeiten beim Wechsel zu einer männlichen Identifizierung hat, braucht das Mädchen seine Identifizierung mit der Mutter nicht aufzugeben. Es braucht sich nicht von der Mutter abzuwenden. Dadurch erscheint die Identität des Mädchens zunächst weniger problematisch. Aber sie hat den Nachteil, dass es keine eindeutige Möglichkeit gibt, sich von der Mutter zu des-identifizieren, denn es gibt kein äußeres Merkmal der Ablösung. Daher die weibliche Neigung, Unabhängigkeit nicht hervorzukehren, sondern eher herunterzuspielen« (Benjamin 1994, S. 78f.). Ebenso verwandle sich die Angst vor Trennung und Ablösung in Unterwerfung, die den Frauen eine Neuinszenierung der frühen identifikatorischen Beziehung zur Mutter ermöglicht.

In der Sexualität bedeutet diese Unterwerfung, so Benjamin, einen Verzicht auf ein eigenständiges, subjekthaftes Begehren, indem Frauen am männlichen, durch den Phallus repräsentierten Begehren als Objekt partizipieren. Dies komme auch im neuen Frauenbild der »sexy woman«, die im Zuge der sexuellen Liberalisierung das traditionelle Bild der Frau als Mutter ablöste, zum Ausdruck. Sie »ist wohl ›sexy‹, aber nur als Objekt und nicht als Subjekt. Sie drückt weniger ihr eigenes Begehren aus als vielmehr die Lust, begehrt zu werden; sie genießt ihre Fähigkeit, das Begehren des anderen zu wecken, ihn zu faszinieren. Ihre Macht beruht nicht auf ihrer eigenen Leidenschaft, sondern darauf, dass sie begehrt wird. Weder die Macht der Mutter noch die Macht der ›sexy woman‹ ist die Macht eines sexuellen Subjekts wie im Falle des Vaters« (S. 88).

Um das selbständige, subjekthafte Begehren der Frau zu entdecken, genüge es natürlich nicht, den Spieß (Phallus) einfach umzudrehen und die weiblichen Sexualorgane hochzustilisieren. Wohl geht es aber um den inneren Raum, dem metaphorisch die gleiche Bedeutung wie der phallischen Aktivität beigemessen werden kann:

»Räumliche Metaphern sind für Frauen wohl deshalb so wichtig, weil sie ihnen erlauben, ihr eigenes, inneres Begehren zu entdecken: ohne Angst vor Einmischung, Verfolgung oder Verletzung. Auch die erotische Verletzung kann […] den Wunsch befriedigen, erkannt zu werden – durchdrungen oder irgendwie entdeckt zu werden. Denn der Wunsch der Frau, erkannt zu werden und ihren eigenen inneren Raum zu finden, drückt sich häufig symbolisch im Sinn einer Penetration aus. Er lässt sich auch verstehen als Wunsch nach einem offenen Raum, wo das innere Selbst geboren werden könnte – wie Venus aus dem Meer … Wenn das sexuelle Selbst durch die Sinnlichkeit des ganzen Körpers repräsentiert ist; wenn der ›intermediäre Raum‹ zwischen unseren Körpern, inner- und außerhalb unserer Körper, zur Arena der Lust wird, dann kann das Begehren aus den Grenzen phallischer Herrschaft ausbrechen und an den Küsten endloser Welten spielen« (S. 126 und 128).

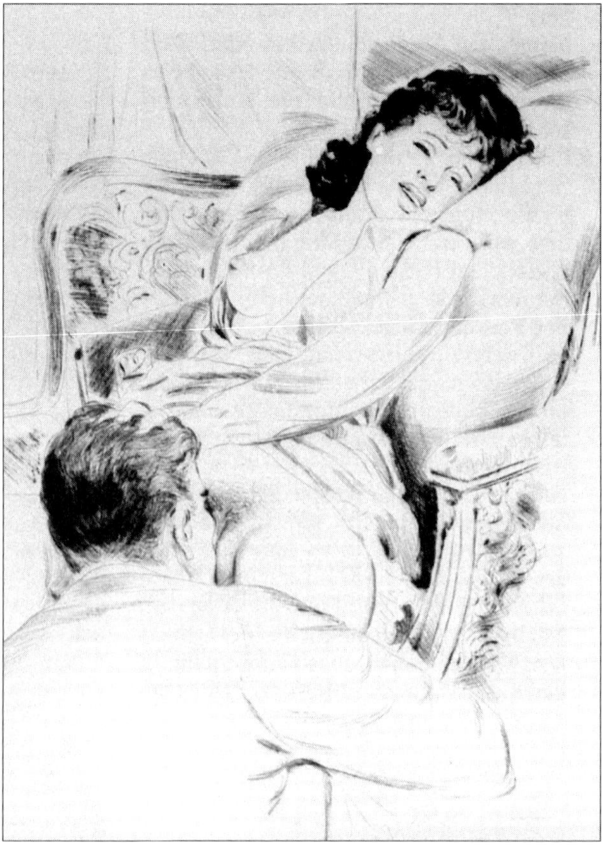

Radierung eines unbekannten Künstlers (1965).

Profan ausgedrückt: Unsere Sprache ist derart phalluszentriert, dass sie keinen Zugang zu einer Lust bietet, die vom inneren Raum ausgeht. Während der Penis sticht, bohrt, hämmert usw. und damit eine spezifische Lust festschreibt, bleibt weitgehend sprachlos, was die Lust vom inneren Raum ausgehend ist. Wesentlich wäre die Entdeckung einer qualitativ anderen Lust, ausgelöst durch ein eigenständiges, subjekthaftes Begehren der Frau.

Sexuell könnte dies durch Forcierung nicht-phallischer Sexualpraktiken erreicht werden, also manueller und vor allem oraler Stimulierung. Die Zunge ist durch ihre Wendigkeit genauso anpassungsbereit an die Vagina wie diese an den Penis.

Sie kann eine zu trockene Vagina benetzen oder Verkrampfungen sanft lösen. Cunnilingus kann eine zärtliche Erkundung des inneren Raumes bedeuten. Und natürlich bietet die genitale Sexualität für die Frau auch die Möglichkeit, ihrem subjekthaften Begehren näher zu kommen, etwa wenn sie – wie Seneca sagt – auf dem Manne reitet und sich den Geschlechtsakt nach ihren Empfindungen einrichten kann.

Nach dieser keineswegs repräsentativen, sondern von mir sehr subjektiv getroffenen Auswahl feministischer Autorinnen kehren wir nun zur »eigentlichen«, männlich dominierten Sexualwissenschaft zurück, genauer gesagt zu ihrer in jüngster Zeit geführten politischen Auseinandersetzung, die jedoch vom Feminismus wesentlich beeinflusst wurde.

Die politische Diskussion in der Sexualwissenschaft

Die biologische Sichtweise der Sexualität – wie sie etwa Camille Paglia vertritt – setzt an einem für die Sexualwissenschaft immer fragwürdiger gewordenen Konzept an: Freuds Triebtheorie. Nach Freud bringen wir den Trieb, nicht aber sein Objekt mit auf die Welt, weswegen wir als Säugling »polymorph-pervers« sind, das heißt ausgestattet mit einem Triebpotential, das zunächst völlig unausgerichtet ist. Der Triebreiz wirkt aus dem Organismus, als somatische Quelle von Lust und Unlust, und nicht aus der Außenwelt und ihren Objekten. *Vorerst ist der Trieb narzisstisch auf die eigene Person gerichtet, bevor er sich äußeren Objekten zuwendet, beziehungsweise werden äußere Objekte (die mütterliche Brust) vorerst als zum Eigenen gehörend erlebt.* Der Trieb an sich lässt sich nicht erkennen, wohl aber über die Objekte, an denen er haftet. Und dabei gibt es gesellschaftliche Wertungen. Die Antike, so Freud, schätzte den Trieb, egal welchen Objekts er sich bediente. Die heutige Zeit legt mehr Wert auf die Wahl des richtigen Objekts und schätzt viel weniger den Trieb.

Nun ist die Sexualwissenschaft mit dieser Auffassung eines Triebes als Grundlage der Sexualität unzufrieden. Denn sie bedeutet, dass *biologische Körperprozesse sexuelle Spannungen erzeugen, die quasi von selbst immer stärker werden, auf Abfuhr drängen und so den Menschen zu sexueller Aktivität treiben. Wird diese Abfuhr unterdrückt, gibt es Verklemmungen, Neurosen und Krankheiten aller Art.* Diese Sichtweise geht zwar eher auf Wilhelm Reich als auf Freud zurück, beiden kann jedoch vorgeworfen werden, eine mechanische »Dampfkesselvorstellung« (Schorsch 1980) von Sexualität vertreten zu haben.

Vielmehr setzen die heutigen Sexualwissenschaftler auf die Theorie des US-amerikanischen Psychoanalytikers Robert Stoller. Dessen Ausgangspunkt ist die Analyse von sexuellen Tagträumen und Phantasien, der Partnerwahl sowie Gefühlen vor, während und nach sexuellen Aktivitäten. Seine Untersuchungen beschäftigten sich mit der Frage, warum bestimmte Formen der Sexualität bestimmte Menschen ansprechen und andere nicht. Die Antwort: *In der sexuellen Erregung wird etwas »bearbeitet«, das Traumata, Konflikte, Ängste aus der frühen Kindheit thematisiert.* Das gelte für die so genannten normalen wie auch perversen Menschen, weshalb zwischen beiden nur ein gradueller Unterschied bestehe. Bei den Perversen geschehe diese symbolische Rekonstruktion eines traumatischen Stücks der eigenen Geschichte nur in einer etwas entfremdeteren Form. *Aber bei allen Menschen liegt das*

Schwarzen wird besondere Triebstärke zugeschrieben. Anonyme Zeichnung (um 1950).

Besondere der sexuellen Erregung darin, dass die alten Traumata in Lust verwandelt werden, gleichwie die frühen Niederlagen in Siege, die Ängste in Triumph. Sexualität ist nach dieser Auffassung ein Akt symbolischer Konfliktlösung. Deshalb ist jedoch auch immer Gefahr, Angst und Aggression mit ihr verbunden. Durch die verdeckte Thematisierung von Ängsten, Konflikten und Traumata bei der sexuellen Erregung ist in der Sexualität, so Stoller, ein Element von Kampf und Feindseligkeit enthalten. Dieser Kampf – genauso wie die Sexualität – kommt zu keinem Ende, weil im sexuellen Akt nur eine symbolische Konfliktlösung und keine wirkliche Verarbeitung stattfindet. Der Konflikt und die Angst sollen durch die Zelebrierung des Orgasmus »triumphal« überwunden werden. Dies ist, so Stoller, die Quelle der Sexualität, aus ihr speist sie die Kraft, sexuelle Erregung immer wieder zu suchen und – im günstigen Fall – immer wieder zu finden, nach Art eines Wiederholungszwanges.

Dieses Konzept von Stoller scheint auf den ersten Blick emanzipatorischer als das klassische Triebkonzept von Freud. Der Mensch ist in Stollers Konzept nicht mehr an seine Biologie gekettet, es ist das persönliche Schicksal, das seine Sexualität prägt und formt. Für die Frauenbewegung ist dabei ein spezieller Aspekt von Interesse, nämlich die nicht mehr mögliche Entschuldigung sexueller Gewalttaten als biologische und deshalb unentrinnbare Gegebenheiten: *»Die Triebtheorie ist ein Politikum: Sie war und ist ideologischer Freifahrtsschein für Männer, deren sexuelle Aggressionshandlungen gegen Frauen (und Kinder) in diesem Licht als quasi unvermeidliche Urgewalt gelten – Männer ›können eben nicht anders‹!«* (Schwarzer 1982/83, S.18).

Der Mensch ist also in Stollers Theorie nicht mehr seiner Triebstärke (oder auch -schwäche) hilflos ausgesetzt, sondern sexuelle Bedürfnisse, Libido und Potenz werden je nach Situation, Partner, Praktiken usw. variabel. Dies ist natürlich alles richtig, aber es wird zunächst eine wesentliche emanzipatorische Dimension der Sexualität unter den Teppich gekehrt, wenn sie nur als Wiederholung frühkindlicher Konflikte gedacht wird. Wie Adam und Eva in der Geschichte des Sündenfalls auf ein Paradies ohne Sexualität verzichten, also ein schwierigeres, jedoch sexuelles Leben wählen und sich gegen die Autorität durch ihre Sexualität auflehnen, setzen Jugendliche durch den sexuellen Akt einen Schritt zur Ablösung vom Elternhaus. Und als Erwachsene haben sie vielleicht eine erfüllte Sexualität, womit sie häufig auch gegen die Intentionen einer Gesellschaft verstoßen, die auf Arbeitsmoral und Konsum (natürlich einschließlich des sexuellen), nicht aber auf sexuelles Glück baut. Was drängt demnach zur Sexualität? Nur auf die Wiederholung der frühkindlichen Geschichte (auch der positiven wie Symbiose, Verschmelzung, Idealisierung, Aufgabe von Selbstkontrolle usw.) zu setzen, übersieht die grenzüberschreitende Dimension der Sexualität, sowohl in individueller als auch in gesellschaftlicher Hinsicht. Für Freud war klar, dass die Gesellschaft und ihre Institutionen (Elternhaus, Schule, Arbeit) Triebverzicht fordern und dadurch die Triebe modifizieren. Wir können den Trieb wie gesagt nicht an sich erkennen, wohl aber seine Verdrehungen, Verzerrungen und Verstümmelungen im Zusammenhang mit dem Triebobjekt. Damit ist der Trieb nicht mehr reine Privatsache, sondern steht im Konflikt mit der Außenwelt, der Gesellschaft. Dies ist die politisch-emanzipatorische Seite des Triebkonzepts.

Das Festhalten am Triebkonzept bedeutet natürlich nicht, dass die oben beschriebenen frühkindlichen Szenen keinen Einfluss auf Form und Intensität der Sexualität hätten. Ganz im Gegenteil. Wenn wir jedoch auf den Triebbegriff verzichten, müssen wir ihn durch einen anderen ersetzen. Der Hamburger Sexualwissenschaftler Gunter Schmidt plädiert dafür, von sexueller Motivation anstatt vom Trieb zu sprechen. Damit verdünnt er in meinen Augen die Sexualität. Das als animalisch, leidenschaftlich, exzessiv, verboten und unsinnig Erlebte an der Sexualität kann wohl nicht als »Lustsucheverhalten« (Schmidt) erklärt werden. Der Motivationsbegriff wird dem individuellen Erleben von Sexualität, ihrem Drängen und ihrer Macht nicht gerecht. Außerdem kommt er an den Trieb-Gesellschaft-Konflikt auch politisch nicht heran.

Nun beweist dies alles aber noch nicht die tatsächliche Existenz des Sexualtriebes. Wenn es eine biologische Grundlage gibt, wie ähnlich oder unterschiedlich ist diese beim Menschen im Vergleich zu den Primaten? Hier lohnt sich ein Blick auf das sexuelle Verhalten unserer Verwandten: Gorilla, Orang-Utan und Schimpanse.

Der männliche Gorilla lebt mit einem kleinen Harem von Weibchen zusammen. Seine große Statur ermöglicht die Absicherung des Harems gegenüber etwaigen Angriffen anderer Männchen. Der Gorilla ist ziemlich asexuell, mit im Verhältnis zur Körpergröße relativ kleinem Penis und kleinen Hoden. Seine sexuelle Aktivität hängt weitgehend von der Initiative des Weibchens ab, das um die Zeit des Eisprungs sexuell aktiv wird. Außerhalb dieser Zeit scheint auch das Männchen kein Interesse an sexueller Aktivität zu haben. Dieser Brunftzyklus ist bei Gorillas in der Wildnis und in Gefangenschaft ziemlich ähnlich.

Der männliche Orang-Utan lebt dagegen vorwiegend isoliert. Erwachsene Männchen bewohnen ein bestimmtes Revier, das sich mit dem eines oder mehrerer Weibchen überschneiden kann. Der Orang-Utan ist sexuell sehr aktiv. Wenn er auf ein Weibchen trifft, wird er wahrscheinlich versuchen, es zu koitieren oder sogar zu vergewaltigen. Weibchen, die mit ein oder zwei Jungen zusammenleben, versuchen sich von dem Männchen fern zu halten. Sind die Weibchen fruchtbar, suchen sie sexuellen Kontakt zu einem Männchen. Wie beim Gorilla ist dieses Verhalten in freier Wildbahn und Gefangenschaft ähnlich.

Der Schimpanse wiederum lebt in kleinen sozialen Gruppen männlicher und weiblicher Tiere. Dort kann sexuelle Aktivität zu jedem Zeitpunkt des weiblichen Hormonzyklus stattfinden. Es gibt aber doch ein Maximum an sexueller Aktivität während einer 10- bis 16-tägigen Periode, in der die weiblichen Genitalien deutlich sichtbar für die Männchen anschwellen. In dieser Phase paaren sich die Weibchen häufig mit fast allen männlichen Gruppenmitgliedern. Der Eisprung erfolgt aber erst in einer späten Phase dieser Periode, weshalb die meisten Kopulationen kaum zur Empfängnis führen. Vielleicht dient diese Periode dem Weibchen dazu, sich ein Männchen für die Fortpflanzung auszuwählen. Denn in dieser späten, empfängnisbereiten Phase zieht sich das Weibchen mit einem Partner von der Gruppe zurück (siehe Bancroft 1985, S. 84 f.).

Interessant ist hier die Übereinstimmung der sexuellen Aktivität mit hormonellen Gegebenheiten. Bei den Menschen ist dies allerdings komplizierter. Untersuchungen weisen darauf hin, dass bei Frauen mit normalem Menstruationszyklus ein Maximum an sexueller Aktivität in der mittleren Follikelphase (das heißt nach der Menstruation) anzutreffen ist (S. 87), also gerade dann, wenn die hormonelle Basis diese Zunahme an sexueller Aktivität nicht erwarten lässt. Eine Erklärungsmöglichkeit dafür wäre die weit verbreitete Abstinenz während der Menstruation. Man sieht hier, wie vielschichtig und komplex die Zusammenhänge von hormonellen Grundlagen, Lebensgewohnheiten und sexueller Aktivität sind, also wie sehr sich der menschliche Sexualtrieb »verbiegen« lässt.

Wie bereits erwähnt verleugnet eine Theorie der Sexualität ohne Triebbegriff dessen kritisches Potential. In ihm spiegelt sich die Geschichte der Unterdrückung des Triebes gleichwie die Auflehnung dagegen (beides hatte Freud vorerst bei seinen hysterischen Patienten entdeckt) sowie seine Vereinnahmung für kommerzielle Zwecke (z. B. in der Werbung). Der Triebbegriff kämpft gegen diese gesellschaftliche Vereinnahmung an. Beim Motivations- bzw. Lustsuchebegriff ist dieser Kampf weitgehend eliminiert, höchstens auf eine individuelle Ebene verschoben.

Der Kampf gegen die gesellschaftliche Vereinnahmung des Triebes und des Sexuellen manifestiert sich in Formen der Sexualität, die gesellschaftlich verpönt, eben noch nicht vereinnahmt sind. Unter diesem Aspekt wird in den Sexualwissenschaften die Homosexualität diskutiert: *Homosexuelle seien beruflich und sexuell potenter, erlebten Dinge, von denen He-*

terosexuelle nicht einmal zu träumen wagen, und außerdem hätte die Homosexualität einen subversiven und utopischen Gehalt (siehe Sigusch 1981). Diese Sichtweise scheint vom Feminismus Alice Schwarzers infiziert zu sein – tatsächlich gibt es einen regen Gedankenaustausch zwischen Schwarzer und Sigusch –, übersieht aber die reale Entwicklung der Lebensformen Homosexueller: Diese bewegt sich immer mehr in den Bahnen einer normierten, genitalfixierten Sexualität innerhalb ihrer Schranken von Liebes- und Treueversprechen. Der Gipfel dieser Entwicklung ist die Forderung Homosexueller, eine Ehe nach bürgerlichem und kirchlichem Recht schließen zu dürfen. Was soll daran subversiv oder utopisch sein?

Vielleicht eines: Unsere Gesellschaft ist zwar von einer latenten männlichen Homosexualität durchzogen – man denke an die Männerorganisationen und Männerbündeleien in Politik, Wirtschaft, Sport usw. –, aber die deklarierten Homosexuellen sind die Einzigen, die dazu stehen. Natürlich gilt dies auch für die so genannten »Perversen«, wobei die Gesellschaft die Perversionen schon längst integriert, vereinnahmt und vermarktet hat:

»Das Skandalöse am Notzüchter ist, dass er etwas wahr macht, was niemand wahr haben will. Er nimmt andere Menschen als so belanglos, willenlos, bereits abgestorben und zu Stoff geworden, wie es zwar im objektiven Zug liegt, im Alltagsbewusstsein aber maskiert bleibt. Indem der Vergewaltiger die Devise wahr macht, nach der der Mensch nur dann zählt und nur so viel, sofern und inwieweit er benutzbar ist, variiert er das Generalmotto: Nach uns die Sintflut. Die Meinungsmacher müssen tief in die Fetischkiste greifen, um den Betroffenen weiszumachen, das alles habe nichts mit der allgemeinen Verdinglichung zu tun. […]

Gleichgeschaltet ist auch der Pädophile. Er macht augenblicklich auf seine Weise deutlich, dass nichts und niemand der Benutzung entgeht. Ein Schonraum für Kinder wäre ja auch ebenso anachronistisch wie das Tabu, das auf deren Sexualität liegt. Doch das Skandalöse am Pädophilen ist, dass er den

Kindern jene Liebe geben will, die generell versprochen, aber kaum vermocht wird. […]

Ins Komische abgedrängt und total überholt sind der Exhibitionist und der Voyeur. Im Zeitalter des Zur-Schau-Stellens und der Sexografie sind sie um das Schockierende ihrer Existenz gebracht. Nicht nur in Dänemark hatten die Normalen sehr schnell nur noch ein müdes Lächeln für die Gliedvorzeiger übrig, nachdem in Kino, Fernsehen und Schaufenstern Geschlechtswerkzeuge in ausreichender Menge und Variation ihren Auftritt gehabt hatten, die Stupidität ihrer bloßen Erscheinung verratend. Von nun an waren die Exhibitionisten auf ein weiteres genötigt, um Bestrafung und das Ekelgefühl der anderen zu kämpfen. Richter, ja selbst Polizisten und psychiatrische Ermittler sind zu milde geworden. Liebevoll vernichtend nennen sie sie ihre ›Exis‹. Obgleich überlebt und existentiell bedroht, tanzen Exhibitionisten und Voyeure weiterhin aus der Reihe. Wollen die einen das globale System des Grauens und der Gräuel mit einem steifen Glied schockierend unterbrechen, betreiben die anderen etwas heimlich und verschämt, was ansonsten öffentlich ist und ohne jede Scham. […]

Schon ausgerottet im Leben wie im Gesetz- und Fachbuch ist der Sodomit. Man muss zu den Werken der ersten Sexualpathologengeneration greifen, wenn man erahnen will, wie besonders der Kaninchenliebhaber einst war. Die heutigen Sodomiten, die sich massenhaft mit ihren Lieblingen häuslich, sklavisch und steuerzahlend eingerichtet haben, machten solchen Sonderlingen den Garaus. Womöglich wären sie auf beschämende Weise daran erinnert worden, dass sie ohne ihre Haustiere überhaupt keine Gefühle mehr platzieren könnten, überhaupt keinen Verkehr mehr hätten. Der alte Sodomit ist in der Normalität aufgegangen. Er wurde wegrationalisiert. […]

Hat den einmaligen Damenimitator längst der kulturelle Transgestismus, die transvestitische Massenshow geschluckt, müssen diese Homosexuellen dem Gemeinwohl dienen, indem sie in der Sphäre der Zirkulation mit der Strumpfhose ein Stück von sich selber charmant veräußern. […]

Bleibt als einzigartig der Sadomasochist? Höchstens weil sein Begehren unterm Aspekt von Gefahr und Verbrechen und Katastrophe angesichts der wirklichen Lage ebenso altmodisch wie harmlos ist: Aus allgemeinem Grund muss ihm jede Erniedrigung ins Menschenfreundliche, jedes Auspeitschen ins Gemütliche missraten. Er spielt Herr und Knecht, und die Welt ist so. Er phantasiert die kleine Vernichtung, und die große ist real. Das macht seine Vorlieben objektiv makaber. Dabei wäre es so süß, beides zu sein, einmal der Henker, ein andermal der Hingerichtete – und doch moralisch bei sich« (Sigusch 1984, S. 124–127).

Die schon vollzogene und auch notwendige Integration des Perversen in die »normale« Sexualität hat noch eine Auswirkung auf die Diskussion um den Sexualtrieb: Sie stellt die seit den sechziger Jahren einsetzende und durch die Arbeiten von Masters und Johnson untermauerte Genitalisierung der Sexualität stark in Frage. Denn mit der Überwindung der extremen Polarisierung von heterosexuellem, homosexuellem und perversem Verhalten würde die bisexuelle, polymorph-perverse Veranlagung des Menschen mehr an Bedeutung gewinnen. Der Drang zum erotischen und sexuellen Kontakt würde dabei nicht mehr ausschließlich vom genitalen Primat bestimmt. Der Sexualtrieb würde sich umorganisieren.

Die Sexualwissenschaft wendet sich also seit den achtziger Jahren gegen die Dominanz der Genitalität und gegen die Orgasmuszentriertheit der Sexualität. Beides wird auch in Zusammenhang mit der Unterdrückung der Frau gebracht. Die Orgasmuszentriertheit töte das Verlangen und die Lust, da sie eine übertriebene Wertschätzung der sexuellen Körpermechanik und einen Leistungsdruck darstelle. Allerdings zeigt folgende Empfehlung des Innsbrucker Sexualwissenschaftlers Kurt Loewit, dass auch in einer beziehungsorientierten Sexualität versteckte Leistungsansprüche enthalten sein können:

»Anstatt sich selbst zu beobachten und unter Leistungsdruck und Stress zu stellen, könnte der Mann, im Besonderen der mit Potenzängsten oder -schwierigkeiten, seine Manneskraft ver-

trauensvoll in die Hände seiner Partnerin legen und zu ihrer Sache machen. Statt sich um eine perfekte Erektion zu sorgen, könnte er ihr signalisieren: Nun sieh, was du ›zu Stande‹ bringst. Damit würde sich sein Leistungsdruck verringern, seine Versagensangst erübrigen, er könnte sich besser auf seine Partnerin statt auf sich selbst und seine sexuellen Funktionen konzentrieren. Gleichzeitig hätte seine Frau Gelegenheit, eine wesentliche und aktive Rolle zu spielen, sich daran zu freuen, wie unter ihren Händen etwas wächst und Gestalt annimmt, statt immer schon vor vollendeten Tatsachen zu stehen, zu denen sie nichts beitragen kann, und das lähmende Gefühl zu haben, ihrem Mann beständig ›hinterherlaufen‹ zu müssen« (Loewit 1992, S. 77 f.).

Das ist schon alles richtig, aber schleichen sich da nicht neue Leistungsansprüche speziell für Frauen ein? Werden da nicht »männliche Anliegen« an die Frauen delegiert? Dass sie etwas »zu Stande bringen«?

Im Zusammenhang mit Dominanz der Genitalität und Orgasmuszentriertheit wird auch Pornographie und Prostitu-

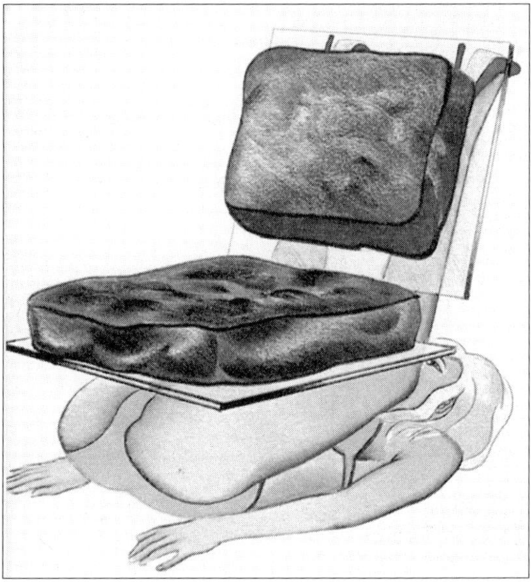

Die verdinglichte Frau. Entwurf von Allen Jones (geboren 1937).

tion diskutiert. Politisch denkende Sexualwissenschaftler sehen in beidem den in unserer Gesellschaft unvermeidlichen Warencharakter der Sexualität. Und auch – entgegen der weit verbreiteten feministischen Position, dass Pornographie und Prostitution nur dem Mann dienen – die Gültigkeit des Warencharakters für beide Geschlechter (der nackte Mann ist schon längst vermarktet). So wendet sich die neue Pornographie auch an Frauen, sie »wird nicht allein für Männer gemacht, sondern für Paare, nicht für die Kaschemme oder den Herrenclub, sondern für das eheliche Schlafzimmer« (Schmidt 1988, S. 148). Pornographie liefert beiden Geschlechtern – wenngleich unterschiedliche – Projektionsschirme für ihre Machtphantasien. Die Ursache von sexueller Gewalt und Frauendiskriminierung, so nach dem feministischen Motto: *»Pornographie ist die Theorie, Vergewaltigung ist die Praxis«*, ist aber nicht in der Pornographie zu suchen, vielmehr ist sie nur ein Symptom für sexuelle Ängste und Konflikte. Deshalb plädieren fortschrittliche Sexualwissenschaftler gegen eine Verschärfung der Pornographiegesetze. (Ausgenommen die Kinderpornographie, wobei es nicht um den Schutz der Zuschauer, sondern natürlich um den der Darsteller geht.)

Merkwürdigerweise wird aber selten auf die pädagogische Wirkung von Pornographie verwiesen, die sie auch haben kann. Nicht zuletzt Pornographie macht die als abartig verachtete Sexualität hoffähig. Sie kann sexuelle Obszönität genauso wie Ästhetik ausstrahlen. Man kann dabei entdecken, dass es zahlreiche Varianten körperlicher Schönheit gibt. Nicht nur die eine, die wir spätestens seit der mittelalterlichen Kirchenästhetik (eigentlich fängt es schon mit Pythagoras an) huldigen, nämlich die der Proportionen. Und wie damals von einigen Kirchenvätern gegen Schönheit und Ästhetik der Kirchen gewettert wurde, weil sie vom Glauben an Gott ablenken (siehe Eco 1993), bekämpfen heute Kirche, Konservative und Feministinnen Hand in Hand jegliche Pornographie.

Aber kehren wir zum eigentlichen Ausgangspunkt zurück, nämlich zur Forderung der Sexualwissenschaften, die Orgas-

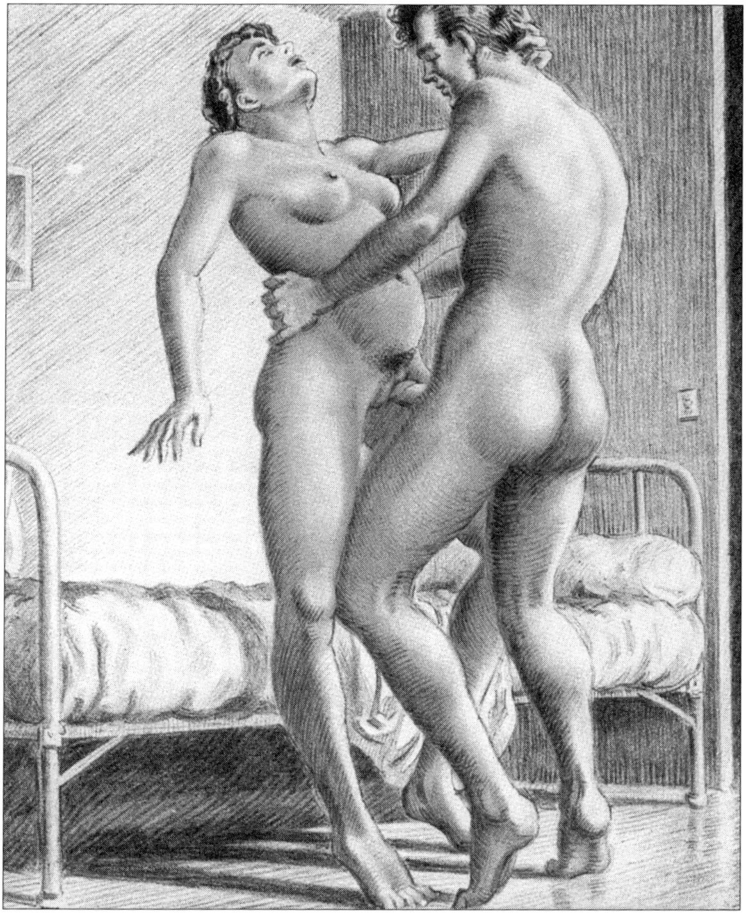

Ästhetik der genitalen Heterosexualität. Lithographie (um 1950).

muszentriertheit und die Dominanz der Genitalität aufzuheben oder zumindest aufzuweichen. Positiv ausgedrückt: eine polymorph-perverse, also nach allen Seiten hin offene und vielgestaltige Sexualität anzustreben.

Natürlich hatte schon Freud dieser Sexualität viel Aufmerksamkeit gewidmet, maß er ihr doch die entscheidende Grundlage für das Unbewusste bei. Das heißt, unser Unbewusstes wird immer von verdrängten sexuellen Ängsten, Wünschen und Konflikten gespeist. Wir können unsere Sexualität seiner Meinung nach nie so leben, wie wir sie erträumen. Dies verhindert nicht zuletzt die Gesellschaft, die für die Sexualität – jeweils historisch spezifische – Normen bereitstellt.

Präziser hat dies der Zürcher Ethnopsychoanalytiker Fritz Morgenthaler ausgedrückt. Zunächst unterscheidet er *das Sexuelle und die Sexualität.* Das Sexuelle ist das eigentliche energetische Potential, die so genannte Libido, die unsere Emotionalität ausmacht und von der Triebhaftigkeit bestimmt ist. Diese Triebhaftigkeit wird aber im Laufe der kindlichen Entwicklung von äußeren Faktoren modelliert, in eine gesellschaftsadäquate Form der Sexualität gegossen. Im Gegensatz zur organisierten Sexualität ist das Sexuelle die Triebhaftigkeit, die jedem Erleben ganz allgemein etwas Dranghaftes verleiht. Diese Triebhaftigkeit ist laut Morgenthaler zunächst ungerichtet, ziellos, zeitlos, unkonditioniert und vor allem unbewusst. Nur die Tendenz der Triebregungen ist sichtbar und spürbar: als Bewegung, als Emotionalität. Die triebhafte Bewegung schwingt mit ihrem emotionalen Gehalt in allem mit, was wir tun, in jeder Geste, in jedem Gedanken, in allem, was wir vermitteln und erleben. Und nur dies lässt uns lebendig erscheinen.

In der Psychoanalyse wird dies alles unter dem so genannten *Primärprozess* subsummiert. Er ist von Anfang an da, wir kommen quasi mit ihm auf die Welt, und zunächst unsere einzige Informationsquelle. Erst später kommt der *Sekundärprozess* dazu. Im Gegensatz zur unbewussten Wahrnehmungsweise des Primärprozesses ist seine Wahrnehmungsweise bewusst, bezieht sich auf das Erfassbare, Erlernbare und Verstehbare und benützt alle Hilfsmittel, die im logischen Denken, in Sprache und Schrift zur Verfügung stehen. Es ist die Wahrnehmungsweise der Erwachsenen, aber nicht ausschließlich, denn das Primärprozesshafte wird auch, wenngleich unbewusst, weiterhin wahrgenommen. Denken wir etwa an die Begegnung zweier Menschen. Dabei werden ja nicht nur logische Schlüsse über den anderen gezogen, sondern es sind genauso primärprozesshafte Vorgänge im Spiel, die man spürt, aber allzu leicht übersieht. Deshalb erlebt man,

Proportionen. Collage (1950).

so Morgenthaler, fast unvermeidlich eine Disharmonie zwischen Primär- und Sekundärprozess.

Konkret sieht diese sekundärprozesshafte Organisation des Sexuellen so aus, dass erogene Zonen libidinös besetzt werden und bestimmte Ichfunktionen diesen Besetzungen festgelegte Bedeutungen verleihen: *So wird etwa aus der oralen Besetzungsmodalität die Einverleibung, aus der analen das Festhalten und Loslassen, aus der phallischen das Schauen, Zeigen und das Sichbemächtigen.* Diese Entwicklungen sind die ersten sekundärprozesshaften Organisationselemente und Strukturen, die die Sexualität von den primärprozesshaften Triebregungen absondert.

Liebe kann sich, so Morgenthaler, nur entwickeln, wenn die primärprozesshaften Triebregungen offenen Zugang zur Sexualität haben. Das ist schon alleine deswegen nicht selbstverständlich, weil der Sekundärprozess die Triebregungen in eine *»Diktatur der Sexualität«* zwingt und sie damit mehr oder weniger blockiert. Der Sekundärprozess hat dabei unter anderem zwei Organisatoren zur Verfügung: den Wiederholungszwang, der die sexuelle Objektbesetzung in immer gleicher Weise ablaufen lässt (z. B. beim Fetisch), und zweitens die Abhängigkeit vom Sexualobjekt, die aus der infantilen Entwicklungsgeschichte des Individuums stammt und später aktiviert werden muss (z. B. Männer, die sich nur mütterliche oder dominante Frauen suchen).

Diesen Teufelskreis zwischen Wiederholungszwang der sexuellen Besetzung und der Hörigkeit vom Sexualobjekt zu durchbrechen, erläutert Morgenthaler am Beispiel des Fetischisten. Dabei geht es ihm nicht darum, dass der Fetischist seine perverse Sexualorganisation aufgibt. Der Stiefel kann das Sexualobjekt bleiben, von dem die Faszination ausgeht, doch kann der Perverse dank des Einflusses primärprozesshafter Triebhaftigkeit in die Lage kommen, auf dem Weg der kreativen Phantasie den Stiefel in allem, was ihn emotional bewegt, zu entdecken. Natürlich trifft das auch auf die gestörte »normale« Sexualität zu. Sexualität kann nur gestört sein, wenn sie – wie der Fetischist auf den Stiefel – auf die Genitalität beziehungsweise auf die in sie einmündenden Leistungsansprüche fixiert ist. Wenn das Sexuelle in allem, was emotional bewegt, entdeckt wird, so Morgenthaler, wird Sexualität zu einem umfassenden, von der Gesellschaft nicht mehr zu kontrollierenden und einzuengenden Erleben (vgl. Ertler 1994 b).

Dies ist wahrscheinlich genau das, was Freud mit »Liebes- und Arbeitsfähigkeit« als Ziel der psychoanalytischen Behandlung meinte. Wo Liebe und Arbeit lustvoll erlebt werden, gibt es kein Versagen. Leistungsansprüche aber verhindern oder reduzieren zumindest die Möglichkeit, Lust zu entfalten, gleichwie sie die herrschende Erwartung nach Produktivität erfüllen. Deshalb enthält die Forcierung echter Liebes- und Arbeitsfähigkeit ein subversives Moment.

Mit Genitalisierung und Orgasmuszwang transportiert die Gesellschaft also via Sexualität Leistungsansprüche. Das war nicht immer so. Bis zur sexuellen Liberalisierung herrschte die Unterdrückung der genitalen Sexualität im Dienste der

Arbeitsmoral vor. Wer hingegen die herrschende Sexualmoral ignoriert, wird sich weniger zum Arbeitswilligen und Untertanen eignen, meinte Wilhelm Reich. Deshalb plädierte er für das Ausleben der genitalen Sexualität. Sie war für ihn Bestandteil des politischen Kampfes.

Allerdings übersah Reich, worauf erst Marcuse (1955) vehement hingewiesen hat: Die Präferenz der genitalen Sexualität war seit jeher mit einem Leistungsprinzip verbunden und führte zu einer Desexualisierung des übrigen Körpers, wodurch dieser frei zum Instrument der Arbeit wurde. Und damit wurde das menschliche Potential zur sexuellen Befriedigung wesentlich eingeschränkt. Deshalb ist für Marcuse die sexuelle Abweichung oder Perversion eine Form des Protestes gegen die genitale Tyrannei.

Die Idee, dass die sexuelle Liberalisierung wie ein Funken auf die politische Emanzipation überspringen könne, hat sich als unrealistisch erwiesen. Sie hat im Gegenteil eher eine Apolitisierung der Individuen gebracht und wurde eigentlich zum Ersatz für die politische Befreiung. Der indische Guru Raineesh z.B. predigt: *Wenn du deine Sexualprobleme gelöst hast, hast du alle deine Probleme gelöst.* Natürlich ist es eine wichtige persönliche Angelegenheit, seine sexuellen Ängste und Hemmungen kennen zu lernen und zu überwinden. Sich aber nur damit auseinander zu setzen, wäre wohl eine persönliche Reduzierung. Daraus wird deutlich, dass sowohl die Unterdrückung der Sexualität als auch ihre Liberalisierung immer schon wirkungsvolle gesellschaftliche Mittel waren, das Individuum zu lenken und zu manipulieren.

In der Sexualität sind die Fluten der Liberalisierung schon längst verebbt. Höchstwahrscheinlich dadurch, dass die der Lust zugrunde liegende Dialektik von Verbot und Übertretung weitgehend aufgelöst wurde. Sexualwissenschaftler berichten jedenfalls von einer gegenwärtigen drastischen Zunahme an Störungen des sexuellen Verlangens, an Potenz- und Orgasmusstörungen. Nicht zuletzt deshalb propagieren sie die polymorph-perverse Sexualität, da sie die genitalen Störungen nicht mehr therapieren können. Auch diese Entwicklung der Sexualität bringt keine Politisierung mit sich.

Wie wir im nächsten Teil sehen werden, ist die auf die sexuelle Liberalisierung folgende Entgenitalisierung ebenso mit einem Konservatismus verbunden, der sich gegenwärtig in allen Diskussionen rund um die Sexualität präsentiert.

Lithographie (um 1905).

III

Sexualität in der Gegenwart

Der neue Puritanismus: die Debatten über Abtreibung, Aids und sexuellen Missbrauch

Nachdem die sexuelle Liberalisierung anfangs der siebziger Jahre ihren Höhepunkt überschritten hatte, entstanden, genauer gesagt verstärkten sich Debatten über sexualpolitisch heikle Themen. Diese Debatten sind charakterisiert durch eine extreme Polarisierung in Befürworter und Gegner, die meist, aber nicht immer auch politische Kontrahenten sind. Es wird sich zeigen, dass dabei alte und neue Konstruktionen von Sexualität auftauchen.

Beginnen wir in chronologischer Reihenfolge, also mit der Abtreibungsdebatte. Sie bleibt unverständlich, wenn wir nicht die historischen Wurzeln der Abtreibungspraxis betrachten, das heißt die seit jeher durchgeführte Beseitigung von Nachkommen, die Kindestötung. Diese können wir bis in die Antike zurückverfolgen: »Dort treffen wir zwischen dem 6. und 5. Jh. v. Chr. auf eine verbreitete Praxis der Kindestötung. Ein Kind besaß im Verständnis der Zeit auch nach der Geburt häufig erst nach der Annahme durch seinen Vater ein Recht zum Leben. Diese manifestierte sich im Ritus der Kindesaufnahme, das heißt der Aufnahme des Kindes durch den Vater vom Boden, auf den es gelegt wurde. Die Funktion dieser Initiation ist unter anderem darin zu sehen, angesichts einer hohen Promiskuität sicherzustellen, dass nicht illegitime Kinder der Ehefrau in den Genuss der Erbschaft des Vaters gelangten. Die große Bedeutung, welche die Akzeptanz des Kindes durch den Vater hatte, macht verständlich, dass sowohl die Kindestötung post partum als auch eine sehr verbreitete Abtreibungspraxis zwei Mittel der Wahl zur Vermeidung illegitimer Nachkommenschaft waren … Das Lebensrecht des Kindes resultierte in diesen Fällen also aus einer Entscheidung des Vaters. Neben derartig motivierten Abtreibungen gab es sicher auch solche, die der Erhaltung weiblicher Schönheit dienen sollten. Es gab Abtreibungen aus ›medizinischen‹ Gründen. Platon empfiehlt in seinem ›Staat‹ die Abtreibung ebenso als probates Mittel der Wachstumskontrolle für die Bevölkerung wie Aristoteles zum Zwecke der Familienplanung, dieser allerdings mit der Einschränkung, dass die Schwangere noch keine Kindsbewegung spüren dürfe« (Lenzen 1991, S. 145).

Die Tatsache, dass für einen mutwilligen oder fahrlässig herbeigeführten Abortus die Zahlung eines Schadenersatzes an den Ehemann der Schwangeren verlangt wird, lässt auf ein Verständis des Fötus und seiner Abtreibung schließen, dem ein Sachenrecht, ein patriarchalisches Sachenrecht, zugrunde liegt. Auch deutet die in obigem Zitat enthaltene aristotelische Einschränkung darauf hin, dass *der Fötus erst ab einem bestimmten Punkt seiner Entwicklung als »beseelt«* betrachtet wird. Wie bereits im Kapitel »Das Patriarchat in der Antike« ausgeführt, hatten griechische Ärzte im Sinne von Aristoteles die Vorstellung, dass *das Blut im männlichen Körper zu Samenflüssigkeit wird,* worauf die Philosophen wiederum glaubten, dass *die Seele im Samen enthalten* sei.

Für das Christentum war eine Beseelungstheorie ebenfalls von herausragender Bedeutung, ging es doch zunächst um die Notwendigkeit oder Zulässigkeit der Säuglingstaufe. Als sich im 3. Jahrhundert die Auffassung durchsetzte, dass auch Säuglinge wegen der Erbsünde zu taufen seien, tauchte die Frage auf, wie denn mit abgetriebenen Föten zu verfahren sei. Man kam zum Schluss, dass die Taufe notwendig sei, um zumindest das jenseitige Leben zu garantieren. Wenn der abgetriebene Fötus nicht getauft wurde, werde ihm das ewige Leben vorenthalten, was als Todsünde angesehen wurde. In der nicht später als 100 n. Chr. geschriebenen »Lehre der zwölf Apostel« wird die Abtreibung mit der Begründung verboten, dass der Mensch nicht zerstören dürfe, was Gott gemacht habe. Dies schloss auch den Gebrauch von Antikonzeptiva ein, da *jede Frucht schon in ihrem Samen enthalten* sei.

Erst Augustinus wich davon insofern ab, als Embryonen nach seiner Auffassung erst nach dem 40. Lebenstag auferstehen und damit die Möglichkeit einer Abtreibung bei medizinischer Indikation, z.B. bei Querlage des Kindes, gerechtfertigt sei. Augustinus ging davon aus, dass Leib und Seele zwei verschiedene Erzeuger hatten, nämlich die Eltern und Gott. Wir sehen hier übrigens eine Wurzel der bis in die Gegenwart beibehaltenen Aufspaltung in Körper und Seele. Jedenfalls füge Gott nach augustinischer Ansicht zu einem bestimmten Zeitpunkt der Zeugung die Seele hinzu, aber eben nicht vor dem 40. Tag bei männlichen und erst nach drei Monaten (!) bei weiblichen Föten. Dadurch ergab sich eine Art »Fristenlösung«, jedoch nur bei medizinischer Indikation.

Natürlich blieb die Abtreibungsmöglichkeit, wie bei Augustinus vorgesehen, nicht ohne Widerspruch. Aber erst Thomas von Aquin – auch wenn er die Theorie der späteren Beseelung übernahm – hielt den Fötus auch vor diesem Zeitpunkt für einen *»homo in potentia«, also für einen potentiellen Menschen,* und erklärte deshalb die Abtreibung als vorweggenommenen Mord. Dieser wiege eigentlich schwerer, weil er den potentiellen Menschen nicht nur seines natürlichen, sondern auch seines übernatürlichen Lebens beraube. Für die Abtreibungsproblematik sei deshalb, so Thomas von Aquin, der Zeitpunkt der Beseelung irrelevant.

Interessant ist, dass sich keine der beiden Auffassungen vorerst eindeutig durchsetzen konnte. Papst Gregor VIII., der in der Zeit von 1572 bis 1585 amtierte, erlaubte die Abtreibung innerhalb der 40-Tage-Frist, Papst Sixtus V. verbot 1588 die Abtreibung erneut, 1591 nahm Papst Gregor XIV. das Verbot zurück, und 1679 setzte es Papst Innocenz XI. wieder ein.

Der Protestantismus konnte und wollte sich keiner der beiden Auffassungen von Augustinus und Thomas anschließen. Er führte sozusagen eine neue Dimension ein: »Die charakteristische protestantische Aufwertung des Gewissens als Kontrollinstanz für die Einhaltung der göttlichen Gebote, die an die Stelle des kanonischen Rechts tritt, wirkte auch im Falle der Abtreibungsfrage. Wenn die Eltern den Menschen als Menschen zeugen, haben sie de facto die Gewalt über das Erzeugte und de jure die Verantwortung dafür. Für die, die diese Verantwortung aus eigenen Stücken wahrzunehmen nicht in der Lage waren, gab es keine kirchliche Bestrafung mehr. Sie würden sich erst am Jüngsten Tage verantworten müssen. Das dadurch entstandene Bedrohungsvakuum musste deshalb eine andere Instanz füllen, der Staat. Mit dem Beginn der Aufklärung verzweigt sich der Abtreibungsdiskurs also in zwei Richtungen: in den ethischen Diskurs nicht nur der Kirchen und in den juristischen Diskurs des Staates« (Lenzen, S. 154).

Das war auch höchste Zeit, denn die Praxis der Kindestötung nach der Geburt hatte im 18. Jahrhundert ein Ausmaß angenommen, das nach einer Lösung verlangte. Der Mord an Kindern im unmittelbaren Anschluss an die Geburt oder in den ersten Lebenswochen durch Nahrungsentzug oder Ersticken kann zwar bis in die Antike zurückverfolgt werden, die kaum vorstellbare Häufigkeit und die Rigidität der Bestrafung ist erst seit der Neuzeit bekannt: »Bis zur Mitte des 18. Jahrhunderts war die Todesstrafe, darunter sehr häufig die Exekution durch Ertränken in einem Sack, der Regelfall, auch in Preußen nachhaltig durchgesetzt durch Friedrich Wilhelm I., den ›Soldatenkönig‹. Betrachtet man das aus einigen Reichsstädten differenziert verfügbare Prozessmaterial, so erhellt es, dass die meisten verurteilten Kindesmörderinnen Mütter unehelicher Kinder in häufig jungem Alter waren, die aus Angst vor der öffentlichen Schande, aber auch vor der Strafe wegen Unzucht und unehelicher Schwangerschaft sowie vor dem Verlust des Arbeitsplatzes etwa als Dienstmädchen in Adels- und Bürgerhäusern ihre Kinder ermordet hatten« (S. 155).

Erst in der Aufklärung wurden Stimmen laut, die sich gegen die Rigidität der Bestrafung wandten, Motive der Kindesmörderinnen aufzeigten und damit nach Entschuldigungen für deren Taten suchten. Langsam setzte sich die Auffassung durch, dass die Ursachen für den Massenmord an Kindern in der Gesellschaft selbst lagen.

Und die Gesellschaft reagierte: Im 19. Jahrhundert setzte in ganz Europa die Gründung von Findelhäusern ein, wo die Mütter ihre unehelichen Kinder abgeben konnten. Der Rückgang der mütterlichen Kindestötungen ab dem 19. Jahrhundert ist zum Teil auf die Errichtung dieser Findelhäuser zurückzuführen. Allerdings wurde damit der Kindesmord oft nur in die Hände des Staates gelegt, denn in diesen Häusern starben die meisten Findelkinder an Unterernährung, Infektionen oder wurden einfach umgebracht. Dies stand ganz im Sinne des aufklärerischen Denkens. Kein Geringerer als Kant hat in »Die Metaphysik der Sitten« den Mord an unehelichen Kindern befürwortet, weil diese Kinder außerhalb des Gesetzes (denn das sei die Ehe) und damit außer Schutze geboren seien. Sie hätten sich in die Gesellschaft *wie verbotene Ware eingeschlichen* und deshalb könne die Gesellschaft auch deren Vernichtung ignorieren.

Die Aufklärung bietet noch ein anderes Motiv an, das die Abtreibung begünstigt: Erst die Erziehung, später die Bildung, mache den Menschen zum Menschen. Das noch nicht erzogene, das noch nicht geborene Kind ist deshalb noch kein Mensch. Seine Tötung »stört zwar gewissermaßen das humanistische Selbstverständnis, doch da dieses sich auch gegenüber den Mördern verpflichtet fühlt, muss nunmehr der Gedanke einer Güterabwägung aufkommen« (Lenzen, S. 158).

Es ist nicht zynisch, auch auf die Zunahme der Krankenhausgeburten hinzuweisen, denn bis Semmelweis starben Mütter und Kinder häufig an Kindbettfieber, weil die Ärzte aus Prestigegründen – je schmutziger ihre Mäntel, desto wichtiger wurden sie genommen – nach dem Sezieren von Leichen ohne Desinfektion Geburtshilfe leisteten. Vor allem aber das Aufkommen der Antikonzeptiva und wahrscheinlich mehr noch die zunehmende Bedeutung der Abtreibung waren für den Rückgang der mütterlichen Kindestötungen entscheidend. Deshalb wurde die staatliche Intervention in der Abtreibungsfrage notwendig, um den Massenmord an Kindern zu verhindern: »Und tatsächlich wird im Jahre 1927 mit einer Entscheidung des Reichsgerichts erstmals im juristischen Abtreibungsdiskurs die Schwelle überschritten, an der das absolute Tötungsverbot von Föten im deutschsprachigen Raum zugunsten des Lebens eines anderen Menschen abgelöst wird. Mit diesem seit der Aufklärung ersten Fall einer medizinischen Indikation beginnt eine neue Phase. Das Reichsgericht erkannte nämlich in einem Falle der Güterabwägung zwischen dem Leben eines ungeborenen Kindes und dem seiner Mutter auf ›übergesetzlichen Notstand‹ und gestattete die medizinisch indizierte Abtreibung ... Der Umstand, dass dieses Ereignis von Abtreibungsbefürwortern nicht gern erwähnt wird, verdeutlicht sich, wenn man seine rechtsgeschichtlichen Folgen betrachtet. Denn diese Rechtspraxis wurde ausgerechnet durch das Erbgesundheitsgesetz der Nationalsozialisten vom 14. Juli 1933 legalisiert und mit einer Art Abtreibungspflicht im Falle eugenischer Indikation versehen, zum Ziele der ›rassischen‹ Reinhaltung des Volkes. Auch das war ein Fall von Güterabwägung. Gleichzeitig wurde die Abtreibung von ›erbgesunden‹ Menschen mit schwerer Strafe bedroht« (S. 158 f.). 1943 erließ der Ministerrat für Reichsverteidigung eine Verordnung, die die Todesstrafe vorsah, wenn »der Täter dadurch die Lebenskraft des deutschen Volkes fortgesetzt beeinträchtigt« (ebd.) habe.

Vorher schon hat sich die Linke sogar gegen Empfängnisverhütung ausgesprochen. Friedrich Engels empörte sich über eine Aufklärungsschrift, in der die Arbeiterschaft zur Verhütung aufgefordert wird. Karl Kautsky empfahl, Empfängnisverhütung nur für Arbeiterführer und bürgerliche Familien vorzubehalten, um nicht die Kampfkraft der Arbeiterklasse durch mangelnden Nachwuchs zu schwächen. Auch Rosa Luxemburg und Clara Zetkin teilten diese Auffassung, welche die Nazis von der Linken übernommen haben.

Heutzutage existiert eine Spaltung gesellschaftlicher Gruppierungen hinsichtlich der Abtreibungsfrage. Die Frauenbewegung befürwortet die Abtreibung, Kirche wie auch Friedens- und Ökobewegung sind Abtreibungsgegner. Letztere haben deswegen sogar eine »neue Mütterlichkeit« heraufbeschworen. Die heutigen gesetzlichen Regelungen beinhalten alle Elemente, die, wie wir sahen, bereits in der Antike diskutiert wurden: die Freigabe der Abtreibung innerhalb bestimmter Fristen (etwa die Dreimonatsfrist) und/oder mit bestimmten Indikationen (medizinische, embryopathologische, kriminologische, soziale). Wobei es auch krasse Ausnahmen gibt: Im Jahre 1995 musste in Irland ein 15-jähriges Mädchen, das vergewaltigt und davon schwanger geworden war, um ihr Recht auf Abtreibung kämpfen.

Eines darf aber nicht übersehen werden: »Die Indikationenlösung ist eine logische Konsequenz der mit der Aufklärung einsetzenden Relativierung von Lebensrechten, vorbereitet durch die Reformation, pervertiert durch den Nationalsozialismus, durch zahlreiche Kriege, aber auch durch eine aus den Fugen geratene Medizin, die sich nun anschickt, mit den Mitteln der Gentechnologie und der In-vitro-Fertilisation die Relativierung des Naturrechts auf Leben wissenschaftlich zu vollenden« (S. 163).

Was ist nun der gemeinsame Nenner von Abtreibung und künstlich geschaffenem Leben? Der kollektive Umgang mit dem eigenen Tod, das heißt seine Unterdrückung, treibt die seltsamsten Blüten. Durch die In-vitro-Fertilisation, aber auch durch ihre gesamte aufgeblähte Technik suggeriert die Medizin, dass Leben und Tod im Labor beherrscht und damit in den (menschlichen) Griff gebracht werden können. Mehr noch: Wer sich dagegen wehrt, wird Unverständnis ernten. Als sich in Österreich Zeugen Jehovas aus religiösen Gründen wehrten, ihren Säugling einer lebensnotwendigen Blutwäsche zu unterziehen, ging eine Welle der Empörung durch Medien und Öffentlichkeit. Vor dem Hintergrund der gängigen und offiziellen Abtreibungspraxis muss diese Empörung wohl lächerlich klingen.

Gerade bei dieser Einstellung der Zeugen Jehovas wird deutlich, dass die Kindestötung mit einer Vergöttlichung des Kindes verbunden ist. Die jüdisch-christlichen Wurzeln unserer Kultur beinhalten ebenfalls sowohl den Mord an Kindern als auch deren Vergöttlichung: Denken wir nur an die biblische Erzählung der von Gott befohlenen Opferung des Isaac oder an Christus selbst, der seine Göttlichkeit durch Tod und Wiederauferstehung untermauert. Lenzen weist auch auf die umgangssprachlich sinnfällige Bezeichnung der Abtreiberin als »Engelmacherin« hin, worin ebenfalls eine Vergöttlichung des abgetriebenen Fötus steckt.

Was hat dies nun alles mit unserer gegenwärtigen Sexualität zu tun? Zunächst muss festgehalten werden, dass die Abtreibungsdebatte aus ethischen Gründen fast überflüssig ist: Abtreibungen hat es immer gegeben und wird es immer geben. Verbote sind dabei wirkungslos, verschleiern oder kriminalisieren höchstens. Mit dem Aufkommen zuverlässiger Antikonzeptiva hat sich die Situation jedoch auch verändert. Seit diesem Zeitpunkt könnte man fragen, warum eine Gesellschaft nicht bereit ist, Empfängnisverhütung so zu forcieren, dass sich eine Abtreibungspraxis und die ganze Abtreibungsdiskussion erübrigten. Wenn eine Gesellschaft Abtreibungen vermeiden wollte, hätte sie meiner Meinung nach die Möglichkeit dazu, ungewollte Schwangerschaften weitgehend zu verhindern.

Die sexuelle Liberalisierung wurde ja nicht etwa von Sex-Technikern à la Masters und Johnson, sondern ganz einfach mit der Entwicklung und massenhaften Verbreitung der Pille eingeleitet. Heute ist es kein Geheimnis mehr, dass die Basis einer befriedigenden Sexualität eine sichere Empfängnisverhütung ist. Marquis de Sade hatte das schon im 18. Jahrhundert verstanden. Er verlangt die Freigabe der Abtreibung aus sexuellen Gründen: Die sexuelle Betätigung sollte nicht eingeschränkt werden durch etwaige »lästige Folgen«. Und hier wird verständlich, warum sowohl Kirche als auch Staat zurückhaltend sind. Die Kirche verbietet Abtreibung und Kontrazeptiva, der »liberale« Staat erlaubt zwar beides, fördert aber nicht das eine, um das andere einzuschränken. Dabei wäre er leicht im Stand dazu: Zum Schutz vor Aids lässt er ja auch Kondome vor den Schulen verteilen. Aus einer anderen Sichtweise ist dieser Schutz jedoch ebenfalls eine sexuelle Restriktion. Die vor ihren ersten Sexualkontakten stehenden Schüler sollen die Einschränkung des Kondoms ertragen – nicht zur Empfängnisverhütung, sondern zum Schutz vor einer Seuche, die hierzulande keine ist.

Damit sind wir bereits in die in den achtziger Jahren erhitzte Debatte um Aids eingestiegen, wobei zunächst der vorige Satz begründet werden muss. Als die ersten Aids-Fälle auftraten, setzten sofort langfristige Hochrechnungen ein, die ein infernalisches Szenario ausmalten. Den Techniken dieser Hochrechnungen lagen wissenschaftlich fragwürdige Annahmen zugrunde, und die daraus resultierenden Vorhersagen erwiesen sich letztlich als falsch. Erstens, weil die notwendigen Kenntnisse über die epidemiologisch relevanten Merkmale der Krankheit fehlen, die langfristige Voraussagen über den Verlauf einer Epidemie überhaupt erst ermöglichen; und zweitens, weil die Hochrechnungen auf unausgesprochenen Annahmen basieren, die falsch sind. Die Fortschreibung der Erkrankungszahlen der höchsten Risikogruppe, nämlich homosexuelle/bisexuelle Männer, auf die Gesamtbevölkerung setzt stillschweigend voraus, dass in der heterosexuellen Bevölkerung die gleichen Sexualgewohnheiten bestehen wie bei homosexuellen Männern. Dies ist deshalb unsinnig, weil Homosexuelle, statistisch gesehen, häufiger zu Partnerwechsel tendieren und häufiger Analverkehr ausüben, bei dem eine Infektion am ehesten übertragen werden kann. So wurde auf dem Wiener Aids-Symposium im Jahre 1985 festgehalten: »Aids wurde hauptsächlich bei so genannten ›Risikogruppen‹ im Alter zwischen 20 und 39 Jahren beobachtet. In mehr als 70 Prozent der Fälle sind homosexuelle oder bisexuelle Männer davon betroffen. Zu den Risikogruppen gehören weiter Personen, die sich intravenös Drogen verabreichen, Empfänger von Blutprodukten […] sowie Personen, die in der Karibik und in Zentralafrika leben. Aids wurde aber auch in Risikogruppen bei heterosexueller Partnerschaft, Kindern und Frauen beobachtet« (Gschnait und Hutterer: *Aids 1985*, zit. nach Lenzen 1991, S. 99).

Warum in unseren Breitengraden aus Aids keine Seuche werden kann, erklärt eine Ärztin der Aids-Station Baumgartner Höhe in Wien: »Im Prinzip ist die HIV-Infektion eine Infektion, mit der man sich zum Glück nur schwer infiziert. Im Vergleich: Hepatitis B kann man viel leichter bekommen. Die HIV-Infektion ist eine sexuell übertragbare Erkrankung, doch die Zahlen bestätigen, dass man etwa 300 (!) Kontakte mit einem HIV-infizierten Partner braucht, um eine Infektion zu akquirieren. Das heißt, das Risiko einer HIV-Infektion ist 0,1 Prozent. Bei einem Kontakt mit einem Partner mit beispielsweise Gonorrhoe hat man jedoch 60 Prozent Risiko, sie auch zu bekommen. Das schränkt die Zahl der HIV-Infizierten natürlich schon ein, denn jemand, der nicht extrem häufig den Partner wechselt und sich den Partner nicht in bestimmten Kreisen sucht, läuft nicht Gefahr, eine HIV-Infektion zu bekommen« (Christine Armbruster im Interview, in: *Wien – Gesunde Stadt.* Magazin des gleichnamigen WHO-Projekts, Wien 1994).

Und die »Deutsche Gesellschaft für Sexualforschung« weiß, dass der Nachweis von HTLV-Antikörpern nicht besagt, dass eine Erkrankung an Aids zu einem späteren Zeitpunkt erfolgen wird (in: Pfäfflin und Schorsch 1987, S. 125). Oder anders formuliert: Für die Annahme, dass Aids durch eine HIV-Infektion verursacht wird, gibt es keinen medizinisch-virologischen Beweis. Die Schwächung des Immunsystems kann ganz einfach durch andere, nicht-sexuelle Risikofaktoren (wie Drogen oder Unterernährung) ausgelöst werden, wobei die HIV-Infektion im Zusammenhang damit eine Rolle spielen könnte. Die Annahmen, der HI-Virus sei die Hauptursache für Aids, alle Menschen – auch außerhalb der Risikogruppen – seien weltweit gefährdet und Aids werde als Epidemie über die Dritte Welt zu uns kommen, haben sich als falsch erwiesen. Weltweit sterben nach Angaben des Seuchenexperten der Weltbank, Richard Bumgarner, der derzeit für die Weltgesundheitsorganisation WHO arbeitet, mehr Menschen an Tuberkulose als an allen anderen Infektionskrankheiten zusammen (einschließlich Aids). Wenn man dann bedenkt, dass die WHO 1994 für Aids 185 Millionen Dollar, für Tuberkulose nur 16 Millionen Dollar ausgegeben hat, wobei ein gerettetes Lebensjahr durch Medikamente gegen Tuberkulose 5 DM kostet (Bumgarner im Interview, in: *Profil* 1/1994), erscheint der ganze Aids-Wahnwitz nicht mehr lustig.

Auch auf ganz andere Weise ist der Umgang mit Aids hierzulande nicht lustig. Erwachsene können sich mannigfaltige

Politische Ausschöpfung von Aids.

Informationen verschaffen und sich ein Bild machen. Jugendliche haben in der Regel keinen solchen Zugang zur Informationsvielfalt. Wenn meiner Generation von Religionslehrern versichert wurde, dass Sexualität eine Sünde sei, konnte man dies glauben oder nicht und danach leben oder nicht. Heute haben es die Jugendlichen viel schwerer. Sie sind Informations- und Aufklärungskampagnen nahezu wehrlos ausgesetzt. Wenn etwa zwei Sechzehnjährige ihren ersten Sexualkontakt haben, muss zu ihren »normalen« Sexualängsten noch die unnötige Angst vor Aids dazukommen.

Warum hält sich die Aids-Panik jedoch so in den Köpfen, trotz ausgebliebener Katastrophenvorhersagen und trotz kritischer wissenschaftlicher Stimmen? Welche Interessen haben Individuum und Gesellschaft an der Aufrechterhaltung der Aids-Panikmache? Zunächst zum individualpsychologischen Aspekt: Sexualität an sich ist in unserer Kultur meistens mit Ängsten verbunden. Früher standen diese Ängste im Zusammenhang mit Moral und Gewissen. Nach der sexuellen Liberalisierung dürften diese Ängste zwar weniger geworden sein, andere wiederum haben zugenommen: Beziehungsängste, etwa vor Trennung und Verlassenwerden, vor Vereinnahmung, sexueller Abhängigkeit und Autonomieverlust. Hier erweist sich die Angst vor Aids als Beziehungsregulativ: Die Vermeidung des Einlassens in sexuelle Beziehungen kann jetzt mit Aids begründet werden und erspart damit die Auseinandersetzung mit den eigenen Beziehungsängsten. Und mehr noch, alle diese Ängste, aber auch existentielle Ängste können auf Aids verschoben werden. Psychodynamisch ist dies derselbe Vorgang wie bei einer Phobie. Hier werden diffuse, früh entstandene Lebensängste auf konkrete, aber harmlose Dinge verschoben und dadurch sozusagen kanalisiert. In diesem Sinne könnte man berechtigterweise von einer Aids-Phobie sprechen: »Die gefährliche und damit auch aggressiv machende Seite der Sexualität wurde vom eigenen Erleben abgespalten und wird in der Krankheit wieder gefunden, die nun zu einem Sinnbild des Angst machenden, destruktiven, ›bösen‹ Anteils der Sexualität wird. Aids bringt die geheime Einsicht zum Ausdruck, dass Sexualität in der Tat hoch ›infektiös‹ ist: mit quälenden ungelösten eigenen Konflikten« (Schmidt 1988, S. 180). Um nicht missverstanden zu werden: Das Individuum, das Angst vor Aids hat, ist nicht allein neurotisch. Es ist eine kollektive Neurose (wie die im Kapitel »Die andere Sichtweise: Freuds Psychoanalyse« beschriebene Koro-Epidemie), Aids-Angst ist das Symptom einer neurotischen Gesellschaft.

Wozu benötigt sie das Symptom? Dazu gibt es einige Vermutungen. Die nahe Liegendste ist, dass mit Aids wieder einmal von den wirklichen gesellschaftlichen, politischen oder sogar sexuellen Problemen abgelenkt werden kann. Die zunehmende Lustlosigkeit ist genauso wie die »ungezügelte« Sexualität ein Alarmsignal, weil beides auf gesellschaftliche Verhältnisse hindeutet. Oder als ökonomische Metapher: Weder eine extreme Sparsamkeit noch Verschwendungssucht ist angezeigt. Ein maßvoller und verantwortungsbewusster Umgang ist gefragt. Dies gilt sowohl für das Sexuelle als auch für das Ökonomische. Und wie sehr sich hier die Diskussionen gleichen, zeigt folgende Übersicht, die die Aids-Debatte mit der Debatte über das Sparpaket vergleicht:

	Aids-Debatte	**Debatte über Sparpaket**
Zielgruppen	»Sexualschmarotzer«, z. B. Homosexuelle, die nicht die Lasten der Fortpflanzung tragen	»Sozialschmarotzer«, z. B. Arbeitslose, die nicht die Lasten der Arbeit tragen
Restriktionen	der Lust	der Ausgaben
Motto	»Aids geht uns alle an«	»Wir alle müssen sparen«
Weitgehender Konsens	der Wissenschaftler	der Politiker
Folgeprobleme	sexuelle Lust sinkt	Konsum/Investitionen sinken

Die Ähnlichkeiten sind so groß, dass man schwerlich an Zufall denken kann. In beiden Fällen ist das Mainstream-Bewusstsein nicht rational, der Konsens wenig oder überhaupt nicht hinterfragt.

Mit Aids lässt sich auch Geschäft machen. Die Musik des homosexuellen Popsängers Freddie Mercury erlebte durch dessen Aids-Erkrankung eine übermäßige Aufwertung. In seinem letzten Lebensjahr war Mercury sehr produktiv. Seine in dieser Zeit entstandene CD mit dem bezeichnenden Titel »Made in Heaven« verkaufte sich posthum besonders blendend. Auch das leistet Aids.

Aber kehren wir zum allgemeinen Interesse an Aids zurück. In der ursprünglichen Konzeption (»Aids geht uns alle an«) leistet es Dienste im Sinne der Gleichmacherei. Genauso wie der Tod, dem niemand entrinnen kann, machen uns auch Krankheiten, die wir alle bekommen können, scheinbar gleich. Scheinbar deshalb, weil Aids genauso wie alle wirklichen Seuchen nie alle Menschen gleich trifft. Soziale Vorteile schützen auch vor Krankheit. Dies war und ist bei allen Infektionskrankheiten der Fall. Bei Aids ist dies sogar besonders evident: Es breitet sich hauptsächlich in den ärmsten Regionen der Welt aus.

Lächerlich hingegen erweist sich so manche Warnung vor Aids, wenn bestimmte gesellschaftliche Gruppen ihre moralischen, ideologischen oder politischen Auffassungen durchsetzen möchten: »Vom ›*Fingerzeig Gottes*‹ spricht ein Kardinal, Fingerzeig für die Rückkehr zur Sexualmoral der Kirche, ›denn die Anerkennung aller Formen des menschlichen Zusammenlebens fördert die Ausbreitung von Aids‹; Aids zwinge zum ›*gesellschaftlichen Offenbarungseid*‹, erkennt ein anderer Kardinal, folglich müssten ›eheliche Treue und Enthaltsamkeit wieder unerschütterliche Pfeiler sittlichen Verhaltens werden‹; von der ›*List der Natur*‹ spricht ein Psychologieprofessor, weil durch Aids ›der Sinn dafür schärfer wird, dass Liebe kein Zeitvertreib ist‹; ein Medizinjournalist fragt, ob Aids ›die moralische Antwort auf die Pille sei‹ und ›somit ein *Korrektiv der Natur*‹; ein ehemaliger Berater Präsident Reagans und Journalist sieht in Aids eine ›*schreckliche Vergeltung der Natur*‹ an den Homosexuellen, ›die der Natur den Krieg erklärt haben‹; schon philosophischer vermutet die Süddeutsche Zeitung in Aids eine ›*Rache der Natur*‹ an der ausufernden Art (gemeint ist der Mensch), welche die übrige Schöpfung tyrannisiert. Die Natur wird arg strapaziert, fast glaubt man eine massenhafte Rückkehr Intellektueller zum magisch-animistischen Weltbild, eine Wiederkehr des Glaubens an die beseelte Natur zu beobachten« (Schmidt 1988, S. 185).

Tatsächlich kann in der Aids-Phobie auch eine Wiederkehr des magisch-animistischen Weltbildes, nämlich als Parallele zum Vampirismus gesehen werden:

»Danach ist ein Vampir ein unverwester, wiederkehrender (deshalb auch ›Wiederkehrer‹) ›lebender Toter‹, der zumeist wegen begangener, auch sexueller Sünden keine Ruhe findet und deshalb vor allem nahe Verwandte aussaugt, die kurz darauf an der ›Auszehrung‹ sterben und selbst zu Vampiren werden. Als Indikationen gegen Vampire werden verschiedene hygienische (zum Beispiel Beseitigung des Strohs, auf dem der Tote lag), vornehmlich aber rituelle Maßnahmen empfohlen. Allen voran ist die Ausgrabung des Leichnams zu nennen: Der

Kopf des Toten ist mit einem Spatenstich vom Rumpf zu trennen, oder ein Pfahl ist durch das Herz des Toten zu treiben. Auch wird die Einbringung von Weißdorn oder Schlehdorn in den Mundraum oder in die Magengrube genannt. Bemerkenswert ist die Auffassung, das bei solchen gewaltsamen Manipulationen aufspritzende Blut sei infektiös. Betrachtet man die Bedeutung einzelner Elemente des Glaubens aus volksmedizinischer Sicht genauer, dann stellt sich heraus, dass mit der die Folgen des Vampirbisses kennzeichnenden ›Auszehrung‹ offenbar ein Syndrom aus Schwindsucht, Krebs, Syphilis, Skrofulose und Rachitis gemeint war, dass die mit der Skrofulose einhergehende Lymphknotenschwellung auch für eine Blutkrankheit gehalten wurde und dass etwa dem Schlehdorn eine blutstillende Wirkung prädiziert war. Reduziert man diese Elemente des Vampirglaubens auf ihre Grundstrukturen, dann könnte in diesem Glauben die Erinnerung an eine Infektionskrankheit bewahrt werden, die durch einen Blutkontakt mit dem Erkrankten übertragen wird und deren pathologisches Bild durch ein Syndrom verschiedener, nicht immer gleichzeitig auftretender Krankheiten gekennzeichnet ist. Eine ›Risikogruppe‹ stellen die Menschen dar, die mit dem todgeweihten Erkrankten engeren, auch sexuellen Kontakt haben, eine andere das Personal, das den Erkrankten (›lebenden Toten‹) bis zum erlösenden Tode behandelt. Die Krankheit hat epidemischen Charakter, wenn die Infektionsquelle nicht nachhaltig vernichtet wird. Diese Akzentuierung ist wenig mehr als zehn Jahre nach dem Auftreten einer bislang unbekannten (oder vergessenen?) Krankheit natürlich außerordentlich verführerisch, denn das gesamte Erscheinungsbild der HIV-Infektion weist frappierende Parallelen zu jenem Phänomen auf, das im Vampirglauben vielleicht einmal mythisch kodifiziert wurde und das mit dem Rückzug der Epidemien im 20. Jahrhundert so in Vergessenheit geriet, dass die Elemente einstiger kollektiver Erfahrung zum Gruselstoff drittklassiger Dracula-Storys absanken« (Lenzen 1991, S. 88 f.).

Erinnert sei an Roman Polanskis wunderbar gruseligen Film »Tanz der Vampire«, in dem nicht nur ein homosexueller Vam-

Szene aus dem Film »Tanz der Vampire« (1967) von und mit Roman Polanski.

pir auftritt, sondern auch ein Professor, der auszog, um den Vampirismus zu besiegen, und ihn über seinen Assistenten (gespielt von Polanski selbst) in seine Heimat einschleppte – eine Analogie zum öffentlichen Diskurs über Aids?

Nun kommen wir bereits zur dritten umfangreichen Diskussion der Gegenwart, nämlich über den sexuellen Missbrauch. Dabei ist nicht der gemeint, der mit Aids betrieben wird. Er umfasst eine ganze Palette von Möglichkeiten. Die häufigste ist in der Familie anzutreffen, was einerseits nicht verwundert, wenn man bedenkt, wie die Familie seit dem 18. Jahrhundert die Familienbeziehungen verengt und damit auch sexualisiert hat (siehe Kapitel »Die bürgerliche Sexualunterdrückung«). Andererseits musste und muss gerade die bürgerliche Gesellschaft besonders auf die Einhaltung der Inzestschranke achten.

Damit Kinder und Jugendliche sexuelle Gefühle gegenüber Erwachsenen haben können, brauchen sie das Inzestverbot als Schutz. Nun können auch Eltern sexuelle Gefühle gegenüber ihren Kindern haben. In einem gewissen Sinn ist dies sogar notwendig, ist Voraussetzung für die Liebe zu

Sexueller Missbrauch im Alten Testament. »Lot und seine Töchter«, Gemälde von Hans Baldung genannt Grien (1476–1545).

ihnen. Der springende Punkt ist der, dass das Umsetzen der Liebe in einen sexuellen Akt die Loslösung des Kindes/Jugendlichen sabotiert, seinen Status als eigenständiges Subjekt missachtet und ihm dadurch die Existenzberechtigung außerhalb der inzestuösen Beziehung abspricht. Auf diese Weise kann der Inzest als Versuch verstanden werden, das eigene Kind noch stärker an sich zu binden und den drohenden Verlust durch dessen Loslösung abzuwenden. Die Langzeitauswirkungen von Inzest sind nicht geklärt. In Untersuchungen an deliquenten Mädchen und Prostituierten fand man jedenfalls einen hohen Anteil von Inzestopfern, manche Prostituierte werden von ihren Vätern zur Prostitution vorbereitet (siehe Bancroft 1985, S. 420).

Die Ansicht von Erich Fromm (1948, S. 155), dass Inzest die Unfähigkeit der Liebe zu Fremden sei, ist nur teilweise richtig, denn sie übersieht, dass die Liebe zum Bekannten, Eigenen nicht unbedingt die Angst vor dem Fremden ausdrückt. Wie wir aus der Geschichte wissen, hat es immer Gruppen (wie z. B. den Adel) gegeben, die Inzest und Inzucht praktizierten. An sich ist das Inzestverbot aber etwas Generelles:

»Bei allen Völkern ist es beiden Partner verboten, sexuelle Kontakte mit ihren eigenen Nachkommen zu haben. Es ist dies ein Verbot, das alle menschlichen Kulturen kennzeichnet. Von dieser allgemeinen Feststellung sind diejenigen Fälle ausgenommen, in denen die Mutter oder der Vater ihre Kinder, solange sie ganz klein sind, masturbieren oder auf sonstige Art sexuell reizen dürfen. Eine zweite Ausnahme stellen die sehr seltenen Fälle dar, in denen bei einer Gruppe einige wenige Menschen von besonderem Rang mit ihren unmittelbaren Nachkommen Geschlechtsverkehr haben sollen. Die Asanda in Afrika zum Beispiel verlangen, dass die höchsten Häuptlinge mit ihren eigenen Töchtern sexuelle Beziehungen eingehen. Bei keiner Gruppe aber sind derartige Paarbildungen der allgemeinen Bevölkerung erlaubt. Strenge Vorschriften gegen den Geschlechtsverkehr zwischen Bruder und Schwester finden sich fast ebenso allgemein verbreitet wie die, die Beziehungen zwischen Eltern und Kindern verbieten ... Es handelt sich dabei jedes Mal um Personen, die in der Gruppe eine besondere Stellung einnehmen, und stets sind auch nur Paarbeziehungen zugelassen, nicht aber gelegentliche Liebschaften. So wird von den Königsfamilien der Inka und der alten Ägypter berichtet, dass sie sich eine kurze Zeit lang durch Geschwisterehen fortgepflanzt haben« (Ford und Beach 1971, S. 120).

Inzest ist also in wenigen Fällen nur Häuptlingen und Königsfamilien erlaubt. In der griechischen Mythologie begegneten wir inzestuösen Verbindungen ebenfalls nur bei Göttern und Königen, wie z. B. Gaia mit Uranos, Iokaste mit Ödipus. Nun enthalten alle inzestuösen Beziehungen ein scheinbar »göttliches« Element. Denn der Inzest beinhaltet die Allmacht, Vater, Mutter, Geliebter und Geliebte gleichzeitig zu sein und die Generationengrenze auflösen zu können. Wie wir bereits in der Abtreibungsdiskussion anmerkten, ist die Opferung des Kindes zugleich seine Vergöttlichung. Beim sexuellen Missbrauch ist dies besonders evident: Die Aufhebung der Generationengrenze verleiht Unsterblichkeit, zumindest wird das durch die Ablösung der Kinder spürbare Älterwerden aufgeschoben. Also ist auch der sexuelle Missbrauch mit der Verdrängung des eigenen Todes verbunden.

So weit ist die Verurteilung von sexuellem Missbrauch klar, geht er doch Hand in Hand mit dem Missbrauch von Macht. Hier wird der sexuelle Missbrauch oft bagatellisiert oder vertuscht (wie z.B. der von Pfaffen betriebene), und das Aufzeigen hat sicher aufklärende und befreiende Wirkung. Doch nicht immer ist dies der Fall. Und oft stellen sich folgende Fragen: »Wie lieb dürfen Erwachsene zu Kindern und Jugendlichen sein? Wann muss der Staatsanwalt einschreiten?

Sexueller Missbrauch in Realität und Phantasie. Lithographie (um 1920).

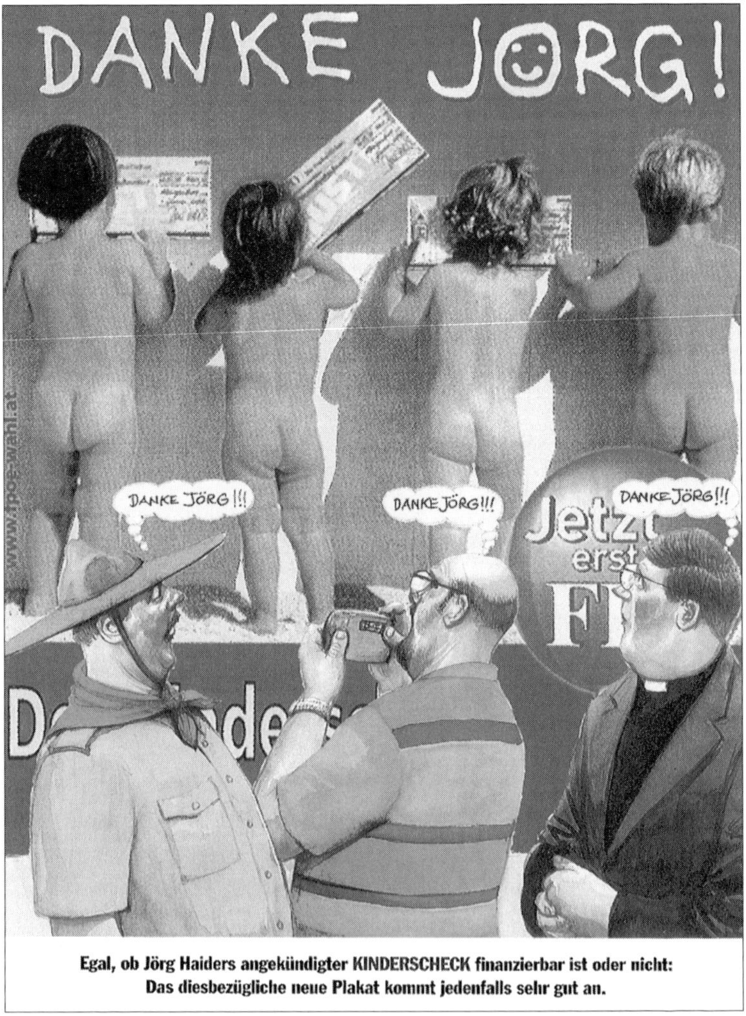

Pädophilie im Wahlkampf: Karikatur von Manfred Deix (1999).

Wo liegt die Grenze, die nicht überschritten werden darf: die Grenze zwischen Liebe und Sexualität? […] Welche Schäden fügen wir uns, vor allem den Kindern und Jugendlichen, zu, wenn wir eine Sexualisierung der Beziehungen zwischen den Generationen unter allen Umständen zu verhindern versuchen?« (Kentler 1980, S. 31 f.).

Vor dem Hintergrund dieser Fragen ist der rechtliche Umgang mit sexuellem Missbrauch zu bedenken. Immer mehr werden auch harmlose sexuelle Spielereien bereits als sexueller Missbrauch von Abhängigen beurteilt, wie der folgende Fall eines fünfjährigen Mädchens illustriert:

»Am Sonntagmorgen war die Welt für das Mädchen Silvia besonders in Ordnung. Da durfte sie zu ihrer Mutter (26) und ihrem Stiefvater (32) ins Bett kriechen und Kissenschlachten und Raufereien veranstalten. Eine ganz normale Angelegenheit. Der leibliche Vater von Silvia war da jedoch anderer Meinung. Ihm kam zu Ohren, dass diese ›Bettspiele am Sonntagmorgen‹ nicht im Pyjama oder Nachthemd stattfanden, sondern … nackt! Außerdem will er erfahren haben, dass die kleine Silvia mit dem Penis ihres Stiefvaters ›Gangschaltung‹ gespielt haben soll. Silvias Vater erstattete Anzeige. Das relativ harmlose Sonntagsvergnügen wurde damit zum juristischen Fall. Silvia wird vom Jugendamt abgeholt und in eine Pflegefamilie gesteckt. Dort fühlt sie sich so unglücklich, dass sie starke Zerstörungswut und Selbstverletzungstendenzen zeigt. Doch damit nicht genug. In einer Serie von Verhören wird die Fünfjährige über ihr Spiel mit der ›Gangschaltung‹ befragt. Vor allem interessiert den Richter der Zustand, in dem sich der Penis von Silvias Stiefvater bei den sonntäglichen Spielen befand. Am Ende ist für das Gericht klar, ›dass die festgestellten Manipulationen Silvias am Geschlechtsteil ihres Stiefvaters sowohl normativ als auch quantitativ sexuelle Handlungen von strafrechtlich relevanter Erheblichkeit darstellen‹. Als strafmindernd wird eingeräumt (allerdings erst in zweiter Instanz), dass ›keine auf- und abwärts gerichteten, onanieähnlichen Manipulationen festgestellt werden konnten‹. Das Ehepaar wird zu ca. 10000 Mark Geldstrafe wegen ›sexuellen Missbrauchs‹ der fünfjährigen Tochter verurteilt« (aus: *Psychologie heute* 1/1984, S. 51).

Dieser Fall ist kein Einzelfall. Und der darin enthaltene »sexuelle Missbrauch« ist ebenso Bestandteil einer öffentlichen und rechtlichen Diskussion. Es sieht ganz danach aus, dass auch der seit der sexuellen Liberalisierung bestehende freizügigere Umgang mit Kindern wieder rückgängig gemacht werden soll. Die Sexualität soll schon wieder dem Kinde ausgetrieben oder zumindest nicht gefördert werden.

In Beratungsstellen für Mädchen, die sich wegen sexuellen Missbrauchs an diese wenden, ist man zur Auffassung gelangt, dass bereits ein begehrlicher Blick des Vaters auf seine Tochter sexueller Missbrauch ist. Wie immer man dieser Auffassung gegenübersteht, evident wird hier die christliche Wurzel dieses Denkens. Denn es heißt bei Matthäus: *»Ich aber sage euch: Wer eine Frau ansieht, ihrer zu begehren, der hat schon mit ihr die Ehe gebrochen in seinem Herzen«* (Matthäus 5; 28).

Schließlich muss die Diskussion um den sexuellen Missbrauch noch unter einem Aspekt betrachtet werden, der interessanterweise in der öffentlichen und rechtlichen Diskussion völlig vergessen wurde. Freud schwankte während seines ganzen Lebens und Wirkens zwischen den Auffassungen, ob die von seinen Patienten erinnerten sexuellen Verführungen durch erwachsene Bezugspersonen tatsächlich stattgefunden hatten, oder ob sie nur Produkte ihrer damaligen kindlichen Wünsche, Ängste und Phantasien waren. Also ob sexuelle Handlungen in der Kindheit seiner Patienten objektive oder nur psychische Realität waren. Freud nahm bei der Entstehung von Hysterien zunächst an, dass sexuelle Verführung durch Familienangehörige Traumata hinterließen, die verdrängt wurden und die hysterische Erkrankung auslösten. Schließlich kam er von dieser Verführungstheorie ab, weil er konstatierte, dass auch nur innere Konflikte, wenn sie mitsamt ihren zwiespältigen Gefühlen verdrängt wurden, neurotische Erkrankungen auslösen konnten. Freud wurde deshalb immer wieder kritisiert. Es wurde ihm vorgehalten, eine für die Gesellschaft unangenehme Sichtweise aufgegeben zu haben. Andererseits muss doch konstatiert werden, dass er es sich mit der Beibehaltung der Verführungstheorie insofern leicht hätte machen können, als sie eine einfache Täter-Opfer-Zuweisung impliziert. Aber dies haben eben andere nach ihm gemacht und machen es bis heute. (Ich habe das an anderer Stelle ausführlich diskutiert: 1994 a, S. 60ff.). Wir sehen also, die Diskussion über den sexuellen Missbrauch gibt es schon sehr lange.

In seinen letzten Lebensjahren berichtet Freud noch etwas anderes: »Unter den passiven Regungen der phallischen Phase hebt sich hervor, dass das Mädchen regelmäßig die Mutter als Verführerin beschuldigt, weil sie die ersten oder doch die stärksten genitalen Empfindungen bei den Vornahmen der Reinigung und Körperpflege durch die Mutter (oder die sie vertretende Pflegeperson) verspüren musste. Dass das Kind diese Empfindungen gerne mag und die Mutter auffordert, sie durch wiederholte Berührung und Reibung zu verstärken, ist mir oft von Müttern als Beobachtung an ihren zwei- bis dreijährigen Töchterchen mitgeteilt worden. Ich mache die Tatsache, dass die Mutter dem Kind so unvermeidlich die phallische Phase eröffnet, dafür verantwortlich, dass in den Phantasien späterer Jahre so regelmäßig der Vater als der sexuelle Verführer erscheint. Mit der Abwendung von der Mutter ist auch die Einführung ins Geschlechtsleben auf den Vater überschrieben worden« (Freud 1931, S.287). Daraus wird zumindest ersichtlich, wie differenziert die tatsächlichen Vorkommnisse sein können und wie vereinfachend dagegen die heutige Diskussion über den sexuellen Missbrauch verläuft.

Letztlich verflachte die Diskussion in ihrer Erweiterung auf die sexuelle Belästigung unter Erwachsenen, weil es Vorfälle sogar in der Politik gab, die nicht einer gewissen Komik entbehrten – etwa als ein österreichischer Sozialminister im Parlament den Busen einer Genossin begrapschte, oder als ein F-Abgeordneter seine grüne Kollegin metaphorisch zur Fellatio aufforderte. Nicht zu vergessen (wenn dies durch dessen Medienpräsenz diesbezüglich überhaupt möglich ist) der berühmteste sexuelle Belästiger: US-Präsident Bill Clinton.

Hier wird übrigens am deutlichsten, wie Sexualität noch immer benutzt werden kann, um zu diffamieren. Jahrelang hatte Kenneth Starr sonderermittelt, irgendetwas nachzuweisen, womit Clinton zu Fall gebracht werden konnte. Kriminelle Machenschaften bei einem Immobiliengeschäft konnten ihm und Hillary Clinton nicht nachgewiesen werden. Der »Mord« an einem seiner Mitarbeiter im Weißen Haus, womöglich von dessen angeblicher Geliebten, Hillary Clinton, begangen, entpuppte sich als Suizid. Welche Verfehlung blieb also noch übrig? Wie allseits bekannt: die unter Eid geleugnete sexuelle Beziehung zur Praktikantin Monika Lewinsky. Ob das Schicksal der USA von diesem Meineid wesentlich beeinträchtigt wurde, ist keine allzu schwere Frage. Wozu also dieses ganze Theater? Nun, Clinton versetzte den superreichen US-amerikanischen Ultrakonservativen mehrere Schläge. Mit seiner Forderung nach einem sozialversicherungsrechtlich abgesicherten Gesundheitswesen unserer Prägung provozierte er Privatversicherungs- und Pharmakonzerne derart, dass diese schätzungsweise Hunderte Millionen Dollar für Fernsehspots aufbrachten, um gemeinsam mit Vertretern der American Medical Association (also der Standesorganisation der Ärzte) die von Clinton geplante Gesundheitsreform als puren Kommunismus zu denunziieren und damit im Keim zu ersticken. Ein anderer Schlag war seine Unterstützung der Schwarzen, die ultrakonservativen Kreisen ebenfalls ein Dorn im Auge war. Von diesen Kreisen wurde Kenneth Starr bereits im Jahre 1997 zur Belohnung seiner Verdienste um die Clinton-Hetze eine Professur an der Pepperdine University angeboten. Starr nahm zunächst an, kehrte aber angesichts des verheerenden Echos rasch wieder zu seiner Hetzjagd zurück.

Um wieder zu unserem Thema zurückzukommen, kann allerdings eine Verfehlung Clintons nicht übersehen werden, die scheinbar niemanden interessierte (merkwürdigerweise auch Starr nicht): Dass sich Clinton von einer sehr jungen, psychisch labilen, von ihm beruflich nicht unabhängigen Praktikantin sexuell bedienen ließ, stinkt nach Machtmissbrauch.

Nun soll nicht der Eindruck entstanden sein, dass immer nur Männer die sexuellen Belästiger sind und dies nicht auch geschlechtsspezifisch umgekehrt sein kann. Eindrucksvoll präsentierte eine Zeitungsmeldung einen Vorfall in Florida mit der Überschrift »Pizzeria-Chefin grapschte: Koch bekommt Millionen«. Der Text dazu:

»Erstmals wurde in den USA einem Mann umgerechnet 2,3 Millionen Schilling [ca. 350000 DM] *Schadenersatz zugesprochen, weil er von seiner Chefin sexuell belästigt und später gekündigt worden war. Fünf Monate lang konnte sich Pizzakoch David Papa der weiblichen Untergriffe an seinem Arbeitsplatz, einem Restaurant der Pizzakette Domino's in Tampa, Florida, nicht erwehren. Seine Chefin, Beth Carrier, machte permanent anzügliche Bemerkungen über seinen Körper, begrapschte ihn am Hintern und umarmte seine Taille. Und sie verbot ihm, sich zu bücken: ›Tu das nicht, das erregt mich.‹ Dafür schlug sie ihn zum ›Manager des Jahres‹ vor. ›Als ich es Freunden erzählte, wollten sie mir nicht recht glauben‹, schilderte Papa. ›Sie sagten: Warum schläfst du nicht mit ihr? Dabei fühlte ich mich durch ihre Berührungen extrem belästigt.‹*

Als sie dem frisch geschiedenen Pizzakoch in Anwesenheit zweier anderer Angestellter laut verkündete, dass sie ihn liebe und mit seinem kleinen Sohn zusammenleben wollte, wurde es Papa endgültig zu viel: Er setzte sich gegen seine Vorgesetzte verbal zur Wehr und – wurde gekündigt, unter dem Vorwand, das Kilometergeld eines Botenfahrers aus dem falschen Konto beglichen zu haben. Bereits vor einem Jahr strebte Papa eine außergerichtliche Einigung an – ohne Erfolg. Nun muss die Pizzakette zahlen, eine ›Warnung vor sexueller Belästigung‹ in allen Filialen aufhängen und die Mitarbeiter jährlich zu einem Kurs schicken« (*Kurier*, 25. November 1995).

Es ist kein Wunder, dass sich gerade in den USA nach der sexuellen Liberalisierung ein Puritanismus mit dem Titel »political correctness« durchsetzte. Unter diesem Deckmantel wurden in Colleges so genannte »Speech Codes«, also sprachliche Vorschriften für die Annäherung zwischen Studenten, ausgegeben. Der Höhepunkt dieser Sittenwacht dürfte gewesen sein, als ein Sechsjähriger und ein Siebenjähriger gleichaltrige Klassenkameradinnen auf die Wange geküsst hatten und deswegen von der Schule verwiesen wurden. Vorfälle dieser Art und Berichte darüber sind natürlich wie geschaffen, eine Diskussion ins Lächerliche zu ziehen. Das geschah auch. Die Öffentlichkeit reagierte auf solche und ähnliche Vorfälle gelassen. Und so wurde es um die Diskussion über sexuelle Belästigung stiller.

Im Lächerlichen liegt aber auch sehr viel Erkenntnismöglichkeit. In solchen Vorfällen wie den oben beschriebenen wird die Aufspaltung von Tätern und Opfern zur Farce. Natürlich ist sie dies nicht immer so. Aber wichtig wäre auf jeden Fall, dass sich die Opfer mit ihrer Opferrolle auseinander setzen können, dass sie erkennen können, wie sehr sie das Täter-Opfer-System stützen. Wenn Frauen z.B. Vergewaltigungsphantasien haben, heißt das natürlich nicht, dass sie auch reale Wünsche danach haben. Ganz im Gegenteil sind diese Phantasien Ausdruck ihrer Ängste davor. Sie versuchen in der Phantasie die Angst vor Vergewaltigung in den Griff zu bekommen. Wenn diese Ängste allerdings unbewusst sind und abgewehrt werden, kann es passieren, dass sich Frauen – natürlich ebenso unbewusst – zum Opfer machen, was sie vielleicht erst in der späteren Aufarbeitung ihrer Erlebnisse erkennen können und was natürlich die Täter nicht ihrer Verantwortung enthebt.

Die Medizinalisierung der Sexualität

Die rechtliche Normierung der Sexualität ist die eine Seite, ihre Medizinalisierung die andere Seite der gleichen Medaille. Wie wir im Teil I bereits gesehen haben, hat die Medizin seit jeher Auffassungen über Sexualität unter einem Gesundheitsaspekt vertreten. Erinnert sei an die jahrhundertelang dominierende Theorie der Körpersäfte, die eine Sexualität zwischen Enthaltsamkeit und Übermaß nahe legte. Natürlich war die Medizin nur eine unter anderen Institutionen (wie Kirche oder Erziehungssystem) und die medizinische Auffassung demnach eine unter vielen.

Diese Situation hat sich seit Kinsey, spätestens seit Masters und Johnson grundlegend verändert. Die Medizin schickte sich nun an, die Sexualität samt ihren physiologischen Grundlagen neu zu vermessen, und das eröffnete die Möglichkeit, massiv in die Sexualität einzugreifen; zunächst über leistungsnormierende Vorstellungen, dann über die Behandlung von Sexualstörungen, die sie als Abweichungen des Sexualverhaltens von Durchschnittsleistungen definierte. Sowohl nach oben als auch nach unten: Während man sich bislang eher mit den unterdurchschnittlichen »Leistungen« beschäftigte, fragt man sich in der Sexualmedizin seit geraumer Zeit, ob es auch eine »sexuelle Sucht« gibt, nachdem Satyriasis und Nymphomanie als unbehandelbar betrachtet werden.

Und die Sexualität wird von der Medizin auch unter ihrem gesundheitsfördernden Aspekt betrachtet. Sex stärkt die Herzmuskulatur und schützt vor Herzinfarkt und Erkrankungen der Herzkranzgefäße; Sex entspannt und hilft bei Schlafstörungen; sexuelle Stimulierung wirkt als Appetitzügler, außerdem verbrennen bei jedem Koitus ca. 200 Kalorien; Sex ist die beste Therapie bei Prostatabeschwerden durch altersbedingte Vergrößerung. Diese gesundheitsfördernden Aspekte hat die Medizin dazu veranlasst, Sexualität als Fitness-Programm zu sehen und sie zu verordnen. Und auch deswegen werden Sexualstörungen als gesundheitsschädlich und behandlungsbedürftig erachtet. Wobei die gesundheitsfördernde Wirkung der Sexualität – wie die der Fitness – ihre Grenzen hat. Schließlich sterben auch Menschen beim Liebesakt.

Jedenfalls erfolgt die Behandlung von Sexualstörungen zunächst einmal durch Verhaltenstherapie – ein Unterfangen, das laut einer US-amerikanischen Studie 75 Prozent Rückfälle der »geheilten« Patienten beschert. Wobei immerhin 25 Prozent der Patienten anscheinend dauerhaft geheilt werden können, was verwundert, wenn man die Banalität sexualtherapeutischen Vorgehens bedenkt, die der Kabarettist Bernhard Ludwig so treffsicher wie humorvoll aufs Korn nimmt. Gegen das rigorose therapeutische Bekämpfen von Sexualproblemen wendet er folgendermaßen ein: »Wenn ich mich im Publikum umsehe, gibt es mindestens zehn Frauen, mit denen ich gerne ein Sexualproblem hätte« (Bernhard Ludwig im Kabarett »Sexualtherapie«, Wien 1999).

Aber die Medizin greift noch massiver ein: Mit Behandlungsmaßnahmen, die von der Verabreichung von Medikamenten, Spritzen und Hormonen, über den Einsatz von mechanischen Hilfsmitteln bis zu chirurgischen Eingriffen reichen. Auffal-

Sexualität zur Fitness. Moderner italienischer Comic.

Medizinalisierung der Sexualität. Schnitt durch den Körper zweier Koitierender. »Die Paarung«, Federzeichnung von Leonardo da Vinci (1501).

lend dabei ist, dass die meisten dieser Behandlungsmaßnahmen für Männer mit Impotenz – nun einfühlsamer »erektile Dysfunktion« genannt – geschaffen wurden, das heißt, dass die Medizin die seit Masters und Johnson einsetzende Genitalisierung der Sexualität fortgesetzt, ja sogar mittels ihrer Eingriffe auf die Spitze getrieben hat.

Bei all diesen Eingriffen geht es also um das Funktionieren der genitalen Sexualität. Was ja auch wichtig ist und eine lustvolle Sexualität bedeuten kann. Doch um welchen Preis! Nehmen wir etwa die gefäßchirurgischen Operationen am Penis, bei denen verstopfte Arterien repariert oder mittels eines Bypass ersetzt und undichte Venen versiegelt werden; weiters die Penisimplantate, bei denen entweder Silikonstäbchen statisch eingesetzt oder schwellbare Implantate über einen Pumpmechanismus aktiviert werden können. Bei beiden Eingriffen hält der Erfolg oft nicht mit den Erwartungen Schritt. Die Implantate sind darüber hinaus irreversibel, weil sie das Gewebe derart verletzen oder sogar zerstören, dass nach Herausnahme der Implantate keine natürliche Erektion mehr möglich ist. Die aufwendigeren hydraulischen Implantate können defekt werden, so dass ein Teil oder der ganze Mechanismus entfernt oder ersetzt werden müssen, wofür weitere chirurgische Eingriffe notwendig werden. Wenn man sich also diesem Weg verschrieben hat, gibt es kein Zurück mehr.

Dabei gäbe es auch sanftere Methoden, die in der Medizin in Vergessenheit gerieten. In den vierziger Jahren entdeckte ein Gynäkologe einen Muskel, dessen Training Patientinnen mit Harninkontinenz eine Besserung brachte. Mit Hilfe dieses Muskels können Frauen und Männer ihren Urin zurückhalten. Als erfreulicher Nebeneffekt dieses Muskeltrainings stellte sich heraus, dass viele Frauen erstmals in ihrem Leben einen Orgasmus erlebten. Auch für Männer kann diese Kegel-Übung (benannt nach dem Gynäkologen) zur Steigerung des sexuellen Verlangens und der Erregung sowie zur Intensivierung des Orgasmus angewendet werden.

Natürlich gibt es noch ganz andere Wege, die vom medizinischen total abweichen. Einer wäre, sich zunächst einmal um

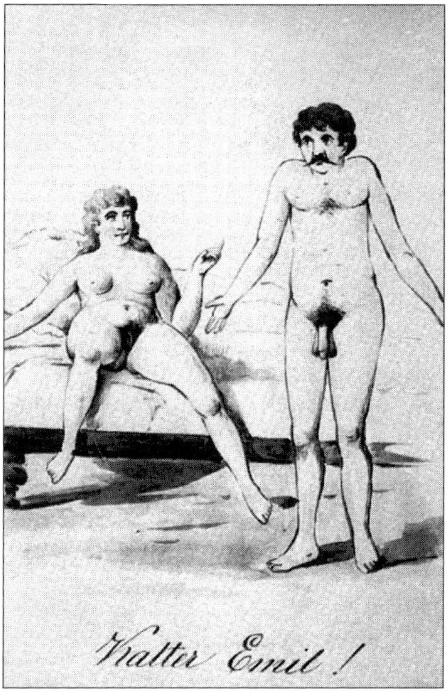

Impotenz.
Scherzpostkarte (um 1870).

ein Verständnis der sexuellen Störungen zu bemühen. Hierbei sollte man fragen, was das Symptom für die Betroffenen bedeutet, welche Funktion es für das innerpsychische Gleichgewicht einnimmt. Außerdem ist zu erkunden, was das Symptom für die Partnerschaft bedeutet, welche Funktion es innerhalb der Beziehung hat.

Individuell gesehen sind sexuelle Störungen zunächst einmal Ausdruck von Leistungsängsten. Heute mehr als im viktorianischen Zeitalter. Das haben wir der sexuellen Liberalisierung und den Sex-Ingenieuren wie Masters und Johnson zu verdanken. Sexuelle Störungen sind aber auch Schutzmechanismen gegen Ängste, wie z. B. Ängste vor Abhängigkeit und vor Autonomieverlust. Diese Ängste werden durch die sexuelle Störung abgewehrt, und erst durch die Abwehr wird eine Beziehung in solchen Fällen paradoxerweise lebbar, denn nur so können manche auf den anderen überhaupt zugehen.

Der »ungestörte«, symptomfreie Partner kann ein unbewusstes Interesse an der Störung des anderen haben und es deshalb – ebenfalls unbewusst – aufrechterhalten. Das Interesse liegt darin, seine sexuellen Probleme an den Symptomträger zu delegieren, sich mit den eigenen Leistungsängsten, mit eigenen Ängsten vor Hingabe, zu enger Bindung usw. hinter dessen Störung zu verstecken. Ein Mann mit Erektionsschwierigkeiten bietet seiner Partnerin auch einen Vorwand für ihre etwaigen Orgasmusschwierigkeiten und ihre Lustlosigkeit, erspart ihr die Auseinandersetzung mit ihren Ängsten. Umgekehrt kann ein Mann mit einer »frigiden« Frau seine Leistungsängste kaschieren. Ihre Ablehnung steigert sein Verlangen. Er denkt ständig an das, was ihm verwehrt wird und erlebt sich dadurch übermäßig lüstern. Das gilt besonders für Männer mit vaginistischen Frauen, die ihre Scheidenmuskulatur so sehr verkrampfen, dass kein Koitus möglich ist. Diese Männer sind oft selbst sexuell unerfahren und fallen in der Paarberatung durch ihre zart fühlende Sanftheit auf. Eine ähnliche Konstellation habe ich bei Männern mit vorzeitigem Samenerguss beobachtet, deren Frauen zwar darunter litten, aber den Koitus auch schnell hinter sich bringen wollten. Man erkennt in diesen Fällen unschwer ein – unbewusstes – Arrangement zwischen den Partnern, mit dem Ziel, ihre genitalen Wünsche abzuwehren. Solche Partnerschaften können durchaus lange halten, wenn dieses Arrangement von beiden Partnern aufrechterhalten wird. Oft ist dieses von Anfang einer Beziehung an vorhanden, wenn sich Partner unbewusst finden, die beide wenig Sexualität wollen.

Wie ich es sehr häufig in der Paarberatung erlebe, kann die sexuelle Störung auch Ausdruck eines Machtkampfes sein. Oft nimmt sie dabei die Funktion einer Verweigerung an, ist gegen den Partner gerichtet und bedeutet unbewusste Feindseligkeit. Während Frauen in früheren Zeiten zu Migräne Zuflucht nehmen konnten, wenn sie keine Sexualität wollten, ist dies durch das mittlerweile weit verbreitete Durchschauen dieses Zusammenhangs nur noch bedingt möglich. Außerdem können Frauen heute eher zu ihrer sexuellen Lustlosigkeit stehen. Im Machtkampf sind Abhängigkeitsgefühle durch sexuelle Wünsche unbrauchbar. Die Verweigerung dient hier als stärkste Waffe, weil sie beim anderen die narzisstische Wunde

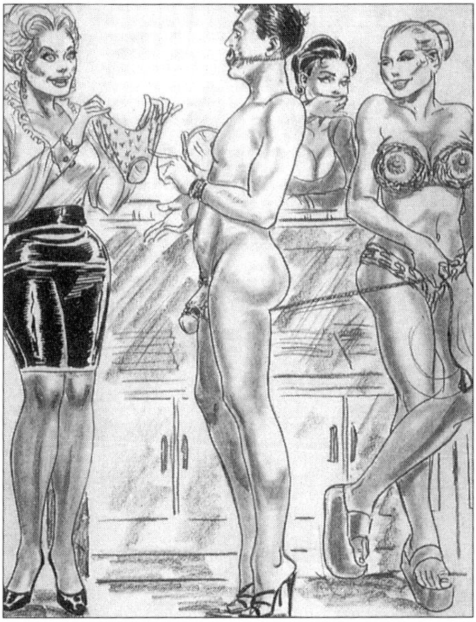

Wenn Männer am Gängelband hängen …
Zeichnungen von Eric Stanton (o. J.).

hinterlässt, nicht begehrt zu werden. Jeder Machtkampf kann symmetrisch eskalieren: Die Verweigerung provoziert noch mehr Offensive, Forderungen und Gewalt, die wiederum mit noch mehr Rückzug, Ablehnung und Feindseligkeit beantwortet werden.

Wie kann man nun aus diesem Machtkampf aussteigen? Da diese Frage sehr viele Paare beschäftigt, möchte ich ausführlicher darauf eingehen. Zunächst ist festzuhalten, dass ein Ausstieg nur möglich ist, wenn dies beide Partner wollen und kooperieren. Und dafür drängt sich eines der wichtigsten Experimente der Sozialpsychologie geradezu auf: das Gefangenendilemma.

Es geht um zwei Personen, die des gleichen Deliktes angeklagt sind und sich in Untersuchungshaft befinden, aber keine Möglichkeit haben, miteinander zu sprechen. Beiden wurde vom Richter Folgendes mitgeteilt: Wenn einer das Verbrechen gesteht und der andere leugnet, geht der Geständige frei aus, aber der andere erhält eine besonders schwere Strafe. Gestehen beide, bekommen beide eine Strafe mittleren Ausmaßes. Wenn beide leugnen, kann über beide nur eine leichte Strafe verhängt werden.

Kooperatives Verhalten bedeutet nun, dass man auf den größtmöglichen Gewinn verzichtet, aber ein gutes Ergebnis für beide ermöglicht. Wenn also beide leugnen, ist die Strafe für beide insgesamt am geringsten. Egoismus, aber auch Konkurrenz und Feindseligkeit liegen im Versuch, den eigenen Gewinn zu maximieren, ohne den des anderen zu berücksichtigen. Natürlich gibt es auch noch die masochistische Variante, wonach der Gewinn des Partners hoch und der eigene Gewinn niedrig sein soll, sowie die destruktive Variante, nach der der Gewinn für beide möglichst gering sein soll.

Dieses Experiment ist von Sozialpsychologen unter allen möglichen Kriterien untersucht worden. Was uns hier interessiert, ist die beste Strategie für die Bewältigung des Gefangenendilemmas, wenn es sich – wie eben in Partnerschaften – wiederholt. Wenn ich kooperativ bin, nützt es mir wenig, wenn meine Partnerin nur auf ihren Nutzen bedacht ist, und umgekehrt, wenn meine Partnerin kooperativ ist und ich nicht. Was ist also die beste Stategie in so einem Fall? Eine denkbar einfache: Beginne kooperativ und orientiere dich dann an der Reaktion des Partners; ist er/sie kooperativ, sei weiter kooperativ; ist er/sie egoistisch und kooperiert nicht, so sei beim nächsten Mal ebenfalls unkooperativ und egoistisch, so nach dem Motto: »Wie du mir, so ich dir.« In mehreren Experimenten hat sich diese Strategie als einfachste und beste erwiesen.

Sie ist der immer kooperationsbereiten Strategie deshalb überlegen, weil sie eben auch vorsieht, sich zu wehren und sich nicht alles gefallen zu lassen. Wenn nämlich der eine immer kooperationsbereit ist, egal was der andere tut, dann könnte es passieren, dass der andere die Kooperationsbereitschaft ausnützt und sich immer egoistischer verhält. Oder wenn der eine sich immer zurückzieht und nie auf den anderen zugeht, sollte dieser innehalten und den Partner kommen lassen.

Kehren wir nun wieder zu den sexuellen Störungen zurück. Sie können auch Nähe-Distanz-Regulierungen sein. Diese Regulierungen sind in jeder Beziehung notwendig: Wie viel Nähe kann man zulassen ohne die Angst, abhängig, verletzbar, verschlungen zu werden? Wie viel Distanz kann man zulassen ohne die Angst, sich verlassen, einsam, von Trennung bedroht zu fühlen? Hier kann das sexuelle Symptom helfen, Distanz zum Partner herzustellen. Aber auch Nähe, indem über das Symptom, in der Folge über die Beziehung gesprochen wird. Dies ist ja auch ein wesentliches Moment jeder Sexualtherapie.

Natürlich geht es in jeder Beziehung noch um andere Konflikte: Wie viel Schwäche kann man zulassen, auf wie viel Stärke, Überlegenheit und Abwertung kann man verzichten, ohne die Angst, ausgeliefert, hilflos und schutzlos zu werden? Wie viel Abhängigkeit kann man zulassen ohne die Angst, abhängig und süchtig zu werden? Auf wie viel Autonomie kann man verzichten, damit Bindung, Vertrautheit und Zusammengehörigkeit entstehen können beziehungsweise erhalten bleiben? Für diese Konflikte bietet sich das bürgerliche Sicherheitsarrangement an, den anderen zu besitzen. Im Kaufvertrag, das heißt in der Heiratsurkunde oder auch in einem impliziten Partnerschaftsvertrag (»wir ziehen zusammen«), sind diese Konflikte »vertraglich« reguliert. Das kann gut gehen, das Sicherheitsarrangement kann halten. Aber es bedeutet manchmal auch Einschränkung, die im Laufe einer Beziehung stärker in den Vordergrund treten kann. Auch dafür können sexuelle Störungen Ausdruck sein, die dann erst nach längerer Beziehung und in höherem Alter entstehen.

Sexuelle Störungen haben also immer auch eine psychische, lebensgeschichtliche Komponente. Die Medizin mit ihrer aufwendigen Penisprothetik negiert diese. Andererseits schafft die Auseinandersetzung mit der psychischen Dimension meiner Meinung nach nicht immer den gewünschten Erfolg. Dann bleibt noch immer die Möglichkeit, sich mit seinen sexuellen Einschränkungen abzufinden. Das bedeutet keineswegs, auf Sex zu verzichten. Ganz im Gegenteil, wie östliche Liebestechniken zeigen, indem sie auf die meditative Sexualität setzen, die dabei zu einem intensiven zwischenmenschlichen Erleben führt und Genitalität sehr wohl einschließt. Denn der Penis muss für einen Koitus nicht so hart und groß sein, wie westliche Männer zu glauben geneigt sind. Der Druck, der diesen Auffassungen entspringt, wird durch die Medizin mit ihren drakonischen Behandlungsmaßnahmen noch verstärkt. Dieser Druck wird z.B. im Tantra-Sex, in dem die Sexualität aus ihrer Fixierung auf die Sexualorgane befreit werden soll, einfach dadurch genommen, dass das nicht-erigierte Glied eingeführt wird und die beiden Liebenden in diesem Zustand bewegungslos verharren sollen, um die Sinnlichkeit dieser Vereinigung intensiver wahrnehmen zu können. Darüber hinaus ist es physiologisch ganz einfach so, dass auch ein nicht-erigierter Penis Nervenenden hat, die Lust verschaffen. Die westliche Orgasmusjagd wird durch die östliche Liebesphilosophie ebenfalls umgedreht. Hier soll nämlich der Orgasmus hinausgezögert werden, am besten überhaupt nicht stattfinden, damit Dauer und Intensität der sexuellen Vereinigung nicht beeinträchtigt werden. Wir sehen, wie sehr diese Gedanken einer westlichen Medizin fremd sind. Auch den meisten Frauen kommen die östlichen Liebeslehren sehr entgegen. Sie wünschen gerade eine Sinnlichkeit, wie sie jene Techniken vorsehen. Manche kommen schwerer durch den Koitus als durch die direkte Stimulation der Klitoris zum Orgasmus. Frauen mit Orgasmusschwierigkeiten sehen sich oft genötigt, einen Orgasmus vorzutäuschen (in letzterer Zeit sollen dies auch Männer tun). Ein sehr großer und harter Penis kann auch schmerzhaft sein usw. Das alles demonstriert, wie relativ die von der Medizin definierten »sexuellen Störungen« eigentlich sind.

Wenn wir uns jetzt einem weiteren Bereich zuwenden, werden wir noch deutlicher sehen, wie sehr die Medizin bereit ist, die Grenzen des Notwendigen und Machbaren immer weiter hinauszuschieben. Seit sie die Möglichkeit angeboten hat, wollen Transsexuelle – also Personen, die eine Diskrepanz zwischen ihrer Geschlechtsidentität und ihrem anatomischen Geschlecht erleben – eine Geschlechtsumwandlung. Und tatsächlich wird dieser Eingriff auch durchgeführt. Natürlich wird damit einem für lebensnotwendig erlebten Verlangen Transsexueller nachgegeben. Die Frage ist nur, ob die Medizin dabei nicht ein psychotisches Verlangen erfüllt, also bei einem sehr krankhaften Geschehen mitagiert, ohne andere Hilfestellungen und Ressourcen auszunutzen (siehe Bancroft 1985). Außerdem beschieden sich Transsexuelle früher, als es noch keine medizinische Möglichkeit der Geschlechtsumwandlung gab, mit dem Tragen weiblicher Kleidung. Mit anderen Worten kann die heutige Form der Transsexualität, die nach körperlicher Veränderung des Geschlechts drängt, als Schöpfung der Medizin betrachtet werden.

Auch hier würde sich ein Blick der Medizin auf andere Kulturen und ihre Möglichkeiten, mit Transsexualität umzugehen, lohnen. Etwa auf Dorfrituale bei Hindus, wo sich Männer als Frauen verkleiden und vorübergehende Besessenheit durch weibliche Göttinnen oder Dämoninnen erfahren. Das Verständnis für Transsexualität ist bereits in der indischen Mythologie angelegt: König Bhangaswana wird von der Göttin Indra in eine Frau verwandelt und will Frau bleiben, weil dieses Dasein erotisch befriedigender ist als die harte Rolle der Männlichkeit (siehe ausführlicher Gilmore 1991).

Sicherlich sind die Transsexuellen, die eine Geschlechtsumwandlung wirklich wünschen, eine sehr kleine Gruppe. Eine größere hingegen stellen Frauen dar, die zwecks Veränderung bestimmter Körperteile – vor allem des Busens, was ja auch dem westlichen Busen-Kult entspricht – chirurgische Eingriffe in Kauf nehmen. Gemeinsam mit den bereits vorher erwähnten chirurgischen Maßnahmen zieht sich ein roter Faden durch all diese Eingriffe: Der Wunsch, anders oder besser zu sein, wird von der Medizin sehr schnell »erfüllt«, ohne den Wunsch selbst zu hinterfragen – ob nämlich eine befriedigende Sexualität nur über die Perfektionierung des Körpers, über die Verhärtung, Vergrößerung oder gar Entfernung des männlichen Sexualorgans erreicht werden kann.

Psychologisch gesehen verhindert die Medizin mit ihren Eingriffen manchmal auch eine sehr wichtige Dimension menschlichen Daseins, nämlich Trauerarbeit zu leisten. Dass unser Leben durch den Tod und unsere Sexualität durch ebenso unvermeidliche Faktoren, wie etwa Alter oder Krankheit, begrenzt ist, benötigt Trauerarbeit, um Depression zu verhindern. Männer haben den Höhepunkt sexueller Appetenz um das 20. Lebensjahr, ab 30 Jahren beginnt diese langsam und kontinuierlich abzunehmen. Mit zunehmenden Alter ist die Erektionsfähigkeit vermindert; es dauert länger, bis sie sich einstellt; es benötigt dazu mehr physiologischer Stimulierung, da Bilder und Phantasien ihre stimulierende Wirkung verlieren; die notwendige Erholungsphase nach der Ejakulation nimmt zu; diese erfolgt verzögerter und weniger kraftvoll, wodurch sich das Erleben des Orgasmus verändert. Frauen haben den Höhepunkt ihrer sexuellen Appetenz um das 35. Lebensjahr, aber halten ihr sexuelles Interesse auf diesem Niveau. Wobei dieses Interesse partnerabhängig ist. Ältere Frauen mit gleichaltrigen, sexuell interessierten Männern sind sexuell aktiver als Frauen mit älteren Partnern, die weniger sexuelles Interesse haben. Nebenbei bemerkt macht die unterschiedliche Entwicklung der sexuellen Appetenz bei Männern und Frauen einen größeren Altersunterschied zwischen den Partnern verständlich, wobei natürlich noch andere Motive (Suche nach dem vermögenden Vater bzw. nach der sexuellen Mutter) eine wesentliche Rolle spielen.

Adäquat zu den Männern werden bei älteren Frauen die Orgasmuskontraktionen schwächer; die Scheidenwände wer-

Tim Curry als Transvestit in »The Rocky Horror Picture Show« (1975).

den dünner und weniger elastisch; die benötigte Scheidenfeuchtigkeit nimmt ab. Kurzum bedingt das Altern bei beiden Geschlechtern physiologische und hormonelle Veränderungen, die ihre unvermeidlichen Auswirkungen auf die Sexualität haben: vor allem geringere Häufigkeit sexueller Aktivitäten sowie langsamere Abläufe der sexuellen Reaktion. Die Medizin aber verheißt uns in vielen Fällen, uns vor alldem bewahren zu können. Ihre Möglichkeiten lassen uns Hoffnung schöpfen, an die wir uns erwartungsvoll klammern, weil sie uns die Depression vorerst erspart. Doch werden die Erwartungen zwangsläufig enttäuscht, so dass wir tiefer fallen als zuvor.

Dies führt uns wiederum zu einem anderen Gebiet, wo die Medizin selbst die Grenzen von Leben und Tod aufhebt, nämlich der Gentechnologie. Obgleich wir heute Sexualität und Fortpflanzung als voneinander unabhängig denken, wird sich anhand des christlichen Standpunkts zur Gentechnologie sogleich zeigen, dass diese mit all ihren Methoden sehr wohl die Sexualität beeinflusst. In der christlichen Tradition war die Fortpflanzung wegen der zu ihr notwendigen körperlichen Aktivitäten immer schon ein Problem, weil letztere vom Gottesglauben ablenken: »Dieser Widerspruch aus fleischlicher Kindeszeugung und geistiger Gottesgefolgschaft wird im Neuen Testament verschärft. Gottes Kind zu werden heißt dort nämlich für die Menschen, nicht Produkt eines Zeugungsaktes, sondern eines Glaubensaktes zu sein. Die fleischlose Gefolgschaft Jesu löst aber, das sahen die Kirchenväter deutlich, keineswegs das oben gezeigte Dilemma. Eine Vermittlung zwischen den beiden Ansprüchen stellte deshalb das Institut der Keuschheit, das heißt der lustlosen fleischlichen Vereinigung, dar. Augustinus entdeckte in der Analogie zu den Säugetieren, die eine Begattung nur im Zustand periodischer Fruchtbarkeit zulassen, den Beleg für die Naturgemäßheit lustloser, wenn schon notwendiger Zeugung. Thomas von Aquin hat mit seiner noch 1930 in einer Enzyklika des Papstes Pius XI. bestätigten Ehegüterlehre die ›Freundschaftsehe‹ konstituiert, ein Modell, dessen Verwandtschaft zu den geschätzten Formen der Minne als vergeistigter Liebe und zu der romantischen Liebe nicht zu übersehen ist. Es liegt auf der Hand, dass In-vitro-Fertilisation, im globalen Maßstab gedacht, eine einmalige Chance für die Verwirklichung der keuschen, weil lustlosen Form der Erfüllung des göttlichen Schöpfungsauftrages bietet« (Lenzen 1991, S. 109).

Natürlich ist das nur die eine Seite, wie Lenzen anmerkt. Manche Methoden der Gentechnologie würden eine Überschreitung der Grenze zwischen gottgewollter Fortführung und blasphemischer Neugestaltung des göttlichen Schöpfungswerkes darstellen. Das Klonen beispielsweise stellt bereits eine solche Grenzüberschreitung dar, indem der Mensch in Konkurrenz zu Gott neue Wesen schafft.

Allerdings wird das auf unnatürliche Weise geborene Kind bereits in der Mythologie gedacht. Erinnern wir uns an die in Teil I referierten Mythen, zum Beispiel der Pallas-Athene als Kopfgeburt des Zeus oder Dionysos als seinem Schenkel entsprungen. Schließlich ist auch die Geburt Christi durch die Jungfräulichkeit seiner Mutter unnatürlich. Aber in allen Mythologien sind solche Geburten Vorrecht der Götter. Nur göttliche Eltern zeugen und gebären ihre göttlichen Kinder auf göttliche Weise. Man kann Lenzen nur zustimmen, wenn er meint, dass die künstliche Befruchtung diese tief sitzende, kollektive mythische Struktur wieder aufnimmt, aus Patienten »Gotteseltern« macht und schließlich die Kinder von Geburt an ebenfalls vergöttlicht.

Diese Schöpfungsmythen sind auch durchwegs patriarchale, denn das Gebären wird zur Fähigkeit der Götter (wie Zeus), jedenfalls immer außerhalb des weiblichen Körpers angesiedelt. Schon allein daraus ist hingegen fraglich, wie Lenzen meint, ob die künstliche Befruchtung zu einer Überbewertung der Mutter und zu einer Unterbewertung des Vaters führt.

Auf einer tieferen Betrachtungsebene hat Lenzen Recht, wenn er meint, dass die künstliche Befruchtung zu einer Unterbewertung des Vaters und schließlich zu einer Identitätskrise für den Mann in seiner Rolle als Zeuger führen könnte: »Betrachten wir die Rolle des genetischen Vaters bei der natürlichen Zeugung, so lässt sich kaum leugnen, dass der Akt der Begattung auch eine Symbolstruktur besitzt, welche die Rolle des Mannes unverwechselbar festlegt. Insbesondere animistische Denksysteme enthalten immer wieder Derivationen der Merkmale von Männlichkeit und Weiblichkeit aus den Merkmalen des Koitus. So ist die Zuschreibung von Aktivität und Passivität zu Mann und Frau in unserer Kultur ein Vorgang, der von den Praktiken des Geschlechtsverkehrs kaum losgelöst gedacht werden kann. Die Konnotationen zwischen Phallus und Waffe, Sperma und Geschoss, Penetration und gewaltsamer Verletzung, Ejakulation und Schuss sind ebenso verbreitete, bis in die Alltagssprache hinein nachweisbare Denkverbindungen ... Es dürfte nicht ganz abwegig sein, wenn das Männliche einen erheblichen Teil seiner Selbstsicherheit kulturell aus der Vorstellung bezog und bezieht, im Sexualakt, aber eben auch im Zeugungsakt der eigentlich handelnde, aktive, dominierende und vor allem entscheidende Part zu sein. Es ist nun mit einiger Sicherheit so, dass sich bei einer Verallgemeinerung von Fertilisationstechniken wie im Falle der In-vitro-Fertilisation durch die Verschiebung der letztendlichen Entscheidungsgewalt über Leben oder Nicht-Leben in die Kompetenz der Frau ein massives Identitätsproblem für den Mann in seiner Rolle als Zeuger abzeichnet. Die narzisstische Kränkung, der ein Mann dadurch unterworfen wird, dass sein Part an der künftigen Kindschaft mit einem Akt der Selbstbefriedigung, also einer monologischen Betätigung an sich selbst, ohne Gegenüber, erledigt ist, dürfte schwer korrigierbar sein« (Lenzen, S. 115 f.).

Was diese Zeugungsart für die Kinder bedeutet, wissen wir noch nicht. Was wir allerdings wissen ist, dass z. B. adoptierte Kinder darunter leiden, dass ihre soziologischen Väter nicht ihre biologischen sind. Und auch im Ödipus-Drama ist dieses Leiden enthalten: Ödipus kennt seine wahren Eltern nicht und entfacht in dieser Unkenntnis die Tragödie. Der in-vitro-fertilisierte Ödipus kennt zwar seine Eltern, aber der Zeugungsakt, dem er entspringt, muss ihm unnatürlich – zumindest unmenschlich – erscheinen. Die Frage nach dem Ursprung des Lebens, die den Menschen immer beschäftigt, inkludiert eben sowohl die Elternschaft als auch die Umstände, unter denen die Eltern gezeugt haben.

Die Rolle des Mannes bei der künstlichen Befruchtung erinnert in der Tat an die im Kapitel »Der Übergang vom Matriarchat zum Patriarchat« entworfene Rolle des Mannes im Matriarchat. Durch die Unkenntnis des Zusammenhangs zwischen Koitus und Schwangerschaft wurde, wie wir gesehen haben, das Gebären vergöttlicht, das männliche Ejakulat bestenfalls als Nahrung für den schon vorhandenen Embryo angesehen.

Die Männer einer patriarchalen Gesellschaft brauchen die Bestätigung ihrer Vaterschaft umso mehr, zumal die Untreue der Frauen diese gefährdet. Wie im vorigen Kapitel bereits angeführt, kannte die antike Rechtspraxis den Ritus der Kindesaufnahme durch den Vater. Wenn er seiner Vaterschaft sicher war, nahm er das Neugeborene rituell vom Boden, wohin man es gelegt hatte, auf. In unserer gegenwärtigen Kultur gibt es diese Entscheidung des Mannes nicht mehr: »Seit dem Code Napoleon und dem Preußischen Landrecht von 1794 gilt: ›Pater est, quem nuptiae demonstrant.‹ (›Der Vater ist derjenige, den die Beischläferinnen benennen.‹) Die Entscheidung darüber, ob einer Vater ist oder nicht, liegt also bereits seit 200 Jahren in den Händen der Frau, das heißt die Identität des Mannes als Vater ist eine Funktion der weiblichen Entscheidung« (Lenzen, S. 117 f.).

Allerdings gibt die künstliche Befruchtung auch dem Mann etwas: Sie reduziert sein Trauma, nicht Vater seiner Kinder zu sein. Aber im Grunde wiegt dieser »Vorteil« wenig gegenüber dem zentralen Bedenken, das die Techniken der künstlichen Befruchtung auslösen: »In dem Maße, in dem die In-vitro-Fertilisation und verwandte Verfahren einen neuen Schöpfungsmythos begründen, der das junge Leben vergöttlicht, könnten sie der Suggestion nachgeben, das alte Leben sei umso wertloser geworden, als dass die Zeugung immer neuen Lebens nur eine Frage der Technik sei. Es ist dieses ein alter Menschentraum und -wahn zugleich, nämlich der von der Autochthonie des Menschen, von seiner Selbstschöpfungskraft, gegen den schon der Ödipus-Mythos vorgeht. Die

Ideenträger der alten Kulturen wussten, warum sie das taten. Hätten sie nämlich den Gedanken an die Schöpfung menschlichen Lebens ohne einen Gott zugelassen, dann hätten sie keine Schranke mehr installieren können, die es dem Menschen verbietet, auch über die andere Seite des Lebens zu entscheiden, den Tod. Dies ist das Kernproblem der Überlegungen zum gesamten Komplex der Gentechnologie, das sich natürlich bei der Schaffung wirklich neuen Lebens viel nachhaltiger stellt. Die Kulturen dieser Welt verfügen über keinen universellen Mythos, der das eine, die Zeugung des Lebens, als zulässig erklärte und dabei gleichzeitig das andere, die Vernichtung des Lebens, unzweifelhaft verböte. Deshalb gehört In-vitro-Fertilisation demselben Diskurs an wie Abtreibung und Sterbehilfe. In allen Fällen geht es um eine ›Leistung‹ der Medizin, die deren Grenzen überschreitet und das Feld der Theologie betritt. In ihrer autochthonen Vorstellungswelt gibt es keinen Platz mehr für das Denken eines Lebens und eines Todes, die nicht aus Menschenhand und -kopf entstehen. Die Implikationen, die dieses Denken für das außermenschliche Leben, die so genannte Natur, hat, sind bereits global zu studieren« (Lenzen, S. 120).

Wenn wir also die beiden letzten Kapitel zusammenfassen: In der Frage um Abtreibung und Aids, in der Behandlung von Sexualstörungen, in der an anderer Stelle angeführten Kontrolle des weiblichen Unterleibes durch die Gynäkologie und schließlich mit den Methoden der Gentechnologie normiert die Medizin die Sexualität, ja macht sie zu einem medizinischen Geschehen. Viel besser als es je dem Christentum gelang, Lust- und Fleischlosigkeit zu installieren, machte die Medizin die Sexualität zu einem mechanischen und sterilen Unterfangen.

Die postmoderne Beziehungskiste

Die Medizinalisierung der Sexualität muss natürlich Auswirkungen auf Beziehung und Partnerschaft haben. Aber sehen wir uns auch die Kehrseite an: Die ökonomischen und sozialen Veränderungen führten zu zwischenmenschlichen Beziehungen, die die Medizinalisierung der Sexualität erst ermöglichten. Der Wandel von Ehe und Familie in der bürgerlichen Gesellschaft war bedingt durch die zunehmende Industrialisierung, die Fabrikarbeit und damit Trennung von Wohn- und Arbeitsplatz bedeutete. Dadurch war die Familie keine Produktionseinheit mehr, verlor also eine wichtige Funktion. An ihre Stelle musste also etwas Neues treten. Das war, wie im Kapitel »Die bürgerliche Sexualunterdrückung« ausgeführt, die Liebe, die die Beziehungen zwischen den Familienmitgliedern emotionalisieren sollte. Die Liebe wurde nun zwischen den Partnern und zu den Kindern erwartet. Über die Liebe gab es bald Konzepte, wie sie sein sollte: Treue, Zuverlässigkeit, Dauerhaftigkeit, Häuslichkeit wurden zu Tugenden, mit denen »richtige« Liebe verbunden sein sollte.

Natürlich wurden diese Wertkonzepte immer wieder relativiert. Dem bürgerlichen Ehemann wurde der geheime Bordellbesuch zugestanden, ohne dass an seiner Liebe zur Ehefrau gezweifelt werden musste. Deren finanzieller Abhängigkeit stand diejenige ihres Mannes gegenüber, der auf ihre Erfüllung lebenswichtiger Bedürfnisse wie Ordnung, Sauberkeit, Krankenpflege, Kochen und Kindererziehung angewiesen war.

Diese Beziehungsform, also weitgehend monogam und lebenslang, war noch in der Wiederaufbaugeneration meiner Eltern vorhanden. Sie bedeutete eine repressive Sexualmoral: Arbeit und Triebaufschub beziehungsweise -verzicht. Meine

Generation, die so genannte 68er, protestierte gegen alle Autoritäten, die diese Moral verkörperten. Die »Rolling Stones« wurden mit »I Can´t Get No Satisfaction« oder mit »You Can´t Always Get What You Want« weltberühmt, weil sie sexuelle Frustration und Mangel der Jugendlichen anprangerten. Auch die US-amerikanische Jugend protestierte zur gleichen Zeit gegen die Unsinnigkeit eines Korea- und Vietnamkrieges. »Make love not war« war ihre Devise. Gleichzeitig wandten sie sich von ihren (meist bürgerlichen) Herkunftsfamilien ab, um in Wohngemeinschaften und Kommunen die freie Sexualität zu entdecken. Die Gruppensex-Szene entstand, von der Alex Comfort, Autor des millionenfach verkauften Sextechnikbuches »Joy of Sex«, schwärmte, weil der Anblick des geliebten Partners, der sich mit jemand anderem paart, angeblich die totale Befreiung schafft.

Jede sexuelle Revolution muss zwangsläufig den engen Rahmen der Familie sprengen. Das erkannte bereits Lenin, der den sexuellen Befreiungsversuchen der revolutionären sowjetischen Jugend in den zwanziger Jahren sehr skeptisch gegenüberstand. Denn die offizielle sozialistische Sexualmoral setzte auf das Primat der Familie zum Aufbau einer sozialistischen Gesellschaft. Die Reproduktionsfunktion der Familie wurde von Lenin höher bewertet als ein freizügiges Sexualleben.

Zur gleichen Zeit wie in der Sowjetunion gab es auch bei uns eine Sexualreformbewegung, die sich vor allem dem Kampf um das Recht auf Schwangerschaftsabbruch widmete und sich gegen die autoritäre, religiöse und sexualitätsverneinende Erziehung wandte. Der Nationalsozialismus hat zwar Teile der bürgerlichen Lebensreformbewegung (z. B. die Nacktkörperkultur) übernommen, aber die mit der Sexualreformbewegung eingeleitete Entwicklung unterbrochen. Erst in den sechziger Jahren wird sie mit dem Prozess der sexuellen Liberalisierung fortgesetzt. Doch mit einem Unterschied: War die Sexualreformbewegung der zwanziger Jahre noch für die Ehe, löste die sexuelle Liberalisierung der sechziger Jahre die Sexualität von der Ehe. Das ist entscheidend und erklärt die Tatsache, dass sie in den USA ihren Anfang nahm. Denn hier wurde vor allem die Mobilität von Arbeitskräften gebraucht, die von ungebundenen, überall Sexualität ohne Bindung (»One-Night-Stands« als ein »Fachausdruck« dafür) findenden Individuen eher zu erwarten war als von Familienvätern.

Die Mobilität von Singles ist also gefragt. Aber nicht nur. Es geht natürlich auch um Individualisierung und Atomisierung. Dies sind ebenso nützliche Entwicklungen für die Ausbildung von »Arbeits-Persönlichkeiten«. Diese sollen die Arbeit in das Zentrum ihres Lebens stellen, ihre Fortpflanzung vermeiden und Sexualität als Nebensache, höchstens zur unumgänglichen Triebbefriedigung, praktizieren. Trotz allem halte ich es für überzogen, im Single-Dasein eine »zwanghafte Unabhängigkeitsdemonstration« oder die »infantil-trotzige Kehrseite« der Paarbildung durch »ständige Enttäuschung der kindlichen Sehnsüchte in Beziehungen« (Schorsch 1985, S.103) zu sehen. Das Single-Dasein kann wohl eine ernst zu nehmende Lebensentscheidung sein, die auf die Paarbildung zur Vermeidung von Einsamkeitsgefühlen verzichtet.

Das sexuelle Pendant zur Single-Bewegung ist einerseits die neue *Abstinenz- oder Keuschheitsbewegung*, zum anderen die Propagierung der Selbstbefriedigung. Das soll nicht heißen, dass Singles sexuelle Enthaltsamkeit oder Selbstbefriedigung mehr oder weniger als andere praktizieren. Aber genauso wie die Single-Bewegung gesellschaftlich gefördert wird, sehen Sexualwissenschaftler nun die Selbstbefriedigung als eine Form der Sexualität, die in bestimmten Situationen durchaus praktiziert werden kann und soll. Das Argument, Selbstbefriedigung beeinträchtige die Gesundheit, bewirke z.B. Rückenmarksschwund, wie der Arzt Tissot im 18. Jahrhundert behauptete und damit zwei Jahrhunderte lang die Medizin prägte, kann nun als historisch angesehen werden – daran glaubt heute niemand mehr. Obwohl auch Freud Zusammenhänge zwischen Onanie und Neurasthenie (Nervenschwäche) konstatierte, hatte er noch Bedenken anderer Art. Intensive Selbstbefriedigung könne zu einer Art »Gewöhnung« (Freud 1898, S.27) führen, die den Drang zur zwischenmenschlichen Sexualität vermindert: »Sie verdirbt ferner den Charakter durch Verwöhnung auf mehr als eine Weise, erstens, indem sie bedeutsame Ziele mühelos, auf bequemen

Wegen, anstatt durch energische Kraftanspannung erreichen lehrt, also nach dem Prinzip der sexuellen Vorbildlichkeit, und zweitens, indem sie in den die Befriedigung begleitenden Phantasien das Sexualobjekt zu einer Vorzüglichkeit erhebt, die in der Realität nicht leicht wieder gefunden wird. Konnte doch ein geistreicher Schriftsteller (Karl Kraus in der Wiener Fackel), den Spieß umdrehend, die Wahrheit in dem Zynismus aussprechen: Der Koitus ist nur ein ungenügendes Surrogat für die Onanie!« (Freud 1908, S.28f.)

Obwohl hier die Verbindung von Sexualität und »energischer Kraftanspannung« ebenfalls merkwürdig anmutet, sind Freuds Bedenken doch ernst zu nehmen. Wilhelm Reich behauptete, nur Schuldgefühle bei der Onanie führten zu Neurasthenie. Therapieziel sei deshalb, ohne Angst und Schuld onanieren zu können. In jüngerer Zeit wurde das Kennenlernen eigener sexueller Gefühle bei Selbststimulation in den Vordergrund gestellt und deshalb die Selbstbefriedigung empfohlen. Denn die Sexualforschung hat erkannt, dass die Selbststimulierung – besonders für Frauen – der schnellste und sicherste Auslöser sexueller Erregung bis zum Orgasmus ist. Die Sexualtherapie setzt deshalb zur Erhöhung der sexuellen Sensibilität auf Selbststimulierungstechniken. Was sich wiederum zur Vorstellung verdichtet hat, Selbstbefriedigung sei überhaupt besser als Stimulierung durch einen Partner.

Was hat das alles mit der »postmodernen Beziehungskiste« zu tun? Nun, die Postmoderne charakterisiert sich unter anderem durch den Zusammenbruch aller großen Weltentwürfe: der Zusammenbruch des real existierenden Sozialismus, das Ende des aufklärerischen Zeitalters, der Abbau des Sozialstaates und die uneingeschränkte Herrschaft des Marktes. Auch in der Sexualität sind die Entwürfe zusammengebrochen: Weder Kirche noch Wissenschaft können attraktive Vorschläge anbieten. Das Sexualitätsmodell der heutigen oder vorigen Elterngeneration ist ausgelaufen. Also muss jeder selbst in die Hand nehmen, was früher durch Ehe und Partnerschaft abgesichert war. Jeder muss für sich selbst Verantwortung übernehmen, ist das neue Credo.

»Erntedankfest«, Öl auf Leinwand von Vladimir Dubosarskij und Alexander Vinogradov, Moskau 1996.

Aber es gibt dabei noch ein weiteres Moment: Der Verlust der Werte soll durch die Überhöhung von Sexualität und Beziehung ausgeglichen werden. In ihnen soll auch das Soziale, Politische, Religiöse, Kommunikative abgedeckt werden, wofür früher eigene Institutionen in Anspruch genommen wurden.

Es zeichnet sich bereits ab, worum es in der postmodernen Beziehungskiste vor allem geht: dem Kampf zwischen Abhängigkeit und Unabhängigkeit. Dieser Kampf ist nicht originär. Sogar bei Naturvölkern gibt es ihn. Fritz Morgenthaler (1988) hat ihn in Papua-Neuguinea beobachtet. Im Alltag der Papua stehen Prügeleien zwischen Mann und Frau auf der Tagesordnung, weil sie mit emotionaler Vehemenz an der Besetzung ihrer Sexualobjekte festhalten und gleichzeitig die Abhängigkeit von ihnen nicht ertragen. Relativ neu ist dieser Kampf in unseren Breitengraden, weil vor noch nicht allzu langer Zeit die äußeren Abhängigkeiten der Partner die innere Abhängigkeit überdeckt haben.

In der Arbeit mit Paaren finde ich häufig folgendes Beziehungsmuster vor: Mann (auch Frau, aber seltener) sucht sich einen Partner, der vorerst sehr abhängig von der Beziehung ist. Zunächst sichert das die Beziehung, aber nach einiger Zeit wird sie zu eng und man wünscht mehr Autonomie des Partners. Natürlich lässt sich das nicht so schnell realisieren, aber wenn es dem »abhängigen« Partner doch gelingt, ein Stück Unabhängigkeit von der Beziehung zu erreichen, löst das beim anderen wiederum massive Verlustängste aus. Man wünscht dann wieder mehr Bindung, Beziehung und letztlich Abhängigkeit. Der andere hat sich aber inzwischen noch unabhängiger gemacht und ist nicht selten eine Außenbeziehung eingegangen. Auf jeden Fall entsteht ein Machtkampf. An diesem Punkt kommen viele Paare zur Beratung, weil sie nur mehr streiten und nicht mehr miteinander reden können.

An diesem Kampf hat natürlich die Frauenbewegung insofern Anteil, als sie die Unabhängigkeit nicht nur im ökonomischen Bereich, sondern auch in Beziehungen einfordert. Initiative, Selbstverantwortlichkeit und Selbstversorgung, die mit der Emanzipation verbunden werden, lösen Ängste und Phantasien in Richtung Untreue und Partnerverlust aus.

Sogar bei der Selbstbefriedigung mit Gummipuppen – eine männliche Vorliebe – werden bevorzugt Frauen dargestellt.

Beziehungskiste, privat und im Film. Elisabeth Taylor und Richard Burton in »Cleopatra« (1963).

Nicht zuletzt wird von den Männern befürchtet, dass ihre *Frauen durch die Emanzipation sexuell zügellos werden.*

Die Frauenbewegung hat also die Männer herausgefordert, auf die an sie gerichteten Vorwürfe zu reagieren. Eine Reaktion war die Schaffung eines neuen Typus Mannes, dem so genannten »Softie«. Er zeichnete sich darin aus, die Position des angegriffenen »Machos« einfach umzudrehen. Aber damit entzog er sich genauso der Geschlechterauseinandersetzung.

Schon Margaret Mead (1930) berichtet über »Softies« bei den Arapesch und Tschambuli in Neuguinea, wo die Frauen fischen und weben, während die Männer mit schmachtenden Blicken um ihre Gunst (und um eine Mahlzeit) werben. Die Frauen belustigen sich über die Putzsucht und Geschwätzigkeit der Männer. Diese tragen Eifersüchteleien mit ihren Konkurrenten während ihrer Werbungen aus und warten hoffnungsvoll, von den Frauen »genommen« zu werden. Die

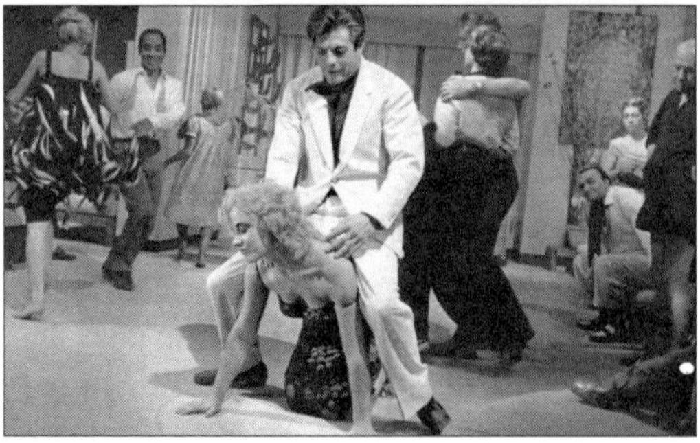

Oben rechts:
Ursula Andres als Muscheltaucherin und Bond-Girl.

Machos im Film:

Oben links:
Sean Connery als James Bond.

Mitte:
»Der große Zampano« Anthony Quinn mit Julietta Masina in Fellinis »La Strada« (1954).

Unten:
Marcello Mastroianni in Fellinis »Das süße Leben« (1959).

Softie. Aquarell von Eric Stanton (um 1964).

Frauen sind kahlköpfig und geschäftstüchtig, während sich die Männer falsche Locken aus Palmringen drehen, einkaufen, schnitzen, malen, tanzen und vor allem Kinder tragen.

Ernest Borneman hat in seinem viel beachteten Werk »Das Patriarchat« gewünscht und prognostiziert, dass sich die Geschlechter (auch biologisch) ähnlicher werden und damit das Patriarchat zerstört werde. Der Abbau der Geschlechtsunterschiede, so Borneman, sei ein unvermeidlicher Aspekt einer klassenlosen Gesellschaft. Die Zweigeschlechtlichkeit solle sich in Bezug auf tertiäre und sekundäre Geschlechtsmerkmale in Richtung »Unisex« verschieben. Die Sexualität wäre dann vom Primat des Genitalen befreit.

Persönlich kann ich mich für diese Entwicklung nicht begeistern. Die Angleichung der Geschlechter bedeutet auch

Geschlechtsverlust. Eine Frau ist für einen Mann, genauso wie ein Mann für eine Frau, in ihrer jeweiligen Andersartigkeit eine Bereicherung. Der Geschlechtsunterschied ist deshalb eine interessante und spannende Dimension des Lebens. Dass mit dem Geschlechtsunterschied sozio-ökonomische Ungleichheit verknüpft ist, steht auf einem anderen Blatt.

Wofür ich mich persönlich eher begeistern könnte, wäre eine gewisse »Matriarchalisierung« der Sexualität, was möglicherweise eine Bereicherung und Erleichterung für beide Geschlechter darstellen würde. Ich kann hier mit keiner statistischen Genauigkeit aufwarten, wenn ich behaupte, dass die zufriedensten Paare, die ich in meiner Arbeit sehe, diejenigen sind, in denen die Frau eine führende Rolle in der Sexualität innehat. Ich kann es mir nur so erklären, dass die Ansprüche und Erwartungen von Frauen in solchen Beziehungen mehr Gewicht haben, und da diese eher beziehungs- und gefühls- als leistungsorientiert sind, die Sexualität für beide Partner zufrieden stellender wird.

Die Nivellierung der Geschlechter hat genauso wie die Versuche, der Sexualität alle Hindernisse aus dem Weg zu räumen, eine restriktive Wirkung. Herbert Marcuse (1970, S. 102) hat zu Recht davor gewarnt, dass die Gesellschaft die Sexualität durch Sanktionen zerstört, weil sie dann eine wesentliche erotische Qualität verliert, nämlich das Moment der Befreiung vom Gesellschaftlichen. Die Restriktion der Kirche gegenüber Sexualität macht sie gerade über das Verbotene zu einer reizvollen Sache, das heißt, die Kirche fördert seit jeher die Sexualität, indem sie sie bekämpft. Es besteht für die Lust eben meines Erachtens in der Regel eine Dialektik von Verbot und Überschreitung.

Diese Dialektik lässt sich auf beiden Seiten verflachen oder gänzlich zum Stillstand bringen. Die Sexualität kann für bestimmte Lebensphasen oder unter bestimmten gesellschaftlichen Verhältnissen derart unterdrückt werden, dass sie sich gegen die ihr auferlegten Verbote schwer oder gar nicht durchzusetzen vermag. Das viktorianische Zeitalter oder die heutigen gesetzlichen Sanktionen für vorehelichen Koitus in China sind vielleicht Beispiele dafür. Die andere Seite ist die Lockerung jeden Verbots, das der Sexualität ihre grenzüberschreitende Dimension nimmt und sie in die Anpassung drängt. Die sexuelle Liberalisierung mitsamt ihren heute zu beobachtenden Folgeerscheinungen (sexuelle Störungen wie z.B. Lustlosigkeit) ist ein Beispiel dafür.

Eine entscheidende Dimension der sexuellen Liberalisierung ist die Sicherheit der Empfängnisverhütung, die eine endgültige Trennung von Sexualität und Fortpflanzung bewirkt hat. Damit könnte sich die Sexualität verändern:

»*Der ganze Körper wird erotisiert und sexualisiert: das Sexuelle wird folglich weniger genital, weniger tyrannisch in nur-koitaler Art praktiziert (vor allem nicht in der einen Art des Verkehrs, bei der die Frau unten und der Mann oben ist). Vorspiel und Nachspiel bekommen eine größere Bedeutung. Die extreme Polarisierung der Menschheit in Männer und Frauen, die Antithese zwischen hetero- und homosexuellem Verhalten verlieren an Gewicht. Genital gehört man zwar zu einem Geschlecht, aber aus dieser Geschlechterdifferenzierung lässt sich nicht schließen, dass man nun in ein einseitiges Rollenmuster gedrängt wird. Die bisexuelle Veranlagung des Menschen, der Drang zum erotischen und sexuellen Kontakt wird nicht ausschließlich vom genitalen Primat bestimmt. Der exklusive Heterosexuelle ist genauso mit Komplexen behaftet, frustriert und eingeengt wie der exklusive Homosexuelle … Warum sollte man mit der Sexualität warten, bis man verheiratet ist, wo das Leben ohnehin so kurz ist. Weshalb zuerst Liebe und dann erst Sex? Wäre es für die Liebe nicht besser, die Reihenfolge umzudrehen? Keuschheit wird für eine sonderbare Einstellung gehalten, für eine Mangelerscheinung wie Unterernährung, für einen Fakirtrick. Und man sollte für alle den Wohlfahrtsstaat organisieren, in dem jeder seine speziellen Bedürfnisse äußern könnte und in dem die anderen in liebevoller Weise, nach der Moral der Bergpredigt, auf die Wünsche eingehen könnten oder nicht*« (Ussel 1977, S.221).

Wie sehr wir jedoch die Grenzen der Sexualität verinnerlicht haben, kommt in dem folgenden Zitat von Ludwig Knoll, dem

Verfasser des hervorragenden zehnbändigen Werkes »Kunstgeschichte der Erotik«, zum Ausdruck:

»Die Bezeichnungen Coitus in anus (After), in os (Mund), inter fermora (Schenkel), inter mammarius (Brüste) sind irreführend; diese Akte stellen keine reale Geschlechtsvereinigung dar, kommen ihr allenfalls nahe« (Knoll, S. 1208).

Wir müssen vielleicht deshalb so auf die Grenzen der Sexualität achten, damit wir uns nicht wieder (wie bei den ›Perversitäten‹ z. B.) außerhalb sexueller Normen stellen und für alle anderen damit unzugänglich werden.

Andererseits enthält die Ausweitung des Sexuellen noch ein problematisches Element. Immer mehr Menschen unterziehen sich einer Paarberatung, nicht aus Gründen sexueller Schwierigkeiten, sondern weil sie so genannte Kommunikationsprobleme haben. Es hat fast den Anschein, miteinander reden wäre zur wichtigsten Verkehrsform geworden. Dies ist natürlich auch eine Seite der weiter oben beschriebenen Tendenz, alles in Beziehungen abdecken zu wollen oder zu müssen. Damit wird die Beziehung erhöht, ja sogar vergöttlicht und das Reden über die Beziehung zu einem unumgänglichen Ritual.

Gunter Schmidt hat diese Tendenz sehr treffend formuliert: »Ein anderer Auffüllungsmechanismus ist das Bespiegeln der Partnerschaft durch pausenloses Reden über Wünsche, Probleme, Konflikte usw., als sei die Umwelt nur noch Innenwelt. Nun ist Kommunikation etwas Wünschenswertes; zum Selbstzweck geworden, führt sie jedoch zu einer hypochondrischen Einstellung zur Partnerschaft: immer auf dem Sprung festzustellen, was gerade nicht stimmt. Beim Reden über Probleme kann dabei eine scheinbare Intimität hergestellt werden, der ein direkter Weg verbaut ist. Ob man dabei die Probleme löst, über die man spricht, verliert angesichts des emotionalen Gewinns des Gesprächs an Bedeutung – im Gegenteil, die Lösung ist unerwünscht, da sie das Gespräch beendet. Partnerschaft wird zum Thema von Partnerschaft, es wird über etwas geredet, anstatt etwas gemeinsam zu machen« (Schmidt 1988, S. 70 f.).

Man trennt sich heute auch, weil man nicht mehr miteinander reden kann. Legionen von so genannten Kommunikationstherapeuten stehen bereit, »richtige Kommunikation« einzuüben, so als ob die Persönlichkeiten der kommunizierenden Partner austauschbar sind. Mit wenig Erfolg, denn das Alltägliche lässt sich nicht aus der Welt reden: »Es ist auffällig, wie viele (Mittelschichts-)Paare sich trennen, wenn die Kinder zwei oder drei Jahre alt sind, das heißt auch sie, die Kinder, zum Alltag geworden sind und sogar anfangen, den Alltag des Paares noch alltäglicher zu machen« (S. 71).

Im Zeitalter der Erlebnishascherei nach Gefühlen und Privatem ist die Alltäglichkeit anscheinend nicht mehr aushaltbar. Man hetzt von einer Beziehung zur anderen, um nur ja nichts zu versäumen. Aber, wie Gunter Schmidt auch anmerkt, macht die Vielzahl der Beziehungen deutlich, dass der Partner als Person gar nicht gemeint ist, sondern der Zustand der Verliebtheit wird geliebt, für den die Partner benutzt werden und dafür letztlich austauschbar sind.

Der Ehemann, obgleich er selbst betrügt, wird rasend vor Eifersucht, wenn er betrogen wird. »Die Rache«, Grafik von Thomas Rowlandson (1756–1827).

Dazu kommt noch ein weiteres Moment. Liebe ist – nach meiner persönlichen Konstruktion – immer erst herzustellen, zu erkämpfen, zu erarbeiten. Der Zustand der Verliebtheit stellt sich leicht ein, es genügt dazu einige Sympathie und Anziehungskraft. Liebe herzustellen und zu erhalten ist dagegen harte Beziehungsarbeit, erfordert sowohl sich einzulassen als auch abzugrenzen. Und erst die Beziehung aktiviert die vorhin beschriebenen Ängste vor Verlust, vor Verschmelzung usw. Dies alles scheint die postmoderne Beziehungskiste nicht mehr aushalten zu können. Ihre Akteure flüchten sich eben oft in die Austauschbarkeit oder in die Partnerfixierung mit all ihren überzogenen Erwartungen.

Es gibt noch einen möglichen Ausweg, der postmodernen Beziehungskiste mit ihrer heillosen Überfrachtung, Vergöttlichung und Alltäglichkeit zu entrinnen, gleichzeitig dem Geschlechterkampf eine neue Dimension zu verleihen sowie die permanente Überschreitung von Verboten zu praktizieren, um damit der Sexualität wieder auf die Sprünge zu helfen. Dies alles leisten Dreiecksbeziehungen, die momentan – vertraut man einschlägigen Untersuchungen – Hochkonjunktur haben. Im Kapitel »Die andere Sichtweise: Freuds Psychoanalyse« wurde die individuell-lebensgeschichtliche, das heißt ödipale Grundlage behandelt. Eine Dreiecksbeziehung stellt immer auch das Dreieck mit den Eltern wieder her. Aber es müssen ebenso die heutigen Zweierbeziehungsstrukturen dafür verantwortlich sein, dass sie eine(n) Dritte(n) brauchen. Da muss sogleich angemerkt werden, dass Dreiecksbeziehungen eher stabilisierend als zerstörend auf die Hauptbeziehung einwirken. Viele Ehen werden durch Außenbeziehungen buchstäblich »gerettet«. Die »Retterinnen« (und »Retter«, sie sind weniger, werden aber mehr) leiden zwar unter dieser Rolle, wissen aber in der Regel ganz genau, worauf sie sich einlassen. Denn die Rolle des Dritten schützt vor zu viel Nähe, umgeht die Banalitäten des Alltags und setzt vor allem Grenzen. Diese werden zwangsläufig durch die Hauptbeziehung gewährleistet, wodurch die Anstrengung der für die Liebe notwendigen eigenen Abgrenzung vermindert ist.

Dies ist wiederum nur dann möglich, wenn die Außenbeziehung geheim ist. Und darin ist etwas neues Altes. Während zur Zeit der 68er-Generation die »offene« Ehe und Partnerschaft, also »Glasnost« der Beziehungskiste propagiert wurde, plädiert man heute, Seitensprünge geheim zu halten. Nun mag diese Geheimhaltung in vielen Fällen für alle Beteiligten von Vorteil sein, man muss sich aber auch darüber im Klaren sein, dass damit die bürgerliche Doppelmoral ihre Renaissance feiert. Natürlich führt die Offenlegung eines Seitensprunges zu Verletzung und Aggression, ist unter Umständen selbst ein aggressiver Akt. Aber damit wird ja auch eine Chance zur Auseinandersetzung eröffnet und die Konfliktfähigkeit eines Paares erhöht.

Diese Überlegungen um Geheimhaltung oder Offenbarung sind deshalb notwendig, weil ein Gefühl im Spiel ist, wegen dessen Verbreitung wir ihm eine anthropologische Grundlage unterstellen: die Eifersucht. Ohne sie soll Liebe keine wirkliche oder Leidenschaft undenkbar sein. Diese Konstrukte übersehen, dass Eifersucht ein bürgerliches Gefühl ist, mit Besitzansprüchen verbunden, und außerhalb des Bürgertums, wie z.B. beim Adel, nicht zwangsläufig vorkommt. In anderen Kulturen ebenso: Bei den Eskimos war es bis zu ihrer Missionierung üblich, Gästen die Ehefrau für die Nacht anzubieten. Bei den Moslems ist deren Polygamie kein Anlass für eine Eifersucht zwischen den Ehefrauen. Das heißt, ein gesellschaftlich installierter Verhaltenskodex kann Eifersucht verhindern oder auslösen. Es ist also nicht verwunderlich, dass heute in der Zeit des Spätkapitalismus das Gefühl der Eifersucht sprießt und deshalb als Machtmittel in Partnerschaften glänzend verwendet werden kann.

Das Pendant zur Eifersucht des einen ist das Schuldgefühl des anderen Partners. Auch dieses Gefühl ist mit Besitzansprüchen untrennbar verbunden. Das Zusammenrücken der bürgerlichen Familie bei gleichzeitiger Abgrenzung nach außen hat natürlich das Besitzdenken verstärkt: Die Liebe der verheirateten Frau gehört ihrem Mann, die Liebe der Kinder gehört ihren Eltern, und natürlich auch umgekehrt. Auf eine Sonderform dieser Liebe sei extra verwiesen. Gerade mit dem

Aufkommen der neuen Mütterlichkeit, genauer gesagt mit dem Typus der sich bis zur Selbstaufgabe aufopfernden Mutter, sprießen natürlich die Schuldgefühle der Kinder, wenn sie sich einen Schritt von dieser wegbewegen und ihr damit – wie Parzifal seiner Mutter, als er sich zur Gralssuche aufmachte – das Herz brechen.

Aus dem bisher Gesagten dürfte klar geworden sein, dass es schwer zu prognostizieren ist, wie sich die postmoderne Beziehungskiste weiterentwickeln wird. Es gibt zu widersprüchliche Elemente in ihr, als dass diese Prognose gewagt werden könnte. Die Zunahme an Scheidungen (und wahrscheinlich auch Trennungen in Partnerschaften) ist jedenfalls ein klarer Trend. Zerfällt also die postmoderne Beziehungskiste? Es sieht ganz so aus. Und vielleicht liegt darin die Chance, Beziehungskonstruktionen wie Zwangsehe und Zwangspartnerschaft hinter sich zu lassen. Die endgültige Trennung von Sexualität und Fortpflanzung kann sowohl die genitale als auch polymorphe Sexualität begünstigen. In welcher Form und mit welchen Akteuren auch immer, sie wird hoffentlich überleben. Im Zeitalter von Gentechnologie und Cybersex ist es gar nicht so sicher, ob menschliche Sexualität eine zwischenmenschliche bleibt.

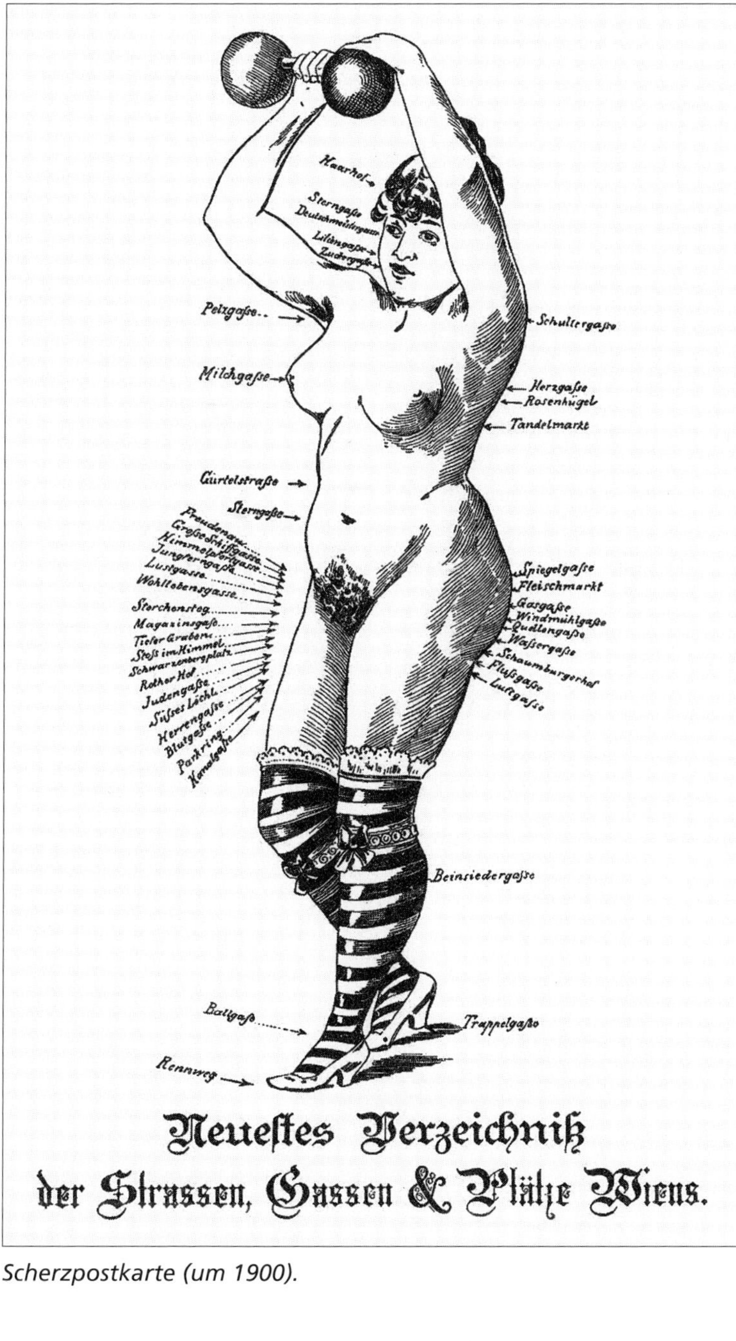

Scherzpostkarte (um 1900).

Bildnachweis

Hier folgen die Quellenangaben zu den Abbildungen, sofern sie nicht in der Legende angegeben sind; die Seitenzahlen beziehen sich auf die Platzierung im vorliegenden Buch.

Archiv des Autors: S. 33, 53 rechts, 60, 73, 79, 91 oben, 95, 115 unten, 167, 198, 201, 220

Atelier Ester Freund, Wien: S. 219

Die Griechen. Aus der Reihe »Die Liebe in der Kunst«. München, Genf und Paris: Nagel 1977: S. 15

Hahnl, Hans Heinz (Hrsg.): *Wiener Lust. Eine Anthologie österreichischer erotischer Lust.* Wien: Löcker 1989: S. 231

Kino. Enzyklopädie der siebten Kunst. Lausanne: Grammont 1987: S. 21, 109 unten, 114, 115 oben, 148, 186, 209, 221, 222 oben

Knietzsch, Horst: *Filmgeschichte in Bildern.* Berlin: Henschel 1984: S. 222

Knoll, Ludwig: *Kulturgeschichte der Erotik.* Rastatt: Moewig o.J.: S. 12, 39, 41, 45, 50, 51, 53, 54, 55, 56, 57, 74, 83, 87, 91 unten, 101, 107, 109 oben, 111, 117, 127, 152, 155, 163, 165, 170, 187, 189, 199, 227

Louis K. Meisel Gallery, New York: S. 85, 87 oben, 118, 119, 139, 149, 203, 223

NEWS vom 26. August 1999: S. 190

Schmölzer, Hilde: *Die Frau. Das gekaufte Geschlecht. Ehe, Liebe und Prostitution im Patriarchat.* Bad Sauerbrunn: Edition Tau 1993: S. 53 rechts oben

Volksstimme vom 13/27. März 1997: S. 181

Literatur

Aristoteles: *Metaphysik.* Stuttgart: Reclam 1970.
– *Politik.* München: dtv 1973.
Augustinus: *Bekenntnisse.* Frankfurt: Insel 1987.
Bachofen, Johann Jakob: *Das Mutterrecht. Eine Untersuchung über die Gynaikratie der alten Welt nach ihrer religiösen und rechtlichen Natur,* 1861. Hrsg. von Hans-Jürgen Heinrichs. Frankfurt am Main: Suhrkamp 1975.
Badinter, Elisabeth: *Die Mutterliebe. Geschichte eines Gefühls vom 17. Jahrhundert bis heute.* München: dtv 1984.
Bancroft, John: *Grundlagen und Probleme menschlicher Sexualität.* Stuttgart: Ferdinand Enke 1985.
Bebel, August: *Die Frau und der Sozialismus,* 1909. Frankfurt am Main: Marxistische Blätter 1981.
Benjamin, Jessica: *Die Fesseln der Liebe. Psychoanalyse, Feminismus und das Problem der Macht.* Frankfurt am Main: Fischer 1994.
Borneman, Ernest: *Das Patriarchat. Ursprung und Zukunft unseres Gesellschaftssystems.* Frankfurt am Main: Fischer 1975.
Butler, Judith: *Das Unbehagen der Geschlechter.* Frankfurt am Main: Suhrkamp 1991.
Dellapiazza, Michael (Hrsg.): *Wie ein Mann ein fromm Weib soll machen. Mittelalterliche Lehren über Ehe und Haushalt.* Frankfurt am Main: Insel 1984.
Donninger, Anni: »Sade als Pädagoge. Der abartige Marquis«. In: *Weg und Ziel* 2, Wien 1996.
Dowling, Colette: *Der Cinderella-Komplex. Die heimliche Angst der Frauen vor der Unabhängigkeit.* Frankfurt am Main: Fischer 1982.

Dürr, Hans Peter: *Intimität. Der Mythos vom Zivilisationsprozess,* Bd. 2, Frankfurt am Main: Suhrkamp 1990.
– *Obszönität und Gewalt. Der Mythos vom Zivilisationprozess,* Bd. 3, Frankfurt am Main: Suhrkamp 1993.
Eco, Umberto: *Kunst und Schönheit im Mittelalter.* München: dtv 1993.
Elias, Norbert: *Über den Prozess der Zivilisation,* 1939. Frankfurt am Main: Suhrkamp 1969.
Engels, Friedrich: »Der Ursprung der Familie, des Privateigentums und des Staats«, 1884. In: *Marx-Engels-Werke,* Bd. 21. Berlin: Dietz 1975.
Ertler, Wolfgang: *Psychotherapie zwischen Anpassung, Heilung und Emanzipation.* Wien: Verlag für Gesellschaftskritik 1994 a.
– »Das Sexuelle und die Sexualität. Zum 10. Todestag von Fritz Morgenthaler«. In: *Weg und Ziel* 5, Wien 1994 b.
Ford, Clellan S. und Frank A. Beach: *Formen der Sexualität bei Mensch und Tier.* Reinbek bei Hamburg: Rowohlt 1971.
Foucault, Michel: *Sexualität und Wahrheit,* Bd. 1: *Der Wille zum Wissen.* Frankfurt am Main: Suhrkamp 1992.
Freud, Sigmund: »Die Sexualität in der Ätiologie der Neurosen«, 1898. In: *Freud-Studienausgabe,* Bd. 5, *Sexualleben.* Frankfurt am Main: S. Fischer 1972.
– »Drei Abhandlungen zur Sexualtheorie«, 1905. In: *Studienausgabe,* Bd. 5.
– »Die kulturelle Sexualmoral und die moderne Sexualität«, 1908. In: *Studienausgabe,* Bd. 9, *Fragen der Gesellschaft / Ursprünge der Religion.*
– »Über einen besonderen Typus der Objektwahl beim Manne«, 1910. In: *Studienausgabe,* Bd. 5.
– »Über die allgemeinste Erniedrigung des Liebeslebens«, 1912. In: *Studienausgabe,* Bd. 5.
– »Totem und Tabu – einige Übereinstimmungen im Seelenleben der Wilden und der Neurotiker«, 1912–13. In: *Studienausgabe,* Bd. 9.
– »Einige psychische Folgen des anatomischen Geschlechtsunterschieds«, 1925. In: *Studienausgabe,* Bd. 5.

– »Über die weibliche Sexualität«, 1931. In: *Studienausgabe,* Bd. 5.
– »Neue Folge der Vorlesungen zur Einführung in die Psychoanalyse«, 1933. In: *Studienausgabe,* Bd. 1, *Vorlesungen zur Einführung in die Psychoanalyse.*
Friday, Nancy: *Befreiung zur Lust. Frauen und ihre sexuellen Phantasien.* München: Goldmann 1991.
Fromm, Erich: »Sexualität und Charakter«, 1948. In: *Liebe, Sexualität und Matriarchat.* München: dtv 1994.
Gerlach, Alf: »Kastrationsangst und oraler Neid in der eigenen und fremden Kultur«. In: *Psyche* 9/10, Stuttgart: Klett-Cotta 1995.
Gilmore, David: *Mythos Mann. Rollen, Rituale, Leitbilder.* München, Zürich: Artemis & Winkler 1991.
Göttner-Abendroth, Heide: »Matriarchale Ästhetik – ein ganzheitlicher Prozess«. In: Lutz (Hrsg.): *Frauen Zukünfte. Ganzheitlich feministische Ansätze, Erfahrungen und Lebenskonzepte.* Weinheim, Basel: Beltz 1984.
Heimel, Cynthia: *Sex. Tips für Girls.* Berlin: Sympathie 1985.
Heinsohn, Gunnar: *Privateigentum, Patriarchat, Geldwirtschaft. Eine sozialtheoretische Rekonstruktion zur Antike.* Frankfurt am Main: Suhrkamp 1984.
Herzer, Manfred: »Homosexualität als Gegenstand der Sexualwissenschaft unter dem Nationalsozialismus«. In: *Pfäfflin und Schorsch* 1987.
Highwater, Jamake: *Sexualität und Mythos. Wie die Kultur die Lust bestimmt.* München: dtv 1995.
Hirschfeld, Magnus: *Die Homosexualität des Mannes und des Weibes,* 1914. Berlin: De Gruyter 1984.
Hochschild, Arlie R.: »Der kommerzielle Geist des Intimlebens«. In: *Das Argument* 211. Hamburg: Argument 1995.
Irigaray, Luce: *Waren, Körper, Sprache. Der ver-rückte Diskurs der Frauen.* Berlin 1976.
Kentler, Helmut: »Pädophilie – Tabus und Vortabus«. In: *Sexualität Konkret.* Hamburg 1980.
Kinsey, Alfred C., Wardell B. Pomeroy und Clyde E. Martin: *Das sexuelle Verhalten des Mannes.* Berlin und Frankfurt: Fischer 1955 (amerikanische Originalausgabe 1948).

Kinsey, Alfred C., Wardell B. Pomeroy, Clyde E. Martin und Paul H. Gebhard: *Das sexuelle Verhalten der Frau.* Berlin und Frankfurt: Fischer 1954 (amerikanische Originalausgabe 1953).

Knoll, Ludwig: *Kulturgeschichte der Erotik.* Rastatt: Moewig o.J.

Krafft-Ebing, Richard Freiherr von: *Psychopathia sexualis – mit besonderer Berücksichtigung der konträren Sexualempfindung. Eine klinisch-forensische Studie.* Stuttgart: Ferdinand Enke 1886.

Lenzen, Dieter: *Krankheit als Erfindung. Medizinische Eingriffe in die Kultur.* Frankfurt am Main: Fischer 1991.

Loewit, Kurt: *Die Sprache der Sexualität.* Frankfurt am Main: Fischer 1992.

Marcuse, Herbert: *Kultur und Gesellschaft,* Bd. 2. Frankfurt am Main: Suhrkamp 1970.

– *Triebstruktur und Gesellschaft.* Frankfurt am Main: Suhrkamp 1990 (amerikanische Originalausgabe 1955).

Marx, Karl: »Ökonomisch-philosophische Manuskripte«, 1844. In: *Marx-Engels-Werke,* Bd. 40. Berlin: Dietz 1990.

Masters, William H. und Virginia E. Johnson: *Die sexuelle Reaktion.* Frankfurt am Main: Fischer 1967.

Mead, Margaret: *Jugend und Sexualität in primitiven Gesellschaften,* 1928–1935. München: dtv 1970.

Mitchell, Juliet: *Psychoanalyse und Feminismus: Freud, Reich, Laing und die Frauenbewegung.* Frankfurt am Main: Suhrkamp 1985.

Mitscherlich-Nielsen, Margarete: »Über die Ursprünge weiblicher Lust«. In: *Emma,* Sonderheft 3. Köln 1982/83.

Morgenthaler, Fritz: *Homosexualität, Heterosexualität, Perversion.* Frankfurt am Main: Fischer 1987.

Nietzsche, Friedrich: *Also sprach Zarathustra,* 1891. Frankfurt am Main und Leipzig: Insel 1997.

Norwood, Robin: *Wenn Frauen zu sehr lieben. Die heimliche Sucht, gebraucht zu werden.* Reinbek bei Hamburg: Rowohlt 1986.

Paglia, Camille: *Die Masken der Sexualität.* Berlin: Byblos 1992.

Pfäfflin, Friedemann und Eberhard Schorsch (Hrsg.): *Sexualpolitische Kontroversen.* Stuttgart: Enke 1987.
Platon: *Das Gastmahl oder Von der Liebe,* ca. 360 v. Chr. Stuttgart: Reclam 1979.
– *Der Staat* (Politeia). Stuttgart: Reclam 1982.
Ranke-Graves, Robert: *Griechische Mythologie. Quellen und Deutung.* Reinbek bei Hamburg: Rowohlt 1995.
Rose, Jaqueline: *Sexualität im Feld der Anschauung.* Wien: Turia und Kant 1996.
Rousseau, Jean-Jacques: *Emil oder Über die Erziehung.* Paderborn, München und Wien: UTB 1995 (französische Originalausgabe 1762).
Schmidt, Gunter: *Das große Der Die Das über das Sexuelle.* Reinbek bei Hamburg: Rowohlt 1988.
Schorsch, Eberhard: »Sexualität als Dampfkessel?« In: *Sexualität Konkret* 1980.
– »Sexualität und Gewalt«. In: Wulf (Hrsg.): *Lust und Liebe. Wandlungen der Sexualität.* München, Zürich: Piper 1985.
Schwarzer, Alice: *Der »kleine Unterschied« und die großen Folgen. Frauen über sich – Beginn einer Befreiung.* Frankfurt am Main: Fischer 1977.
– »7 Jahre nach dem Kleinen Unterschied«. In: *Emma,* Sonderband 3. Köln 1982/83.
Sigusch Volkmar: »Verfolgt, konform, subversiv. Bemerkungen zur gesellschaftlichen Lage der Homosexuellen«. In: *Sexualität Konkret* 1981.
– *Die Mystifikation des Sexuellen.* Frankfurt am Main: Campus 1984.
– »Die neosexuelle Revolution«. In: *Psyche* 12/1998.
Spitz, René A.: »Zum Problem des Autoerotismus«. In: *Psyche* 5/1964.
Stoller, Robert J.: *Perversion. Die erotische Form von Haß.* Reinbek bei Hamburg: Rowohlt 1979.
Theweleit, Klaus: *Männerphantasien.* Frankfurt am Main: Roter Stern 1977.
Türcke, Christoph: *Sexus und Geist. Philosophie im Geschlechterkampf.* Frankfurt am Main: Fischer 1991.

Ussel, Jos van: *Sexualunterdrückung. Geschichte der Sexualfeindschaft.* Gießen: Focus 1977.
Velde, Theodor van de: *Die vollkommene Ehe. Eine Studie über ihre Physiologie und Technik.* Leipzig und Stuttgart: Konegen 1926.
Weber, Max: *Die protestantische Ethik und der Geist des Kapitalismus.* Tübingen: Mohr 1920.
Weininger, Otto: *Geschlecht und Charakter. Eine prinzipielle Untersuchung.* Wien und Leipzig: Braumüller 1903.

Zum Autor

Wolfgang Ertler, 1951 in Wien geboren, studierte Psychologie, Soziologie und Volkswirtschaft und promovierte zum Dr. phil. Er verfasste Publikationen in den Bereichen der Politischen Psychologie, Psychotherapie, Gesundheits- und Sozialpolitik und ist gegenwärtig als Partner- und Sexualberater und Psychotherapeut tätig.

Danksagung

Einigen Personen möchte ich dafür danken, dass sie mir geholfen haben, dieses Buch sinnlich, lustvoll und anregend zu gestalten: Johannes M. Tretyl für viele kritische Verweise und Denkanstöße, Eva Falschlehner für wertvolle Hinweise, Gottfried Halmschlager für Texterfassung, Bilddokumentation und -anregungen sowie meiner Frau Renate, die für Fragen, Formulierungen und heikle Textstellen immer ein offenes Ohr hatte. Dazu kommt die hervorragende Lektoratsarbeit von Michael Günther und Birgit Baader seitens des Verlages. Ihnen allen danke ich herzlichst.

Sachwortregister